神﨑
法人登記入門

神﨑 満治郎 ［著］

発行 テイハン

はしがき

　本書は、拙著『新・法人登記入門（増補改訂版）』のタイトルを『神﨑 法人登記入門』と改め、その後の法改正等も加味して、新書としたものです。

　私法の基本法といわれる民法第33条第1項は、「法人は、この法律その他の法律の規定によらなければ、成立しない。」と規定し（この法律を実務上「設立根拠法」といいます。）、民法第36条は「法人及び外国法人は、この法律その他の法令の定めるところにより、登記をするものとする。」と規定しています。

　ご承知のように、商業登記の対象になる会社の種類は、わずか4種類、設立根拠法は会社法の1種類しかありませんが、登記手続を規定した「商業登記法」が制定されています。これに対して、各種法人の種類は約260、設立根拠法は約190もありますが、これらの各種法人の登記手続を統一的に規定したいわゆる「法人登記法」は、いまだ制定されていません。

　そこで、筆者は、あらゆる法人登記に対応するためには、約260ある各種法人の設立根拠法及び登記手続法令を知る必要があり、ここに法人登記の難しさがあると考えます。本書は、法人登記のこのような疑問にズバリ答えているつもりです。

　なお、私立学校法は令和7年4月1日から大改正されますので、改正後の条文で記述しています。

令和7年3月吉日

　　　　　一般社団法人商業登記倶楽部最高顧問
　　　　　公益社団法人成年後見センター・リーガルサポート理事
　　　　　日本司法書士会連合会顧問
　　　　　　　　　　　　　　　神﨑　満治郎

法令略語

一般社団法人及び一般財団法人に関する法律………**法人法**
一般社団法人及び一般財団法人に関する法律施行令………**法人法施行令**
一般社団法人及び一般財団法人に関する法律施行規則………**法人法施行規則**
公益社団法人及び公益財団法人の認定等に関する法律………**認定法**
特定非営利活動促進法………**ＮＰＯ法**
一般社団法人及び一般財団法人に関する法律及び公益社団法人及び公益財団法人の認定等に関する法律の施行に伴う関係法律の整備等に関する法律（経過措置）………**整備法**
商業登記法………**商登法**
商業登記規則………**商登規**
商業登記等事務取扱手続準則………**商登準**
独立行政法人等登記令………**独法令**
組合等登記令………**組合等令**
一般社団法人等登記規則………**一般法登規**
各種法人等登記規則………**各種法登規**
登録免許税法………**登免税法**
農業協同組合法………**農協法**

目　　次

第1編　総　　論

第1章　法人登記の体系 …………………………………………… 1

- 第1節　法人登記の意義 ………………………………………… 1
  - 1　法人登記の意義 ……………………………………………… 1
  - 2　登記の手続からみた法人の類型 …………………………… 2
- 第2節　法人登記の根拠法令 …………………………………… 4
  - 法人の種類別設立根拠法及び登記手続法令一覧表 ………… 5
- 第3節　登記事項 ………………………………………………… 28
  - 1　各法人に共通な登記事項 …………………………………… 28
  - 2　特定の法人に固有な登記事項 ……………………………… 29

第2章　登記申請義務 ……………………………………………… 31

第3章　法人登記の管轄及び登記官 ……………………………… 32

第4章　法人登記に関する帳簿とその公開 ……………………… 34

- 1　備付帳簿 ……………………………………………………… 34
- 2　帳簿の保管等 ………………………………………………… 34
- 3　帳簿の公開 …………………………………………………… 34

第5章　登記申請手続 ……………………………………………… 36

- 第1節　登記申請手続の原則 …………………………………… 36
  - 第1　当事者申請主義 ………………………………………… 36
  - 第2　書面主義 ………………………………………………… 36
  - 第3　郵送等による申請 ……………………………………… 37
- 第2節　登記申請書 ……………………………………………… 37
  - 第1　申請書の様式 …………………………………………… 37

	1	申請書の記載等 …………………………………………… 37
	2	申請書等への押印 ………………………………………… 37
第2		申請書の記載文字 ………………………………………… 38
	1	字画明確 …………………………………………………… 38
	2	文字の訂正 ………………………………………………… 38
第3		記載事項 …………………………………………………… 38
	1	申請人の名称及び主たる事務所 ………………………… 38
	2	代理人の氏名及び住所 …………………………………… 39
	3	登記の事由 ………………………………………………… 39
	4	登記すべき事項 …………………………………………… 39
	5	許可書の到達した年月日 ………………………………… 39
	6	年月日 ……………………………………………………… 39
	7	登記所の表示 ……………………………………………… 40
	8	添付書類の標目及び通数 ………………………………… 40
第4		一括申請 …………………………………………………… 40
第3節		添付書類 …………………………………………………… 41
第1		添付書類の通則 …………………………………………… 41
	1	代理権限を証する書面 …………………………………… 41
	2	官庁の許可書 ……………………………………………… 42
第2		添付書類の援用 …………………………………………… 42
第3		添付書類の原本還付 ……………………………………… 42

第6章　印鑑の提出及び印鑑の証明 ……………………………… 44

　　1　印鑑の提出 …………………………………………………… 44
　　2　印鑑の証明 …………………………………………………… 44

第2編　各　　論

第1章　一般社団法人の登記 ……………………………………… 51

第1節　総　論 ……………………………………………………… 51
　　1　一般社団法人の特色 ………………………………………… 51
　　2　一般社団法人と非営利型法人（税法上優遇措置のある法

			人）……………………………………………………………………… 52
		3	一般社団法人と税 ……………………………………………… 55
		4	一般社団法人の利用に適した事業 …………………………… 55
		5	会社を設立するか、一般社団法人を設立するかの検討 …… 57
		6	設立後、公益認定を受けた場合のメリット・デメリット … 58
第2節	特例民法法人（旧民法第34条の法人）の取扱い …………………… 58
第3節	一般社団法人の設立の登記 …………………………………………… 59
	第1	実体上の設立手続 ………………………………………………… 59
		1	一般社団法人設立手続の流れ ………………………………… 59
		2	社員の資格 ……………………………………………………… 60
		3	公益認定の手順等 ……………………………………………… 60
		4	設立資金等の調達方法 ………………………………………… 62
		5	機関設計 ………………………………………………………… 63
		6	定款の作成 ……………………………………………………… 63
		7	公証人による定款の認証 ……………………………………… 70
	第2	設立登記申請手続 ………………………………………………… 70
		1	申請期間 ………………………………………………………… 70
		2	登記の事由 ……………………………………………………… 70
		3	登記すべき事項 ………………………………………………… 70
		4	添付書面 ………………………………………………………… 71
		5	登録免許税 ……………………………………………………… 72
第4節	一般社団法人の役員の変更の登記 …………………………………… 72
	第1	実体上の手続 ……………………………………………………… 72
		1	総　説 …………………………………………………………… 72
		2	理事の変更 ……………………………………………………… 73
		3	代表理事の変更 ………………………………………………… 79
		4	監事の変更 ……………………………………………………… 82
		5	会計監査人の変更 ……………………………………………… 85
	第2	登記申請手続 ……………………………………………………… 87
		1	登記期間 ………………………………………………………… 87
		2	登記の事由 ……………………………………………………… 87
		3	登記すべき事項 ………………………………………………… 87
		4	添付書面 ………………………………………………………… 88

		5	登録免許税 …………………………………………………………… 91

第5節　その他の変更の登記 ………………………………………………… 92
　第1　実体上の手続 ……………………………………………………… 92
　　1　総　説 ……………………………………………………………… 92
　　2　定款変更の手続 …………………………………………………… 92
　　3　貸借対照表の電磁的開示のためのＵＲＬの設定、変更又は
　　　廃止の手続 ………………………………………………………… 93
　　4　役員等の法人に対する責任の免除に関する規定設定上の留
　　　意点 ………………………………………………………………… 94
　　5　非業務執行理事等の法人に対する責任の限度に関する規定
　　　設定上の留意点 …………………………………………………… 95
　第2　登記申請手続 ……………………………………………………… 95
　　1　申請人 ……………………………………………………………… 95
　　2　申請期間 …………………………………………………………… 96
　　3　登記の事由 ………………………………………………………… 96
　　4　登記すべき事項 …………………………………………………… 97
　　5　添付書面 …………………………………………………………… 98
　　6　登録免許税 ………………………………………………………… 99
第6節　解散及び清算人の登記 …………………………………………… 99
　第1　実体上の手続 ……………………………………………………… 99
　　1　解散の事由 ………………………………………………………… 99
　　2　社員総会の決議による解散の手続 ……………………………… 99
　　3　清算一般社団法人の機関 ………………………………………… 100
　　4　清算人及び代表清算人 …………………………………………… 100
　第2　登記申請手続 ……………………………………………………… 101
　　1　申請人 ……………………………………………………………… 101
　　2　申請期間 …………………………………………………………… 102
　　3　登記の事由 ………………………………………………………… 102
　　4　登記すべき事項 …………………………………………………… 102
　　5　添付書面 …………………………………………………………… 102
　　6　登録免許税 ………………………………………………………… 103
第7節　継続の登記 ………………………………………………………… 104
　第1　実体上の手続 ……………………………………………………… 104

第 2 登記申請手続 ··· 104
　1 申請人 ··· 104
　2 申請期間 ··· 104
　3 登記の事由 ··· 104
　4 登記すべき事項 ·· 104
　5 添付書面 ··· 105
　6 登録免許税 ··· 105
　7 印鑑の提出 ··· 105
第 8 節 清算結了の登記 ··· 105
　1 登記期間 ··· 105
　2 登記の事由及び登記すべき事項 ·················· 105
　3 添付書面 ··· 105
　4 登録免許税 ··· 106

第 2 章 一般財団法人の登記 ··· 107

第 1 節 総　論 ··· 107
　1 一般財団法人の意義及び特色 ····················· 107
　2 一般財団法人と非営利型法人（税法上優遇措置のある法人） ·· 108
　3 一般財団法人の利用に適した事業 ·············· 108
第 2 節 一般財団法人の設立の登記 ······························ 110
第 1 実体上の設立手続 ··· 110
　1 一般財団法人設立手続の流れ ····················· 110
　2 設立者 ··· 111
　3 機関設計 ··· 111
　4 定款の作成 ··· 111
　5 公証人による定款の認証 ···························· 119
第 2 設立登記申請手続 ··· 119
　1 申請期間 ··· 119
　2 登記の事由 ··· 119
　3 登記すべき事項 ·· 119
　4 添付書面 ··· 120
　5 登録免許税 ··· 121

第3節　一般財団法人の役員等の変更の登記 ……………………… 122
　第1　実体上の手続 …………………………………………………… 122
　　1　総　説 …………………………………………………………… 122
　　2　評議員の変更 …………………………………………………… 122
　　3　理事の変更 ……………………………………………………… 126
　　4　代表理事の変更 ………………………………………………… 130
　　5　監事の変更 ……………………………………………………… 134
　　6　会計監査人の変更 ……………………………………………… 137
　第2　登記申請手続 …………………………………………………… 139
　　1　登記期間 ………………………………………………………… 139
　　2　登記の事由 ……………………………………………………… 139
　　3　登記すべき事項 ………………………………………………… 139
　　4　添付書面 ………………………………………………………… 140
　　5　登録免許税 ……………………………………………………… 142
第4節　その他の変更の登記 ………………………………………… 142
　第1　実体上の手続 …………………………………………………… 142
　　1　総　説 …………………………………………………………… 142
　　2　定款変更の手続 ………………………………………………… 143
　　3　定款変更上の留意点 …………………………………………… 144
　　4　貸借対照表の電磁的開示のためのＵＲＬの設定、変更又は
　　　廃止の場合 ……………………………………………………… 145
　第2　登記申請手続 …………………………………………………… 146
　　1　申請人 …………………………………………………………… 146
　　2　申請期間 ………………………………………………………… 146
　　3　登記の事由 ……………………………………………………… 146
　　4　登記すべき事項 ………………………………………………… 147
　　5　添付書面 ………………………………………………………… 148
　　6　登録免許税 ……………………………………………………… 148
第5節　解散及び清算人の登記 ……………………………………… 149
　第1　実体上の手続 …………………………………………………… 149
　　1　解散の事由 ……………………………………………………… 149
　　2　清算の手続 ……………………………………………………… 150
　第2　登記申請手続 …………………………………………………… 152

	1	申請人 ……………………………………………………………	152
	2	申請期間 …………………………………………………………	152
	3	登記の事由 ………………………………………………………	152
	4	登記すべき事項 …………………………………………………	152
	5	添付書面 …………………………………………………………	153
	6	登録免許税 ………………………………………………………	154
第6節	継続の登記 ……………………………………………………………		154
	1	実体上の手続 ……………………………………………………	154
	2	登記申請手続 ……………………………………………………	154
第7節	清算結了の登記 ………………………………………………………		155
	1	登記期間 …………………………………………………………	155
	2	登記の事由及び登記すべき事項 ………………………………	156
	3	添付書面 …………………………………………………………	156
	4	登録免許税 ………………………………………………………	156

第3章　医療法人・特定非営利活動法人・社会福祉法人等組合等登記令の適用を受ける法人の登記 …… 157

第1節	総　論 …………………………………………………………………		157
	1	登記の手続が組合等登記令に規定されている法人 …………	157
	2	組合等登記令の構成 ……………………………………………	160
	3	添付書面の規定の仕方 …………………………………………	160
第2節	医療法人の設立の登記 ………………………………………………		161
第1	実体上の手続 ……………………………………………………………		161
	1	医療法人の意義及び設立手続の流れ …………………………	161
	2	社　員 ……………………………………………………………	162
	3	定款の作成 ………………………………………………………	163
	4	都道府県知事に対する認可の申請・認可書の受領 …………	166
第2	登記申請手続 ……………………………………………………………		167
	1	申請人 ……………………………………………………………	167
	2	申請期間 …………………………………………………………	167
	3	登記の事由 ………………………………………………………	167
	4	登記すべき事項 …………………………………………………	167
	5	添付書面 …………………………………………………………	168

6　登録免許税 …………………………………………………… 168
　　　7　モデル定款 …………………………………………………… 168
　第3節　代表権を有する者の変更の登記 ………………………………… 181
　　第1　実体上の手続 ……………………………………………………… 181
　　　1　代表権を有する者に関する登記事項 ……………………… 181
　　　2　代表権を有する者及びその資格 …………………………… 181
　　　3　代表権を有する者の退任の事由 …………………………… 188
　　　4　代表権を有する者の就任 …………………………………… 193
　　第2　登記申請手続 ……………………………………………………… 195
　　　1　登記期間 ……………………………………………………… 195
　　　2　登記の事由 …………………………………………………… 195
　　　3　登記すべき事項 ……………………………………………… 195
　　　4　添付書面 ……………………………………………………… 196
　　　5　登録免許税 …………………………………………………… 198
　第4節　その他の登記 ……………………………………………………… 198
　　　1　その他の登記の種類 ………………………………………… 198
　　　2　医療法人の資産の総額の変更の登記 ……………………… 199

第4章　独立行政法人等登記令の適用を受ける法人の登記 ……… 201

　第1節　総　論 ……………………………………………………………… 201
　　　1　独立行政法人等登記令の適用を受ける法人 ……………… 201
　　　2　独立行政法人等の登記の種類 ……………………………… 204
　　　3　商業登記法の準用 …………………………………………… 205
　第2節　設立の登記 ………………………………………………………… 205
　　　1　登記期間 ……………………………………………………… 205
　　　2　主たる事務所の所在地における登記事項 ………………… 205
　　　3　添付書面 ……………………………………………………… 211
　第3節　変更の登記 ………………………………………………………… 212
　　　1　変更の登記の種類 …………………………………………… 212
　　　2　登記期間 ……………………………………………………… 212
　　　3　添付書面 ……………………………………………………… 212
　第4節　代理人の登記 ……………………………………………………… 213
　　　1　代理人 ………………………………………………………… 213

	2 選任の方法	214
	3 登記期間及び登記事項	214
	4 添付書面	214
第5節	その他の登記	215
	1 他の登記所の管轄区域内への主たる事務所の移転の登記	215
	2 解散の登記	215
	3 清算結了の登記	215

第5章　商業登記倶楽部の「実務相談室」に見る主要相談事例 …… 216
　第1節　一般社団法人等の登記等に関する相談 ………………………… 216
　　　1　一般社団法人の社員の除名と当該社員の議決権 ………………… 216
　　　2　一般社団法人の清算結了登記申請書に添付する決算報告書
　　　　について …………………………………………………………… 218
　第2節　社会福祉法人の理事長の変更の登記等に関する相談 ………… 222
　　　1　社会福祉法人の理事長の登記に関する規律等 …………………… 222
　　　2　社会福祉法人の設立当初の役員の任期 …………………………… 224
　　　3　社会福祉法人の設立直後における理事長選定の時期と登記
　　　　の添付書類 ………………………………………………………… 227
　第3節　医療法人の理事長の重任の登記等に関する相談 ……………… 232
　　　1　医療法人の理事長の重任の登記の可否 …………………………… 232
　　　2　平成19年改正医療法施行時から在任する医療法人の役員の
　　　　任期等 ……………………………………………………………… 235
　第4節　学校法人の理事長の登記 ………………………………………… 239
　　　1　学校法人の理事長の任期等 ………………………………………… 239
　第5節　特定非営利活動法人に関する平成24年改正及び平成28年改
　　　　正のポイント …………………………………………………… 242
　　　1　平成24年改正 ……………………………………………………… 243
　　　2　平成28年改正 ……………………………………………………… 244

第3編　法人登記に関する最近の主要先例

1　森林法等の一部を改正する法律等の施行に伴う法人登記事務の取
　扱いについて（平成29年3月23日法務省民商第45号通知） ………… 245

2 農業災害補償法の一部を改正する法律等の施行に伴う法人登記事務の取扱いについて（平成30年2月19日法務省民商第22号通知）……… 264
3 特定非営利活動推進法の一部を改正する法律等の施行に伴う法人登記事務の取扱いについて（平成30年9月27日法務省民商第110号通知）……………………………………………………………………… 274
4 漁業法等の一部を改正する等の法律の施行に伴う法人登記事務の取扱いについて（平成31年3月20日法務省民商第24号通知）…………… 280
5 学校教育法等の一部を改正する法律の施行に伴う法人登記事務の取扱いについて（令和2年3月25日法務省民商第68号通知）………… 293
6 司法書士法及び土地家屋調査士法の一部を改正する法律の施行に伴う法人登記事務の取扱いについて（令和2年7月10日法務省民商第108号通知）……………………………………………………………… 296
7 特許法等の一部を改正する法律の施行に伴う法人登記事務の取扱いについて（令和4年2月22日法務省民商第68号通知）……………… 302
8 地域共生社会の実現のための社会福祉法等の一部を改正する法律等の施行に伴う法人登記事務の取扱いについて（令和4年3月1日法務省民商第75号通知）……………………………………………………… 306
9 農水産業協同組合貯金保険法の一部を改正する法律等の施行に伴う法人登記事務の取扱いについて（令和4年4月1日法務省民商第140号通知）……………………………………………………………… 318
10 労働者協同組合法等の施行に伴う法人登記事務の取扱いについて（令和4年9月21日法務省民商第439号通知）……………………… 323
11 外国弁護士による法律事務の取扱いに関する特別措置法の一部を改正する法律等の施行に伴う法人登記事務の取扱いについて（令和4年10月13日法務省民商第460号通知）………………………………… 382
12 土地改良法の一部を改正する法律等の施行に伴う法人登記事務の取扱いについて（令和5年3月31日法務省民商第76号通知）………… 399

第1編　総　　論

第1章　法人登記の体系

第1節　法人登記の意義

1　法人登記の意義

　法人登記とは、会社以外の各種法人に関する登記をいう。会社以外の各種法人のうち登記を要する法人の種類は、令和6年4月1日現在で約260（廃止のために経過措置が設けられている法人や新設される法人が若干ある。）ある。ちなみに、これらの法人のうち我々の身近にあるものを紹介してみると、(1)独立行政法人国立印刷局、独立行政法人大学入試センター及び独立行政法人都市再生機構等のような独立行政法人、(2)国立大学法人東京大学、国立大学法人京都大学、大学共同利用機関法人人間文化研究機構及び大学共同利用機関法人高エネルギー加速器研究機構等のような国立大学法人等、(3)日本放送協会、日本司法支援センター及び日本銀行等のような独立行政法人等登記令別表の名称の欄に掲げる法人、(4)医療法人、学校法人、社会福祉法人、司法書士会及び土地開発公社等のような組合等登記令別表の名称の欄に掲げる法人、(5)一般社団法人及び一般財団法人のような一般社団法人等、宗教法人、(6)その他労働組合、弁護士会というようになり、これらの法人の組織、名称、事務所、代表者等に関する登記を法人登記というわけであるが、会社・個人商人の場合のように、約260種類の各種法人の登記の手続を規定したいわゆる「法人登記法」は制定されていない。

　ところで、なぜ「法人登記法」は制定されていないのであろうか。これは筆者の憶測であるが、各種法人には、一般社団法人及び一般財団法人を除いて、原則として主務官庁（「監督官庁」ともいう。）があり、この主務官庁が設立の許認可権及び解散命令権を含む極めて強い権限を有しているので、法

人登記法が制定されるとこの監督権にも影響が出るのではないかと主務官庁が心配するためではないかと思われる。

2 登記の手続からみた法人の類型

各種法人を登記手続の根拠法令ごとに分類して一覧表にすると以下のとおりである。

法人の分類方法には、いろいろな方法が考えられるが、登記実務の面から見た場合は、主な登記手続の根拠法令ごとに分類する方が理解しやすいように思われる。

以下に若干詳述してみよう。

登記の手続からみた法人の類型

法人の類型
1 独立行政法人等登記令の適用を受ける法人
  (1) 独立行政法人（独立行政法人通則法2条1項に規定する87種類の法人）
  (2) 国立大学法人等（国立大学法人法2条1項に規定する国立大学法人及び同条3項に規定する大学共同利用機関法人の2種類の法人）
  (3) 独立行政法人等登記令別表の名称の欄に掲げる41種類の法人
2 組合等登記令の適用を受ける法人（組合等登記令別表の名称の欄に掲げる87種類の法人）
3 一般社団法人、一般財団法人、宗教法人等（登記手続が設立根拠法に規定されている39種類の法人）
4 弁護士会（登記手続が単独の政令に定められている法人）
5 労働組合（登記手続が設立根拠法の施行令に定められている法人）

(1) **登記手続が、主として独立行政法人等登記令に規定されている法人**

登記手続が、主として独立行政法人等登記令（昭和39年政令28号）に規定されている法人で、これに該当する法人には、次の3種類がある。

① 独立行政法人通則法2条1項に規定する87の独立行政法人
② 国立大学法人法2条1項に規定する国立大学法人及び同条3項に規定する大学共同利用機関法人の2種類の法人
③ 独立行政法人等登記令別表の名称の欄に掲げる41の法人

(2) **登記手続が、主として組合等登記令に規定されている法人**

登記手続が、主として組合等登記令（昭和39年政令29号）に規定されている法人で、これに該当する法人は、組合等登記令別表の名称の欄に掲げる87種類の法人がある。

(3) **登記手続が、主として設立根拠法に定められている法人**

登記手続が、主として、設立根拠法に規定されている法人で、これに該当する法人には、一般社団法人、一般財団法人、金融商品会員制法人、自主規制法人、技術研究組合、宗教法人、酒造組合、酒販組合、酒造組合連合会、酒販組合連合会、酒造組合中央会、酒販組合中央会、職員団体等に対する法人格の付与に関する法律に基づく職員団体（国家公務員職員団体、地方公務員職員団体、混合連合団体）、協業組合、商工組合、商工組合連合会、消費生活協同組合、消費生活協同組合連合会、会員商品取引所、信用金庫、信用金庫連合会、損害保険料率算出団体、事業協同組合、事業協同小組合、信用協同組合、協同組合連合会、企業組合、都道府県中小企業団体中央会、全国中小企業団体中央会、輸出組合、輸入組合、輸出水産業組合、労働金庫、労働金庫連合会、投資法人、投資事業有限責任組合、有限責任事業組合等39種類の法人がある。

なお、一般社団法人及び一般財団法人については、設立根拠法以外に一般社団法人等登記規則が適用され、投資法人を除くその他の法人については、設立根拠法以外に各種法人等登記規則が適用される。

(4) **登記手続が、独立した登記令に規定されている法人**

登記手続が、弁護士会登記令（昭和24年政令321号）に規定されている法

人で、これに該当する法人には、弁護士会、日本弁護士連合会がある。

(5) 登記手続が、設立根拠法の施行令に規定されている法人

登記手続が、労働組合法施行令（昭和24年政令231号）に規定されている法人で、これに該当する法人には、労働組合がある。

第2節　法人登記の根拠法令

　法人登記の根拠法令には、大別して法人の設立手続、代表者の選任手続等実体上の手続を規定した法人設立の根拠法とその登記手続を規定した手続法令がある。

　ところで、商業登記においては、実体上の手続は、主として会社法及び商法に規定され（他に会社更生法及び破産法等に若干の例外規定が設けられている。）、登記上の手続は、もっぱら商業登記法及び商業登記規則に規定されている。ところが、法人登記については、実体上の手続は、約260種類に及ぶそれぞれの法人の設立根拠法に規定されている上、登記の手続についても商業登記法のように法人登記法といったすべての法人の登記手続を規定した法律は、いまだ制定されていない。もっとも、独立行政法人等については、独立行政法人等登記令が、組合等については組合等登記令がある。ここに法人登記のむずかしさがあるわけである。と言うのは、例えば、司法書士がある法人の代理人として申請書を作成し登記の申請をする場合、または登記官等が当該登記の申請書を調査する場合には、まず当該法人の実体手続がいかなる法律に規定され、登記の申請手続がいかなる法令に規定されているかということを知らなければならないからである。法人登記には、法人登記独特の規定があって商業登記法の類推によっては正しい登記をすることは困難である。

　そこで、参考までに、正しい法人登記の手続を理解するため、次に各法人ごとに法人登記の根拠法令を掲記してみよう。

　なお、一般社団法人等登記規則（平成20年法務省令48号）は、一般社団法人及び一般財団法人の登記手続に、各種法人等登記規則（昭和39年法務省令

46号）は、会社、一般社団法人及び一般財団法人、投資法人、特定目的会社を除くその他の法人ならびに外国会社を除くその他の外国法人の登記手続に適用され、商業登記等事務取扱手続準則（これは、法令ではなく平成17年3月2日民商第500号民事局長通達である。）は、その性質に反しない限り、法人に関する登記事務の取扱いに準用されることになっている（同準則82条）。

法人の種類別設立根拠法及び登記手続法令一覧表

（令和6年4月1日現在）

法人名	設立根拠法（実体法令）	登記手続法令	備考
一般社団法人	一般社団法人及び一般財団法人に関する法律（平成18年法律48号）（以下「法人法」という。）	法人法（平成18年法律48号）一般社団法人等登記規則（平成20年法務省令48号）	
一般財団法人			
公益社団法人			
公益財団法人			
委託者保護基金	商品先物取引法（昭和25年法律239号）	組合等登記令（昭和39年政令29号）各種法人等登記規則（昭和39年法務省令46号）	以下労働者協同組合連合会までの法人の登記事項、登記期間及び登記手続は、すべて組合等登記令に規定されている。これらの法人を「組合等」という（組合等登記令1条）。
医療法人	医療法（昭和23年法律205号）		
外国法事務弁護士法人	外国弁護士による法律事務の取扱い等に関する法律（昭和61年法律66号）		
貸金業協会	貸金業法（昭和58年法律32号）		
学校法人	私立学校法（昭和24年法律270号）		
私立学校法152条5項の法人			
監査法人	公認会計士法（昭和23年法律103号）		
管理組合法人	建物の区分所有等に関する法律（昭和37年法律69号）		
団地管理組合法人			

行政書士会	行政書士法
日本行政書士会連合会	（昭和26年法律4号）
行政書士法人	行政書士法 （昭和26年法律4号）
漁業共済組合	漁業災害補償法 （昭和39年法律158号）
漁業共済組合連合会	
漁業共同組合	水産業協同組合法 （昭和23年法律242号）
漁業生産組合	
漁業共同組合連合会	
水産加工業協同組合	
水産加工業協同組合連合会	
共済水産業協同組合連合会	
漁業信用基金協会	中小漁業融資保証法 （昭和27年法律346号）
原子力発電環境整備機構	特定放射性廃棄物の最終処分に関する法律 （平成12年法律117号）
広域臨海環境整備センター	広域臨海環境整備センター法 （昭和56年法律76号）
更生保護法人	更生保護事業法 （平成7年法律86号）
港務局	港湾法 （昭和25年法律218号）
司法書士会	司法書士法 （昭和25年法律197号）
日本司法書士会連合会	
司法書士法人	司法書士法 （昭和25年法律197号）
社会福祉法人	社会福祉法 （昭和26年法律45号）
社会保険労務士会	社会保険労務士法 （昭和43年法律89号）
全国社会保険労務士会連合会	

社会保険労務士法人	社会保険労務士法 （昭和43年法律89号）
商工会議所	商工会議所法 （昭和28年法律143号）
日本商工会議所	
商工会	商工会法 （昭和35年法律89号）
商工会連合会	
使用済燃料再処理・廃炉推進機構	原子力発電における使用済燃料の再処理等の実施及び廃炉の推進に関する法律 （平成17年法律48号）
商店街振興組合	商店街振興組合法 （昭和37年法律141号）
商店街振興組合連合会	
商品先物取引協会	商品先物取引法 （昭和25年法律239号）
職業訓練法人	職業能力開発促進法 （昭和44年法律64号）
都道府県職業能力開発協会	
中央職業能力開発協会	
信用保証協会	信用保証協会法 （昭和28年法律196号）
森林組合	森林組合法 （昭和53年法律36号）
生産森林組合	
森林組合連合会	
生活衛生同業組合	生活衛生関係営業の運営の適正化及び振興に関する法律 （昭和32年法律164号）
生活衛生同業小組合	
生活衛生同業組合連合会	
税理士会	税理士法 （昭和26年法律237号）
日本税理士会連合会	
税理士法人	
船員災害防止協会	船員災害防止活動の促進に関する法律 （昭和42年法律61号）

船主相互保険組合	船主相互保険組合法（昭和25年法律177号）
たばこ耕作組合	たばこ耕作組合法（昭和33年法律135号）
地方住宅供給公社	地方住宅供給公社法（昭和40年法律124号）
地方道路公社	地方道路公社法（昭和45年法律82号）
地方独立行政法人	地方独立行政法人法（平成15年法律118号）
投資者保護基金	金融商品取引法（昭和23年法律25号）
特定非営利活動法人	特定非営利活動促進法（平成10年法律7号）
土地開発公社	公有地の拡大の推進に関する法律（昭和47年法律66号）
土地改良事業団体連合会	土地改良法（昭和24年法律195号）
土地家屋調査士会 日本土地家屋調査士会連合会	土地家屋調査士法（昭和25年法律228号）
土地家屋調査士法人	土地家屋調査士法（昭和25年法律228号）
内航海運組合 内航海運組合連合会	内航海運組合法（昭和32年法律162号）
認可金融商品取引業協会	金融商品取引法（昭和23年法律25号）
農業共済組合 農業共済組合連合会	農業保険法（昭和22年法律185号）
農業協同組合 農業協同組合連合会 農事組合法人	農業協同組合法（昭和22年法律132号）

農業信用基金協会	農業信用保証保険法（昭和36年法律204号）		
農住組合	農住組合法（昭和55年法律86号）		
農林中央金庫	農林中央金庫法（平成13年法律93号）		
弁護士法人	弁護士法（昭和24年法律205号）		
弁護士・外国法事務弁護士共同法人	外国弁護士による法律事務の取扱い等に関する法律（昭和61年法律66号）		
弁理士法人	弁理士法（平成12年法律49号）		
保険契約者保護機構	保険業法（平成7年法律105号）		
防災街区計画整備組合	密集市街地における防災街区の整備の促進に関する法律（平成9年法律49号）		
水先人会	水先法（昭和24年法律121号）		
日本水先人会連合会			
労働災害防止団体（中央労働災害防止協会及び労働災害防止協会）	労働災害防止団体法（昭和39年法律118号）		
労働者協同組合	労働者協同組合法（令和2年法律78号）		
労働者協同組合連合会			
会員商品取引所	商品先物取引法（昭和25年法律239号）	商品先物取引法（昭和25年法律239号）、各種法人等登記規則（昭和39年法務省令46号）	
金融商品会員制法人	金融商品取引法（昭和23年法律25号）	金融商品取引法（昭和23年法律25号）、各種法人等登記規則（昭和39年法務省令46号）	
自主規制法人			

法人の種類	根拠法	準拠法令	備考
技術研究組合	技術研究組合法（昭和36年法律81号）	技術研究組合法（昭和36年法律81号）、各種法人等登記規則（昭和39年法務省令46号）	
宗教法人	宗教法人法（昭和26年法律126号）	宗教法人法（昭和26年法律126号）、各種法人等登記規則（昭和39年法務省令46号）	
酒造組合 酒販組合 酒造組合連合会 酒販組合連合会 酒造組合中央会 酒販組合中央会	酒税の保全及び酒類業組合等に関する法律（昭和28年法律7号）	酒税の保全及び酒類業組合等に関する法律（昭和28年法律7号）、各種法人等登記規則（昭和39年法務省令46号）	これらの組合を「酒類業組合」という。
職員団体等に対する法人格の付与に関する法律に基づく職員団体（国家公務員職員団体、地方公務員職員団体、混合連合団体）	職員団体等に対する法人格の付与に関する法律（昭和53年法律80号）	職員団体等に対する法人格の付与に関する法律（昭和53年法律80号）、各種法人等登記規則（昭和39年法務省令46号）	
協業組合 商工組合 商工組合連合会	中小企業団体の組織に関する法律（昭和32年法律185号）	中小企業団体の組織に関する法律（昭和32年法律185号）、各種法人等登記規則（昭和39年法務省令46号）	
消費生活協同組合 消費生活協同組合連合会	消費生活協同組合法（昭和23年法律200号）	消費生活協同組合法（昭和23年法律200号）、各種法人等登記規則（昭和39年法務省令46号）	

信 用 金 庫 信 用 金 庫 連 合 会	信用金庫法 （昭和26年 　　　法律238号）	信用金庫法 （昭和26年法律 238号）、各種 法人等登記規 則（昭和39年 法務省令46号）	
損害保険料率算出団体	損害保険料率算出団体に関する法律 （昭和23年 　　　法律193号）	損害保険料率算出団体に関する法律（昭和23年法律193号）、各種法人等登記規則（昭和39年法務省令46号）	
投 資 法 人	投資信託及び投資法人に関する法律 （昭和26年 　　　法律198号）	投資信託及び投資法人に関する法律（昭和26年法律198号）	
事 業 協 同 組 合 事 業 協 同 小 組 合 信 用 協 同 組 合 協 同 組 合 連 合 会 企 業 組 合 都道府県中小企業団体中央会 全国中小企業団体中央会	中小企業等協同組合法 （昭和24年 　　　法律181号）	中小企業等協同組合法（昭和24年法律181号）、各種法人等登記規則（昭和39年法務省令46号）	事業協同組合から企業組合までの組合を、「中小企業等協同組合」という。
投資事業有限責任組合	投資事業有限責任組合契約に関する法律 （平成10年法律90号）	投資事業有限責任組合契約に関する法律（平成10年法律90号）、投資事業有限責任組合契約及び有限責任事業組合契約登記規則（平成10年法務省令47号）	

有限責任事業組合	有限責任事業組合契約に関する法律（平成17年法律40号）	有限責任事業組合契約に関する法律（平成17年法律40号）、投資事業有限責任組合契約及び有限責任事業組合契約登記規則(平成10年法務省令47号)	
輸出組合	輸出入取引法（昭和27年法律299号）	輸出入取引法（昭和27年法律299号）は、中小企業等協同組合法（昭和24年法律181号）を準用、各種法人等登記規則（昭和39年法務省令46号）	
輸入組合			
輸出水産業組合	輸出水産業の振興に関する法律（昭和29年法律154号）	輸出水産業の振興に関する法律（昭和29年法律154号）、各種法人等登記規則（昭和39年法務省令46号）	
労働金庫	労働金庫法（昭和28年法律227号）	労働金庫法（昭和28年法律227号）、各種法人等登記規則（昭和39年法務省令46号）	
労働金庫連合会			
弁護士会	弁護士法（昭和24年法律205号）	弁護士会登記令（昭和24年政令321号）、各種法人等登記規則（昭和39年法務省令46号）	
日本弁護士連合会			
労働組合	労働組合法（昭和24年法律174号）	労働組合法施行令（昭和24年政令231号）、各種法人等登記規則（昭和39年法務省令46号）	

第1章　法人登記の体系　13

沖縄振興開発金融公庫	沖縄振興開発金融公庫法 （昭和47年法律31号）	独立行政法人等登記令（昭和39年政令28号） 各種法人等登記規則（昭和39年法務省令46号）	以下独立行政法人等登記令に登記の手続が規定されている法人には、独立行政法人等登記令の別表の名称の欄に掲げる41の法人、独立行政法人通則法2条1項に規定する87の独立行政法人及び国立大学法人法2条1項に規定する国立大学法人及び同条3項に規定する大学共同利用機関法人がある。
外国人技能実習機構	外国人の技能実習の適正な実施及び技能実習生の保護に関する法律 （平成28年法律89号）		
危険物保安技術協会	消防法 （昭和23年法律186号）		
銀行等保有株式取得機構	銀行等の株式等の保有の制限等に関する法律 （平成13年法律131号）		
金融経済教育推進機構	金融サービスの提供及び利用環境の整備等に関する法律 （平成12年法律101号）		
軽自動車検査協会	道路運送車両法 （昭和26年法律185号）		
原子力損害賠償・廃炉等支援機構	原子力損害賠償・廃炉等支援機構法 （平成23年法律94号）		
高圧ガス保安協会	高圧ガス保安法 （昭和26年法律204号）		
広域的運営推進機関	電気事業法 （昭和39年法律170号）		
小型船舶検査機構	船舶安全法 （昭和8年法律11号）		
国家公務員共済組合連合会	国家公務員共済組合法 （昭和33年法律128号）		
自動車安全運転センター	自動車安全運転センター法 （昭和50年法律57号）		
社会保険診療報酬支払基金	社会保険診療報酬支払基金法 （昭和23年法律129号）		

消防団員等公務災害補償等共済基金	消防団員等公務災害補償等責任共済等に関する法律 （昭和31年法律107号）
石炭鉱業年金基金	石炭鉱業年金基金法 （昭和42年法律135号）
全国健康保険協会	健康保険法 （大正11年法律70号）
全国市町村職員共済組合連合会	地方公務員等共済組合法 （昭和37年法律152号）
脱炭素成長型経済構造移行推進機構	脱炭素成長型経済構造への円滑な移行の推進に関する法律 （令和5年法律32号）
地方競馬全国協会	競馬法 （昭和23年法律158号）
地方公共団体金融機構	地方公共団体金融機構法 （平成19年法律64号）
地方公共団体情報システム機構	地方公共団体情報システム機構法 （平成25年法律29号）
地方公務員共済組合連合会	地方公務員等共済組合法 （昭和37年法律152号）
地方公務員災害補償基金	地方公務員災害補償法 （昭和42年法律121号）
地方税共同機構	地方税法 （昭和25年法律226号）
日本銀行	日本銀行法 （平成9年法律89号）
日本勤労者住宅協会	日本勤労者住宅協会法 （昭和41年法律133号）

日本下水道事業団	日本下水道事業団法 （昭和47年法律41号）
日本公認会計士協会	公認会計士法 （昭和23年 　　　　法律103号）
日本司法支援センター	総合法律支援法 （平成16年法律74号）
日本消防検定協会	消　防　　　法 （昭和23年 　　　　法律186号）
日本私立学校振興・共済事業団	日本私立学校振興・共済事業団法 （平成9年法律48号）
日本赤十字社	日本赤十字社法 （昭和27年 　　　　法律305号）
日本中央競馬会	日本中央競馬会法 （昭和29年 　　　　法律205号）
日本電気計器検定所	日本電気計器検定所法 （昭和39年 　　　　法律150号）
日本年金機構	日本年金機構法 （平成19年 　　　　法律109号）
日本弁理士会	弁理士法 （平成12年法律49号）
日本放送協会	放　送　　　法 （昭和25年 　　　　法律132号）
日本郵政共済組合	国家公務員共済組合法 （昭和33年 　　　　法律128号）
農水産業協同組合貯金保険機構	農水産業協同組合貯金保険法 （昭和48年法律53号）
福島国際研究教育機構	福島復興再生特別措置法 （平成24年法律25号）
預金保険機構	預金保険法 （昭和46年法律34号）

独立行政法人奄美群島振興開発基金	独立行政法人通則法（平成11年法律103号）奄美群島振興開発特別措置法（昭和29年法律189号）	独立行政法人等登記令（昭和39年政令28号）各種法人等登記規則（昭和39年法務省令46号）以下、独立行政法人については、すべて同じ。
国立研究開発法人医薬基盤・健康・栄養研究所	独立行政法人通則法（平成11年法律103号）国立研究開発法人医薬基盤・健康・栄養研究所法（平成16年法律135号）	
独立行政法人医薬品医療機器総合機構	独立行政法人通則法（平成11年法律103号）独立行政法人医薬品医療機器総合機構法（平成14年法律192号）	
国立研究開発法人宇宙航空研究開発機構	独立行政法人通則法（平成11年法律103号）国立研究開発法人宇宙航空研究開発機構法（平成14年法律161号）	
独立行政法人海技教育機構	独立行政法人通則法（平成11年法律103号）独立行政法人海技教育機構法（平成11年法律214号）	
国立研究開発法人海上・港湾・航空技術研究所	独立行政法人通則法（平成11年法律103号）国立研究開発法人海上・港湾・航空技術研究所法（平成11年法律208号）	
国立研究開発法人海洋研究開発機構	独立行政法人通則法（平成11年法律103号）国立研究開発法人海洋研究開発機構法（平成15年法律95号）	

国立研究開発法人科学技術振興機構	独立行政法人通則法 （平成11年法律103号） 国立研究開発法人科学技術振興機構法 （平成14年法律158号）
独立行政法人家畜改良センター	独立行政法人通則法 （平成11年法律103号） 独立行政法人家畜改良センター法 （平成11年法律185号）
独立行政法人環境再生保全機構	独立行政法人通則法 （平成11年法律103号） 独立行政法人環境再生保全機構法 （平成15年法律43号）
独立行政法人教職員支援機構	独立行政法人通則法 （平成11年法律103号） 独立行政法人教職員支援機構法 （平成12年法律88号）
独立行政法人勤労者退職金共済機構	独立行政法人通則法 （平成11年法律103号） 中小企業退職金共済法 （昭和34年法律160号）
独立行政法人空港周辺整備機構	独立行政法人通則法 （平成11年法律103号） 公共用飛行場周辺における航空機騒音による障害の防止等に関する法律 （昭和42年法律110号）
独立行政法人経済産業研究所	独立行政法人通則法 （平成11年法律103号） 独立行政法人経済産業研究所法 （平成11年法律200号）

国立研究開発法人建築研究所	独立行政法人通則法 （平成11年法律103号） 国立研究開発法人建築研究所法 （平成11年法律206号）
独立行政法人工業所有権情報・研修館	独立行政法人通則法 （平成11年法律103号） 独立行政法人工業所有権情報・研修館法 （平成11年法律201号）
独立行政法人航空大学校	独立行政法人通則法 （平成11年法律103号） 独立行政法人航空大学校法 （平成11年法律215号）
独立行政法人高齢・障害・求職者雇用支援機構	独立行政法人通則法 （平成11年法律103号） 独立行政法人高齢・障害・求職者雇用支援機構法 （平成14年法律165号）
独立行政法人国際観光振興機構	独立行政法人通則法 （平成11年法律103号） 独立行政法人国際観光振興機構法 （平成14年法律181号）
独立行政法人国際協力機構	独立行政法人通則法 （平成11年法律103号） 独立行政法人国際協力機構法 （平成14年法律136号）
独立行政法人国際交流基金	独立行政法人通則法 （平成11年法律103号） 独立行政法人国際交流基金法 （平成14年法律137号）

国立研究開発法人国際農林水産業研究センター	独立行政法人通則法 （平成11年法律103号） 国立研究開発法人国際農林水産業研究センター法 （平成11年法律197号）
独立行政法人国民生活センター	独立行政法人通則法 （平成11年法律103号） 独立行政法人国民生活センター法 （平成14年法律123号）
独立行政法人国立印刷局	独立行政法人通則法 （平成11年法律103号） 独立行政法人国立印刷局法 （平成14年法律41号）
独立行政法人国立科学博物館	独立行政法人通則法 （平成11年法律103号） 独立行政法人国立科学博物館法 （平成11年法律172号）
国立研究開発法人国立環境研究所	独立行政法人通則法 （平成11年法律103号） 国立研究開発法人国立環境研究所法 （平成11年法律216号）
独立行政法人国立高等専門学校機構	独立行政法人通則法 （平成11年法律103号） 独立行政法人国立高等専門学校機構法 （平成15年法律113号）
独立行政法人国立公文書館	独立行政法人通則法 （平成11年法律103号） 国立公文書館法 （平成11年法律79号）

独立行政法人国立青少年教育振興機構	独立行政法人通則法 （平成11年法律103号） 独立行政法人国立青少年教育振興機構法 （平成11年法律167号）
独立行政法人国立重度知的障害者総合施設のぞみの園	独立行政法人通則法 （平成11年法律103号） 独立行政法人国立重度知的障害者総合施設のぞみの園法 （平成14年法律167号）
独立行政法人国立女性教育会館	独立行政法人通則法 （平成11年法律103号） 独立行政法人国立女性教育会館法 （平成11年法律168号）
独立行政法人国立特別支援教育総合研究所	独立行政法人通則法 （平成11年法律103号） 独立行政法人国立特別支援教育総合研究所法 （平成11年法律165号）
独立行政法人国立美術館	独立行政法人通則法 （平成11年法律103号） 独立行政法人国立美術館法 （平成11年法律177号）
独立行政法人国立病院機構	独立行政法人通則法 （平成11年法律103号） 独立行政法人国立病院機構法 （平成14年法律191号）
独立行政法人国立文化財機構	独立行政法人通則法 （平成11年法律103号） 独立行政法人国立文化財機構法 （平成11年法律178号）

国立研究開発法人国立がん研究センター	独立行政法人通則法 （平成11年法律103号） 高度専門医療に関する研究等を行う国立研究開発法人に関する法律 （平成20年法律93号）	
国立研究開発法人国立循環器病研究センター		
国立研究開発法人国立精神・神経医療研究センター		
国立研究開発法人国立国際医療研究センター		
国立研究開発法人国立成育医療研究センター		
国立研究開発法人国立長寿医療研究センター		
独立行政法人酒類総合研究所	独立行政法人通則法 （平成11年法律103号） 独立行政法人酒類総合研究所法 （平成11年法律164号）	
国立研究開発法人産業技術総合研究所	独立行政法人通則法 （平成11年法律103号） 国立研究開発法人産業技術総合研究所法 （平成11年法律203号）	
国立研究開発法人新エネルギー・産業技術総合開発機構	独立行政法人通則法 （平成11年法律103号） 国立研究開発法人新エネルギー・産業技術総合開発機構法 （平成14年法律145号）	
国立研究開発法人森林研究・整備機構	独立行政法人通則法 （平成11年法律103号） 国立研究開発法人森林研究・整備機構法 （平成11年法律198号）	
独立行政法人自動車事故対策機構	独立行政法人通則法 （平成11年法律103号） 独立行政法人自動車事故対策機構法 （平成14年法律183号）	

独立行政法人住宅金融支援機構	独立行政法人通則法（平成11年法律103号） 独立行政法人住宅金融支援機構法（平成17年法律82号）
国立研究開発法人情報通信研究機構	独立行政法人通則法（平成11年法律103号） 国立研究開発法人情報通信研究機構法（平成11年法律162号）
独立行政法人自動車技術総合機構	独立行政法人通則法（平成11年法律103号） 独立行政法人自動車技術総合機構法（平成11年法律218号）
独立行政法人情報処理推進機構	独立行政法人通則法（平成11年法律103号） 情報処理の促進に関する法律（昭和45年法律90号）
国立研究開発法人水産研究・教育機構	独立行政法人通則法（平成11年法律103号） 国立研究開発法人水産研究・教育機構法（平成11年法律199号）
独立行政法人製品評価技術基盤機構	独立行政法人通則法（平成11年法律103号） 独立行政法人製品評価技術基盤機構法（平成11年法律204号）
独立行政法人エネルギー・金属鉱物資源機構	独立行政法人通則法（平成11年法律103号） 独立行政法人エネルギー・金属鉱物資源機構法（平成14年法律94号）

独立行政法人造幣局	独立行政法人通則法 （平成11年法律103号） 独立行政法人造幣局法 （平成14年法律40号）
独立行政法人大学入試センター	独立行政法人通則法 （平成11年法律103号） 独立行政法人大学入試センター法 （平成11年法律166号）
独立行政法人大学改革支援・学位授与機構	独立行政法人通則法 （平成11年法律103号） 独立行政法人大学改革支援・学位授与機構法 （平成15年法律114号）
独立行政法人中小企業基盤整備機構	独立行政法人通則法 （平成11年法律103号） 独立行政法人中小企業基盤整備機構法 （平成14年法律147号）
独立行政法人駐留軍等労働者労務管理機構	独立行政法人通則法 （平成11年法律103号） 独立行政法人駐留軍等労働者労務管理機構法 （平成11年法律217号）
独立行政法人鉄道建設・運輸施設整備支援機構	独立行政法人通則法 （平成11年法律103号） 独立行政法人鉄道建設・運輸施設整備支援機構法 （平成14年法律180号）
独立行政法人統計センター	独立行政法人通則法 （平成11年法律103号） 独立行政法人統計センター法 （平成11年法律219号）

独立行政法人都市再生機構	独立行政法人通則法（平成11年法律103号） 独立行政法人都市再生機構法（平成15年法律100号）
国立研究開発法人土木研究所	独立行政法人通則法（平成11年法律103号） 国立研究開発法人土木研究所法（平成11年法律205号）
独立行政法人日本学術振興会	独立行政法人通則法（平成11年法律103号） 独立行政法人日本学術振興会法（平成14年法律159号）
国立研究開発法人日本医療研究開発機構	独立行政法人通則法（平成11年法律103号） 国立研究開発法人日本医療研究開発機構法（平成26年法律49号）
独立行政法人日本学生支援機構	独立行政法人通則法（平成11年法律103号） 独立行政法人日本学生支援機構法（平成15年法律94号）
独立行政法人日本芸術文化振興会	独立行政法人通則法（平成11年法律103号） 独立行政法人日本芸術文化振興会法（平成14年法律163号）
国立研究開発法人日本原子力研究開発機構	独立行政法人通則法（平成11年法律103号） 国立研究開発法人日本原子力研究開発機構法（平成16年法律155号）

独立行政法人日本高速道路保有・債務返済機構	独立行政法人通則法 （平成11年 　　　　法律103号） 独立行政法人日本高速道路保有・債務返済機構法 （平成16年 　　　　法律100号）	
独立行政法人日本スポーツ振興センター	独立行政法人通則法 （平成11年 　　　　法律103号） 独立行政法人日本スポーツ振興センター法 （平成14年 　　　　法律162号）	
独立行政法人日本貿易振興機構	独立行政法人通則法 （平成11年 　　　　法律103号） 独立行政法人日本貿易振興機構法 （平成14年 　　　　法律172号）	
独立行政法人地域医療機能推進機構	独立行政法人通則法 （平成11年 　　　　法律103号） 独立行政法人地域医療機能推進機構法 （平成17年法律71号）	
年金積立金管理運用独立行政法人	独立行政法人通則法 （平成11年 　　　　法律103号） 年金積立金管理運用独立行政法人法 （平成16年 　　　　法律105号）	
国立研究開発法人農業・食品産業技術総合研究機構	独立行政法人通則法 （平成11年 　　　　法律103号） 国立研究開発法人農業・食品産業技術総合研究機構法 （平成11年 　　　　法律192号）	
独立行政法人農業者年金基金	独立行政法人通則法 （平成11年 　　　　法律103号） 独立行政法人農業者年金基金法 （平成14年 　　　　法律127号）	

独立行政法人農畜産業振興機構	独立行政法人通則法 （平成11年法律103号） 独立行政法人農畜産業振興機構法 （平成14年法律126号）
独立行政法人農林漁業信用基金	独立行政法人通則法 （平成11年法律103号） 独立行政法人農林漁業信用基金法 （平成14年法律128号）
独立行政法人農林水産消費安全技術センター	独立行政法人通則法 （平成11年法律103号） 独立行政法人農林水産消費安全技術センター法 （平成11年法律183号）
独立行政法人福祉医療機構	独立行政法人通則法 （平成11年法律103号） 独立行政法人福祉医療機構法 （平成14年法律166号）
国立研究開発法人物質・材料研究機構	独立行政法人通則法 （平成11年法律103号） 国立研究開発法人物質・材料研究機構法 （平成11年法律173号）
独立行政法人北方領土問題対策協会	独立行政法人通則法 （平成11年法律103号） 独立行政法人北方領土問題対策協会法 （平成14年法律132号）
国立研究開発法人防災科学技術研究所	独立行政法人通則法 （平成11年法律103号） 国立研究開発法人防災科学技術研究所法 （平成11年法律174号）

独立行政法人水資源機構	独立行政法人通則法 （平成11年法律103号） 独立行政法人水資源機構法 （平成14年法律182号）	
独立行政法人郵便貯金簡易生命保険管理・郵便局ネットワーク支援機構	独立行政法人通則法 （平成11年法律103号） 独立行政法人郵便貯金簡易生命保険管理・郵便局ネットワーク支援機構法 （平成17年法律101号）	
国立研究開発法人理化学研究所	独立行政法人通則法 （平成11年法律103号） 国立研究開発法人理化学研究所法 （平成14年法律160号）	
国立研究開発法人量子科学技術研究開発機構	独立行政法人通則法 （平成11年法律103号） 国立研究開発法人量子科学技術研究開発機構法 （平成11年法律176号）	
独立行政法人労働者健康安全機構	独立行政法人通則法 （平成11年法律103号） 独立行政法人労働者健康安全機構法 （平成14年法律171号）	
独立行政法人労働政策研究・研修機構	独立行政法人通則法 （平成11年法律103号） 独立行政法人労働政策研究・研修機構法 （平成14年法律169号）	

第3節　登記事項

1　各法人に共通な登記事項

　各法人の登記事項は、それぞれの法人の性質等を考慮して当該法人の設立根拠法又は登記手続法令に規定されているが、各法人とも少なくとも次の事項は登記事項とされている。

(1)　名称
(2)　事務所

　事務所には、主たる事務所（会社の本店に相当するもの）と従たる事務所（会社の支店に相当するもの）があるが、従たる事務所は、会社の場合と同様に登記事項とされていない。

(3)　代表者

　法人の登記においては、必ず代表者、すなわち「代表権を有する者」が登記されるが、この規定の仕方には、大体次のような方法がある。

①　理事の氏名及び住所

　代表者を理事とする場合の規定の仕方で、これは酒類業組合（酒造組合、酒販組合）について規定する方法である（酒税の保全及び酒類業組合等に関する法律23条）。

②　代表権を有する者の氏名、住所及び資格

　代表者を代表権を有する者とする規定の仕方で、これは独立行政法人、組合等、事業協同組合、農業協同組合及び宗教法人等大多数の法人について規定する方法である。この場合には、代表権を有する者の資格（例えば、代表理事、理事長、理事、会長、総裁、仮理事、清算人等）、氏名及び住所が登記される。この規定の仕方と他の仕方で異なる大きな点は、代表権を有する者として仮理事が登記されることと清算人が就任した場合である。法人が解散した場合に②の方法で規定されている法人にあっては、清算人の就任の登記ではなく、代表権を有する者の変更の登記として処理される（登記研究202号64頁）**(注1)**。なお、初めてする清算人の登記の場合には、清算人の就

任の年月日の登記は要しないとされている（昭和41年8月24日民事甲第2441号民事局長回答）(注2)が、②の方法の場合には代表権を有する者の変更になるので、清算人の就任の年月日が登記されることになる（登記研究224号73頁）(注3)。

③　会長及び副会長の氏名及び住所

弁護士会及び日本弁護士連合会について規定する方法である（弁護士法34条2項4号、50条）。

④　代表者の氏名及び住所

労働組合について規定する方法である（労働組合法施行令3条4号）。

2　特定の法人に固有な登記事項

以上1に述べた各法人に共通な登記事項のほか、法人によっては次のような事項が登記事項とされている。これらについては、当該法人の登記手続の章において説明する。

⑴　目的及び業務
⑵　共同代表の定め
⑶　代表権の範囲又は制限に関する定め
⑷　代理人・参事の氏名及び住所
⑸　代理人の代理権の範囲
⑹　地区・区域・地域
⑺　公告の方法
⑻　存立時期又は解散の事由
⑼　設立許可の年月日
⑽　出資一口の金額
⑾　出資一口の金額について払い込んだ金額
⑿　出資払込みの方法
⒀　出資の総口数
⒁　資本金・資産の総額・基本金・基金
⒂　払い込んだ出資の総額

(注1) 登記研究202号64頁
　　　清算人の登記について
　問　商業登記法の施行に伴う関係法令の整理等に関する法律の施行によりまして、各種法人の清算人の登記に関する条文が削除されましたが、これは登記事項である代表権を有する者の氏名、住所及び資格に関する規定のうちに、当然代表権を有する清算人が含まれると解されますので、代表権を有する清算人は登記すべきだと考えますが、いかがでしょうか。
　　　いささか、疑義があるので、おたずねします。
　答　貴見のとおり考えます。

(注2) 昭和41年8月24日民事甲第2441号民事局長回答
　(伺い)　会社が解散し、商法第123条第1項又は同条第2項又はその準用規定により最初の清算人に関する登記をする場合、清算人及び代表清算人の就任年月日並びに共同代表についての規定を設けた年月日は、何れも登記することを要しないものと考えますが、いささか疑義がありますので、何分の御垂示を賜わりたくお伺いいたします。
　(回答)　客月20日付登第319号をもつて照会のあつた標記の件については、貴見のとおりと考える。

(注3) 登記研究224号73頁
　　　組合の清算人の就任の登記について
　問　会社が解散したときにする清算人の就任の登記の際には、清算人の就任年月日の登記をする必要はないものとされておりますが（最新商業登記書式精義482頁、商法123Ⅰ、Ⅱ）、組合の解散当初の清算人の就任の登記をする場合には、清算人の就任年月日を登記しなければなりませんか。
　答　組合の清算人の就任の登記は、代表権を有する者の変更の登記としてすることとなるので、清算人の就任の年月日は、変更の年月日として記載する（組合等登記令6条1項、中小企業等協同組合法86条1項等）のが相当と考えます。

第2章　登記申請義務

　法人についても、登記すべき事項に変更が生じたときは、所定の期間内に当該法人の代表者が登記の申請をしなければならないこととされている（独法令3条、4条、6条1項・3項、7条、8条、組合等令3条、4条、6条1項・3項、7条、7条の2、8条、8条の2、9条、10条等）。登記を怠ったときは、たとえ日本銀行のような法人であっても、登記を申請する義務のある者は、過料に処される（日本銀行法65条4号、独立行政法人通則法71条1項4号）。

　なお、登記すべき事項であって、官庁の認可を要するものについては、その認可書の到達した時から登記期間を起算することになる（独法令14条、組合等令24条）。

第3章　法人登記の管轄及び登記官

　商業登記の管轄については、商業登記法1条の3に「登記の事務は、当事者の営業所の所在地を管轄する法務局若しくは地方法務局若しくはこれらの支局又はこれらの出張所（以下単に「登記所」という。）がつかさどる。」というように規定されている。ところが、法人登記については、すべての法人の登記手続を規定する法人登記法といった法律は制定されていないので、第1章第2節「法人の種類別設立根拠法及び登記手続法令一覧表」で述べているように数多くある登記の手続法令の中に法人ごとに規定されている。しかし、現実には、独立行政法人等登記令はその15条において、組合等登記令はその25条において、一般社団法人及び一般財団法人に関する法律はその330条において、商業登記法1条の3の規定を準用しているというように、ほとんどの法人が、その登記手続法令において商業登記法1条の3の規定を準用しているので、法令上は、商業登記も法人登記も同じ登記所で取り扱われることになる。ところが、商業登記法2条の規定を受けて制定された登記事務委任規則の定めるところにより、多くの登記所では商業登記の事務を取り扱わず、商業登記の事務の取扱いを法務局又は地方法務局の本局又は特定の支局である登記所に委任している。横浜地方法務局を例にあげれば、次のとおりである。

○登記事務委任規則（昭和24年法務府令13号）
第2条　横浜地方法務局川崎支局、神奈川出張所、金沢出張所、港北出張所、戸塚出張所、旭出張所、栄出張所、青葉出張所及び麻生出張所の管轄に属する商業登記の事務（商業登記法（昭和38年法律第125号）第10条第2項（同法第12条第2項において準用する場合を含む。以下同じ。）の規定による交付の請求に係る事務を除く。）は、横浜地方法務局で取り扱わせる。
2　横浜地方法務局横須賀支局、西湘二宮支局、相模原支局、厚木支局

> 及び大和出張所の管轄に属する商業登記の事務（商業登記法第10条第２項の規定による交付の請求に係る事務を除く。）は、横浜地方法務局湘南支局で取り扱わせる。
> 3　横浜地方法務局厚木支局管内神奈川県秦野市に属する地域内の登記事務（商業登記の事務を除く。）は、横浜地方法務局西湘二宮支局で取り扱わせる。

　そして、法人登記については、登記事務委任規則（昭和24年法務府令13号）46条１号で「この省令中商業登記の事務に関する規定は、次に掲げる事務について準用する。一　法人（会社及び外国会社を除く。）の登記の事務」と規定しているので、法人登記についても商業登記と同様、法務局又は地方法務局の本局若しくは特定の支局を中心とする登記所で取り扱われている。ただし、東京法務局では、事件数が多い関係で出張所でも取り扱われている。

　なお、法人登記事務の停止、登記官とその職務執行の制限等については、商業登記法３条、４条及び５条の規定が準用されている（独法令15条、組合等令25条、法人法330条等）。

第4章　法人登記に関する帳簿とその公開

1　備付帳簿

　法人登記についても、登記簿のほか、受付帳、申請書類つづり込み帳等所定の帳簿を設けることとされている（法人法316条、組合等令15条、独法令9条、一般法登規3条、各種法登規5条、商登準82条）。登記簿は、独立行政法人等登記簿（独法令9条）、組合等登記簿（組合等令15条）、一般社団法人登記簿、一般財団法人登記簿（法人法316条）、宗教法人登記簿（宗教法人法62条2項）、労働組合登記簿（労働組合法施行令7条2項）というように、それぞれの登記手続法令に定められている。

　なお、受付帳や申請書類つづり込み帳は、法人の種類ごとに別冊にする必要はなく、一連の受付番号を付してもよいとされている（昭和35年10月5日民事甲第2425号民事局長回答）**(注)** が、法人登記と商業登記は、別個にしなければならない。

2　帳簿の保管等

　法人登記についても、商業登記法の登記簿等の持出禁止（商登法7条の2）、登記簿の滅失回復（商登法8条）、登記簿等の滅失防止（商登法9条）の規定等が準用されている（法人法330条、独法令15条、組合等令25条等）。

3　帳簿の公開

　登記簿については、商業登記簿と同様、登記事項証明書及び登記事項要約書の方法による公開が認められている（商登法10条、11条、商登規30条、31条、31条の2、法人法330条、独法令15条、組合等令25条、各種法登規5条、一般法登規3条）。

(注)　昭和35年10月5日民事甲第2425号民事局長通達
　　会社及び相互会社以外の法人の登記事件の受付帳等の取扱方について
　　　標記の件について、別紙甲号のとおり水戸地方法務局長から照会があつたので、別紙乙号のとおり回答したから、この旨貴管下登記官吏に周知方取り計られたい。

第4章　法人登記に関する帳簿とその公開　35

(別紙甲号)

　会社及び相互会社以外の法人の登記事件の受附帳、登記事件の申請書類つづり込帳及び登記事件以外の申請書類つづり込帳等は、法人の種類ごとに設けることになっており、これらの法人登記は僅少な事件数にかかわらず、数多い帳簿が設けられている現状（別紙参照）でありますが、法人登記規則の適用される法人登記については、総べて一冊の帳簿により一連の進行番号をもって処理しても別段弊害の生ずるようなことも考えられないので、これが取扱方につき何分の御垂示を願います。

別　紙

会社及び相互会社以外の法人の登記事件の受付帳等冊数調

登記所名	昭和35年1月から7月までの甲号件数	登記事件の受付帳の冊数	登記事件の申請書類つづり込帳の冊数	昭和35年1月から7月までの乙号件数	登記事件以外の申請書類つづり込帳の冊数	備考
本　　　局	360件	32冊	32冊	2679件	30冊	
日 立 支 局	61	11	11	395	11	
太田　〃	61	8	8	180	11	
土浦　〃	91	14	14	280	13	
竜ヶ崎〃	39	7	7	120	4	
麻生　〃	37	10	10	71	10	
下妻　〃	33	5	5	88	5	
石塚出張所	26	3	3	44	4	
那珂湊〃	76	8	8	276	8	
堅倉　〃	24	7	7	128	8	
小川　〃	29	5	5	91	5	
鉾田　〃	52	4	4	76	4	
菅谷　〃	15	3	3	38	3	
笠間　〃	53	8	8	93	7	
岩瀬　〃	9	3	3	30	3	

（以下省略）

(別紙乙号)

　9月2日付日記登第324号で照会の件については、会社及び相互会社以外の法人の受附帳、登記事件の申請書類つづり込帳及び登記事件以外の申請書類つづり込帳は、法人の種類ごとに一冊とすることを要せず、これらの法人について、すべて一連の受附番号又は進行番号を付してさしつかえない。

第5章　登記申請手続

第1節　登記申請手続の原則

第1　当事者申請主義

　法人登記の手続は、法令に別段の定めがある場合を除いて、当事者の申請又は官庁の嘱託に基づいてのみ開始される（法人法330条、独法令15条、組合等令25条、商登法14条）が、このことを当事者申請主義という。なお、ここに当事者とは、登記を受ける主体となる法人をいう。法人登記においては、不動産登記のように登記権利者及び登記義務者という概念はない。

　ところで、当事者申請主義の例外として、法令に別段の定めがある場合とは、登記官の職権による登記等をいう（商登法14条参照）が、これらには、次のような登記がある。

(1)　職権更正登記（法人法330条、独法令15条、組合等令25条、商登法133条2項）

(2)　登記の職権抹消登記（法人法330条、独法令15条、組合等令25条、商登法135条・137条）

(3)　法務局長又は地方法務局長の命令による登記（法人法330条、独法令15条、組合等令25条、商登法146条）

第2　書面主義

　登記の申請は、法令で定める事項を記載した書面を登記所に提出してしなければならない（法人法330条、商登法17条）。口頭や電話等による申請は認められない（商登法17条1項・24条6号）。官庁の嘱託による登記の場合も同様である。ただし、オンライン申請をすることができる（情報通信技術を活用した行政の推進等に関する法律6条、各種法登規5条、一般法登規3条、商登規101条〜103条）。

第3　郵送等による申請

　登記の申請は、申請書等を登記所に直接提出する方法のほか、郵送又は信書便等によってすることができる。これらの点については、商業登記の場合と同様である。

第2節　登記申請書

第1　申請書の様式

1　申請書の記載等

　法人登記の申請は、商業登記の場合と同様、オンライン申請の場合を除き、書面（実務上、これを登記申請書という）でしなければならない（法人法330条、商登法17条1項）が、申請書の規格、紙質等については法定されていない。実務上は、日本産業規格B列4番の10年間の保存に耐える程度（申請書の保存期間は10年間とされている。）の紙質の用紙（各種法登規5条、一般法登規3条、商登規34条4項4号）をまん中で折って使用することになっている。したがって、折目になる部分には文字を記載しないように注意しなければならない（各種法登規5条、一般法登規3条、商登規35条）。

　なお、次の点に留意する必要がある。

⑴　申請書の記載は、横書きとしなければならない。

⑵　申請書に記載すべき事項は、区ごとに整理して記載しなければならない。

⑶　申請人又はその代表者若しくは代理人は、申請書が2枚以上であるときは、各用紙のつづり目に契印しなければならない。

⑷　前記の契印は、申請人又はその代表者若しくは代理人が2人以上であるときは、その1人がすれば足りる。

2　申請書等への押印

　申請人又はその代表者が申請書に押印する場合には、登記所に提出してい

る印鑑を押印しなければならない。委任による代理人の権限を証する書面には、前記の印鑑を押印しなければならない（各種法登規5条、一般法登規3条、商登規35条の2）。

第2　申請書の記載文字

1　字画明確

登記用紙又は申請書その他登記に関する書面に記載する文字は、字画を明確にしなければならない（各種法登規5条、一般法登規3条、商登規48条1項）。

2　文字の訂正

文字の訂正、加入又は削除をしたときは、その字数を欄外に記載し、又は訂正、加入若しくは削除をする文字の前後に括弧を付して、その範囲を明らかにし、かつ、その字数を欄外に記載した部分又は当該訂正、加入若しくは削除をした部分に押印しなければならない。この場合において、訂正又は削除をした文字は、なお読むことができるようにしておかなければならない（各種法登規5条、一般法登規3条、商登規48条2項）。

第3　記載事項

法人登記の申請書には、次の事項を記載し、法人の代表者が、記名（又は署名）押印しなければならない（組合等令25条、独法令15条、法人法330条、商登法17条2項）。代表者が、申請書又は委任状に押す印鑑は、各種法登規5条等によって準用する商業登記規則35条の2の規定によって登記所に提出している印鑑でなければならない（各種法登規5条、一般法登規3条、商登規35条の2）。

1　申請人の名称及び主たる事務所

主たる事務所や代表者等の住所は、都道府県名から記載する取扱いであるが、地方自治法252条の19第1項の指定都市（札幌、仙台、さいたま、千葉、川崎、横浜、相模原、新潟、静岡、浜松、名古屋、京都、大阪、堺、神戸、岡山、広島、北九州、福岡、熊本）及び都道府県名と同一名称の市に

あっては、都道府県名を記載しなくてもよいこととされている（昭和32年12月24日民事甲第2419号民事局長通達）(注1)。なお、平成30年3月12日から、法人名の振り仮名を記載することとされた（平成30年2月27日民商第26号民事局長通達）。

2 代理人の氏名及び住所

代理人によって申請するときは、その氏名及び住所を記載する（組合等令25条、独法令15条、法人法330条、商登法17条2項2号）。代理人が司法書士の場合は、事務所の所在地でも差し支えない。

3 登記の事由

どのような事由によって登記を申請するかを記載する。これは、法人登記においては、どのような場合に登記をしなければならないかが法定されているので、どのような事由によって登記をするかを明らかにするために記載するわけである。したがって、登記の事由を特定できる程度に簡潔に登記の事由発生の年月日と併せて記載すれば足りる。ただし、登記すべき事項の記載から登記の事由の発生の年月日がわかるときは、発生の年月日は重ねて記載する必要はない。

4 登記すべき事項

登記すべき事項とは、法人法や宗教法人法等の設立根拠法で登記をしなければならないと定められている事項及び登記をすることができると定められている事項をいう。登記すべき事項は、「令和何年何月何日理事甲野一郎就任」というように、どのような登記を求めるかを具体的かつ簡潔に記載する。

5 許可書の到達した年月日

登記すべき事項について官庁の許可を要するときは、許可書の到達した年月日を記載しなければならない（組合等令25条、独法令15条、法人法330条、商登法17条2項5号）。

6 年月日

登記の申請書を登記所に提出する年月日を記載する（組合等令25条、独法令15条、法人法330条、商登法17条2項7号）。

7　登記所の表示

登記申請書を提出する法務局若しくは地方法務局又はその支局若しくは出張所の名称を記載する（組合等令25条、独法令15条、法人法330条、商登法17条2項8号）。

8　添付書類の標目及び通数

法令に規定はないが、実務上は、添付書類の名称及びその通数を記載することとされている（昭和36年9月15日民事甲第2281号民事局長通達）(注2)。

第4　一括申請

一括申請とは、申請人及び管轄登記所が同一の場合に、数個の登記すべき事項を一通の申請書に記載して申請することをいう。法人登記関係の法令には、一括申請に関する規定はないが、実務上は、一括申請ができるものと解されている（各種法登規5条、一般法登規3条、商登規37条参照）。

(注1)　昭和32年12月24日民事甲第2419号民事局長通達
　　　　登記簿に記載する本店、支店、事務所又は役員の住所等の表示方について
　商業及び各種法人登記簿に記載する本店、支店、事務所又は役員の住所等については、地方自治法第252条の19第1項の指定都市（京都、大阪、横浜、神戸、名古屋）及び都道府県名と同一名称の市を除いては、都道府県名をも記載するのが相当であるので、この旨貴管下登記官吏に周知方しかるべく取り計らわれたい。
　もっとも、申請書に右の趣旨の記載がなされていない場合においてその補正ができないときでも、これのみを理由として当該申請を却下すべきではなく、この場合には申請書に記載のとおり登記簿に記載するほかはないので、念のため申し添える。

(注2)　昭和36年9月15日民事甲第2281号民事局長通達
　　　　登記申請書に添付書類を記載させることについて（通達）
　標記の件について、別紙甲号のとおり岐阜地方法務局長から問合せがあり、別紙乙号のとおり回答したので、この旨貴管下登記官吏に周知方しかるべく取り計らわれたい。
　　（別紙甲号）
　登記申請の際に提出する書類を当該登記申請書に添付書類として記載させることが通例であり、また記載させることが当然のようにも考えられるところ、一部の法務局管内においては、永年の慣行として、これに記載させないばかりでなく、記載することに反対の意向を示す司法書士等もあるようですが、事務の適正合理化を要

請される現在においては、なるべく全国的に統一することが望ましいものと思料せられます。
　右につき、本省の御意見を拝承致したく、お伺いします。
（別紙乙号）
　昭和36年7月19日付日記第408号で問合せのあった標記の件については、当該添付書類をその通数とともに記載させるのを相当と考える。

第3節　添付書類

第1　添付書類の通則

　登記の申請書には、登記すべき事項の真正を担保するため、一定の書面の添付が義務づけられている。この書面を添付書面といい、添付書面を総称して添付書類という（法人法330条、商登法18条、各種法登規5条、一般法登規3条、商登規49条参照）が、この点については、現在では、それ程厳格に考えられていないようである。ところで、どのような書面を添付しなければならないかは、各登記ごとに定められているので、各論において述べることにする。ここでは、各登記に共通な添付書面について述べることにする。

1　代理権限を証する書面

　代理人によって登記の申請をするには、申請書にその権限を証する書面を添付しなければならない（法人法330条、商登法18条）。
　任意代理の場合は委任状が、代理権限を証する書面になる。委任状には、他の添付書面とあいまっていかなる登記を委任しているかが判明するよう具体的に記載し、商業登記法20条の削除後も同法の規定によって登記所に提出している印鑑を押印しなければならない（一般法登規3条、各種法登規5条、商登規35条の2第2項、令和3年1月29日民商第10号民事局長通達）。ここで注意を要するのは、登記申請の取下げをする場合と添付書類の原本還付を請求する場合には、登記申請書補正のための取下げの場合を除き、いずれも委任状にその権限が記載されている必要があるということである。

2　官庁の許可書

官庁の許可又は認可を要する事項の登記（登記すべき事項について官庁の許可又は認可を要する場合）を申請するには、申請書に官庁の許可又は認可書若しくはその認証がある謄本を添付しなければならない（法人法330条、独法令15条、組合等令25条、商登法19条）。官庁の許可を要する事項とは、官庁の許可が登記すべき事項の効力発生要件となっている場合をいう（昭和26年8月21日民事甲第1717号民事局長通達）(注1)。実務上は、官庁の認可という場合が多いようであるが、官庁の認可が登記すべき事項の効力発生要件となっている場合には、官庁の許可と同様に取り扱われる。

第2　添付書類の援用

同一の登記所に対し、同時に数個の登記の申請を連続してする場合に、各申請書に添付すべき書類に内容が同一であるものがあるときは、一個の申請書のみに一通を添付すれば足りる（各種法登規5条、一般法登規3条、商登規37条1項）。この場合には、他の申請書の添付書類の表示欄に、たとえば「社員総会議事録　1通　ただし、前件添付のものを援用する。」というように記載する（各種法登規5条、一般法登規3条、商登規37条2項）。

第3　添付書類の原本還付

登記の申請人は、申請書に添付した書類の還付を請求することができる（各種法登規5条、一般法登規3条、商登規49条1項）。これを実務上、原本還付という。

添付書類の還付を請求するには、登記の申請書に当該書類と相違がない旨を記載した謄本（実務上は、原本をコピーした謄本の最後の余白に、「この謄本は原本と相違ありません」及び「作成年月日」を記載し、代表者又は申請代理人が署名又は記名押印する。）を添付すれば足りる。

なお、社員総会議事録や理事会議事録については、謄本の代わりに、便宜必要な事項のみをコピーした抄本でも差し支えないとされている（昭和52年10月14日民四第5546号民事局第四課長回答）(注2)。

登記官は、添付書類を還付したときは、その謄本又は抄本と登記の申請書又は還付請求書の1枚目の用紙表面余白に、商業登記等事務取扱手続準則別記29号様式による印版を押印し、登記官印を押印しなければならない（各種法登規5条、一般法登規3条、商登規49条3項、商登準52条1項）。

　代理人によって原本還付の請求をする場合には、登記申請書にその権限を証する書面（実務上は、委任状に、授権事項として登記申請に関する権限のほか、原本還付請求ならびに受領に関する一切の権限を付加している。）を添付しなければならない（各種法登規5条、一般法登規3条、商登規49条4項）。

(注1)　昭和26年8月21日民事甲第1717号民事局長通達
　　　登記申請書に添付すべき許可書、認可書等の取扱いについて（商通第7号）
　　非訟事件手続法第150条ノ2並びにその準用規定により登記申請書に添付すべき許可又は認可を証する書面については、当該許可又は認可が登記すべき事項の効力要件である場合に限りこれを添付すべく、例えば営業許可のごとく当該許可又は認可が登記事項の効力要件でない場合には、その添付を要しないものと解せられる（商業登記規則第21条参照）ので、この旨貴管下登記官吏に周知方然るべく取り計らわれたい。
　　なお、登記申請書に許可書、認可書等の添付を要する事項及び要せざる事項については、実務上の便宜に資するため、追って一覧表を作成の上送付する予定であるから参考までに申し添える。

(注2)　昭和52年10月14日民事甲第5546号民事局第四課長回答
　　　商業法人登記申請書に添付すべき議事録の還付手続について
(照会)　商業法人登記申請書に添付すべき議事録の還付を請求する場合においては、当該書類と相違がない旨を記載した謄本を添付しなければならないこととされておりますが（商業登記規則第49条第2項、法人登記規則第9号）、申請人の負担の軽減及び事務合理化の見地から、右謄本に代え、当該登記申請に不必要な部分の謄写を省略した抄本を添付した場合でも、便宜原本還付の取扱いをしても差し支えないと考えますがいかがでしょうか、いささか疑義がありますので、お伺いします。
(回答)　本年10月13日付札登第127号をもって照会のあった標記の件については、貴見のとおりと考える。

第6章　印鑑の提出及び印鑑の証明

1　印鑑の提出

　法人登記についても、商業登記と同様、登記の申請書に押印すべき者は、あらかじめその印鑑を登記所に提出しなければならないとされている（法人法330条、独法令15条、組合等令25条等による商登法17条2項の準用、各種法登規5条、一般法登規3条による商登規35条の2の準用）。

　印鑑提出の時期、方法、印鑑の再提出及び印鑑廃止の届出等、すべて商業登記の場合と同様である（各種法登規5条、一般法登規3条による商登規9条から9条の5まで、35条の2の準用）。

　なお、法人において登記される代理人、参事等のように支配人と同種の者（農協法42条3項、会社法11条1項）は、支配人と同様印鑑の提出をすることができる（独法令15条、組合等令25条による商登法7条2項の準用）。

2　印鑑の証明

　印鑑を登記所に提出している者は、商業登記の場合と同様、手数料を納付して、その印鑑の証明書の交付を請求することができる（これは、当該法人の設立根拠法によって商業登記法12条が準用されているためである。）。

　なお、この場合に、会社法346条1項（法律又は定款に定める役員の員数を欠いた場合の役員としての権利義務規定）のような法律の規定がない法人（例えば、特定非営利活動法人）においては、代表権を有する者の任期が満了している場合には、会社の場合と異なり、その者について、資格証明や印鑑証明書等の交付請求に応じることができるか否かの問題がある。法務当局は、かつて消極的な見解であった（民事月報42巻4号215頁(注1)、登記研究436号106頁(注2)、449号90頁(注3)）が、平成18年7月10日の最高裁判所の判決(注4)を受け、現在では、印鑑証明書等の交付は可能とされている（平成19年1月11日民商第31号民事局商事課長通知)(注5)。また、破産手続開始の登記がされた法人の破産手続開始の決定当時の代表の印鑑証明書についても、平成21年4月17日の最高裁判所の判決(注6)を受け、現在では、破

産手続開始の登記がある旨付記して交付できるとされている（平成23年4月1日民商第816号民事局商事課長通知）**(注7)**。

(注1) 民事月報42巻4号215頁（昭和62年3月11日民四第1085号民事局第四課長通知の解説参照）

(注2) 登記研究436号106頁

　　任期満了している社会福祉法人の代表理事と主たる事務所移転の登記申請の可否について

　問　登記簿上、既に任期満了となっている社会福祉法人の代表理事から主たる事務所移転の登記を申請することはできないと考えますが、いかがでしょうか。

　答　御意見のとおりと考えます。

(注3) 登記研究449号90頁

　　印鑑証明書交付の可否

　問　登記簿上任期の満了している社会福祉法人の理事については、印鑑証明書の交付ができないと考えますが、いかがでしょうか。

　答　御意見のとおりと考えます。

(注4) 最高裁平成18年7月10日第二小法廷判決（平成17年（受）第614号理事長選任互選不存在確認等請求事件）

　　社会福祉法は、理事の退任によって定款に定めた理事の員数を欠くに至り、かつ、定款の定めによれば、在任する理事だけでは後任理事を選任するのに必要な員数に満たないため後任理事を選任することができない場合（理事全員が退任して在任する理事が存在しない場合も含まれる。）について、同法45条で仮理事の選任について定めた民法56条の規定を準用するのみで、新たに選任された取締役が就任するまで退任した取締役が取締役としての権利義務を有する旨定めた商法（平成17年法律第87号による改正前のもの）258条1項の規定を準用していなかったし、これと同旨の会社法346条1項の規定も準用していない。したがって、社会福祉法は、上記のような場合については、原則として、仮理事を選任し、在任する理事と仮理事とにおいて後任理事を選任することを予定しているものと解される。しかし、社会福祉法人と理事との関係は、基本的には、民法の委任に関する規定に従うものと解されるから、仮理事の選任を待つことができないような急迫の事情があり、かつ、退任した理事と当該社会福祉法人との間の信頼関係が維持されていて、退任した理事に後任理事の選任をゆだねても選任の適正が損なわれるおそれがない場合には、受任者は委任の終了後に急迫の事情があるときは必要な処分をしなければならない旨定めた民法654条の趣旨に照らし、退任した理事は、後任理事の選任をすることができるものと解するのが相当である。

(注5) 平成19年1月11日民商第31号民事局商事課長通知
　　　　社会福祉法人の理事の変更登記申請の受否について
　　　　　　（平成19.1.11民商第31号法務局民事行政部長
　　　　　　　地方法務局長（山口地方法務局を除く）あて法務省民事局商事課長通知）

（通知）

　標記の件について、別紙1のとおり山口地方法務局長から照会があり、別紙2のとおり民事局長から回答がありましたので、この旨貴管下登記官に周知方お取り計らい願います。

　　　　　　　　　　　　　　　　　　　　　　　　　　　　　　　別紙1
　　　　　　　　　　　　　　　　　　　　　　　　　　　登　第　220　号
　　　　　　　　　　　　　　　　　　　　　　　　　　　平成18年12月12日

法　務　省　民　事　局　長　　殿
（広島法務局長経由）
　　　　　　　　　　　　　　　　　　　　　　　　　　　山口地方法務局長

　　　　社会福祉法人の理事の変更登記申請の受否について（照会）

　社会福祉法人の理事の全員が任期満了により退任し、その後、後任理事が選任されたとして、変更の登記が申請されました。当該社会福祉法人の定款には「理事は、理事総数の3分の2以上の同意を得て、理事長が委嘱する」との規定がありますが、添付書面等から仮理事が選任された事実は認められません。先般、「社会福祉法人と理事との関係は、基本的には、民法の委任に関する規定に従うものと解されるから、仮理事の選任を待つことができないような急迫の事情があり、かつ、退任した理事と当該社会福祉法人との間の信頼関係が維持されていて、退任した理事に後任理事の選任をゆだねても選任の適正が損なわれるおそれがない場合には、受任者は委任の終了後に急迫の事情があるときは必要な処分をしなければならない旨定めた民法654条の趣旨に照らし、退任した理事は、後任理事の選任をすることができるものと解するのが相当である」との判決（最高裁平成18年7月10日第二小法廷判決）があったことから、本件申請については、受理して差し支えないと考えますが、「社会福祉法人の役員全員任期満了し、後任者の選任がない場合には社会福祉事業法第43条で準用する民法第56条の規定により選任された仮理事が役員選任手続を行うものであって、民法第654条の規定は適用されない」との貴職回答（昭和32年3月29日付け民事甲第636号民事局長回答）もあり、いささか疑義がありますので、照会します。

　また、本件申請を受理することができる場合には、組合等登記令第17条第1項の登記事項の変更を証する書面において、急迫の事情がある旨の記載がされている必要があると考えますが、この点についても併せて照会します。

第 6 章　印鑑の提出及び印鑑の証明　47

別紙 2
法務省民商第30号
平成19年 1 月11日

山口地方法務局長　殿

法務省民事局長

社会福祉法人の理事の変更登記申請の受否について（回答）

　平成18年12月12日付け登第220号をもって照会のありました標記の件については、貴見のとおりと考えます。

　なお、登記簿上、就任後 2 年を経過している社会福祉法人の理事についても、代表者事項証明書及び印鑑証明書を交付して差し支えないので、申し添えます。

（注 6 ）　最高裁平成21年 4 月17日第二小法廷判決（平成20（受）951株主総会等決議不存在確認請求事件）

　 1 　本件は、被上告人の株主であり平成19年 6 月28日当時被上告人の取締役であった上告人らが、被上告人に対し、①　同日に開催されたとする被上告人の臨時株主総会における、上告人らを取締役から、Bを監査役から解任し、新たな取締役及び監査役を選任することを内容とする株主総会決議（以下「本件株主総会決議」という。）、②　同日に新たに選任されたとする取締役らによって開催されたとする被上告人の取締役会における代表取締役選任決議（以下、上記両決議を併せて「本件株主総会決議等」という。）の不存在確認を求める事案である。

　記録によれば、上告人らは、平成19年 7 月10日、福島地方裁判所に本件訴訟を提起したが、被上告人は、第 1 審係属中の同年 9 月 7 日、破産手続開始の決定を受け、破産管財人が選任されたことが明らかである。

　 2 　原審は、次のとおり判断して、上告人らの訴えをいずれも却下した。

　被上告人が破産手続開始の決定を受け、破産管財人が選任されたことにより、本件株主総会決議で選任されたとする取締役らは、いずれも、被上告人との委任関係が当然終了してその地位を喪失し、他方、同決議で解任されたとする取締役らについても、本件訴訟で勝訴したとしても、破産手続開始の時点で委任関係が当然終了したものと扱われるので、被上告人の取締役としての地位に復活する余地はないから、特別の事情がない限り、本件株主総会決議等不存在確認の訴えは訴えの利益がない。そして、同訴えにつき訴えの利益を肯定すべき特別の事情があるとは認められない。

　 3 　しかしながら、原審の上記判断は是認することができない。その理由は、次のとおりである。

　民法653条は、委任者が破産手続開始の決定を受けたことを委任の終了事由として規定するが、これは、破産手続開始により委任者が自らすることができなくなっ

た財産の管理又は処分に関する行為は、受任者もまたこれをすることができないため、委任者の財産に関する行為を内容とする通常の委任は目的を達し得ず終了することによるものと解される。会社が破産手続開始の決定を受けた場合、破産財団についての管理処分権限は破産管財人に帰属するが、役員の選任又は解任のような破産財団に関する管理処分権限と無関係な会社組織に係る行為等は、破産管財人の権限に属するものではなく、破産者たる会社が自ら行うことができるというべきである。そうすると、同条の趣旨に照らし、会社につき破産手続開始の決定がされても直ちには会社と取締役又は監査役との委任関係は終了するものではないから、破産手続開始当時の取締役らは、破産手続開始によりその地位を当然には失わず、会社組織に係る行為等については取締役らとしての権限を行使し得ると解するのが相当である（最高裁平成12年（受）第56号同16年6月10日第一小法廷判決・民集58巻5号1178頁参照）。

　したがって、<u>株式会社の取締役又は監査役の解任又は選任を内容とする株主総会決議不存在確認の訴えの係属中に当該株式会社が破産手続開始の決定を受けても、上記訴訟についての訴えの利益は当然には消滅しないと解すべきである。</u>

　4　以上によれば、被上告人が破産手続開始の決定を受け、破産管財人が選任されたことにより、当然に取締役らがその地位を喪失したことを前提に、訴えの利益が消滅したとして本件株主総会決議等不存在確認の訴えを却下した原審の判断には法令解釈の誤りがあり、この違法が原判決に影響を及ぼすことは明らかである。論旨はこの趣旨をいうものとして理由があり、原判決は破棄を免れない。そこで、本案につき審理を尽くさせるため、本件を原審に差し戻すこととする。

(注7)　平成23年4月1日民商第816号民事局商事課長通知
　　　破産手続開始の登記がされた会社その他の法人の破産手続開始の決定当時の代表者に係る代表者事項証明書又は印鑑の証明書の交付について
　　(通知)
　標記の件について、別紙1のとおり東京法務局民事行政部長から照会があり、別紙2のとおり回答しましたので、この旨貴管下登記官に周知方取り計らい願います。
　なお、昭和45年7月20日付け民事甲第3024号民事局長回答及び平成5年12月27日付け民四第7784号民事局第四課長依命通知のうち、本件回答に抵触する部分は、本件回答によって変更されたものとして了知願います。
　　(別紙1)
　破産手続開始の登記がされた会社の破産手続開始の決定当時の代表者は、「破産手続開始によりその地位を当然には失わず、会社の組織に係る行為等についてはその権限を行使し得ると解するのが相当である」との最高裁判所の判決（平成21年4月17日最高裁判所第二小法廷判決・裁判集（民事）第290号395頁）がされたことか

ら、当該代表者（会社以外の法人の代表者を含む。）に係る代表者事項証明書又は印鑑の証明書の請求があった場合には、破産手続開始の登記がある旨を付記した上、これを交付して差し支えないと考えますが、いささか疑義がありますので、照会します。

　(別紙2)
　本年2月25日付け1法登1第106号をもって照会のありました標記の件については、貴見のとおり取り扱って差し支えないものと考えます。

第2編　各　　論

第1章　一般社団法人の登記

第1節　総　　論

1　一般社団法人の特色

一般社団法人の制度を利用するためには、まず一般社団法人の特色を知っておく必要があるため、次に一般社団法人の特色を列記してみよう。

(1)　一般社団法人の設立には、官庁の許認可は不要である。
(2)　一般社団法人には、監督官庁がない。
(3)　一般社団法人の設立には、出資金が不要であり、社員は一般社団法人の債務について責任を負わない。
(4)　一般社団法人には、特定非営利活動法人（令和6年10月31日現在49,611法人ある。）のように行う事業に制限がない（公益、共益、収益のいずれを目的にしてもよい。）。

　なお、ここに「公益事業」とは「学術、技芸、慈善その他の公益に関する認定法別表各号に掲げる種類の事業であって、不特定かつ多数の者の利益の増進に寄与するもの」をいい（認定法2条4号）、「共益事業」とは「社員に共通する利益を図ることを目的とする事業」（旧中間法人法2条1号参照）を、「収益事業」とは「一般的に利益を上げることを事業の性格とする事業」をいう。

(5)　商人に該当する一般社団法人には、商法の規定が商法11条から15条まで及び19条から24条までを除いて適用される（法人法9条）。したがって、例えば、事業譲渡の当事者のうち、譲渡人が商人（商人である一般社団法人等を含む。）であり、譲受人が商人である一般社団法人等である場合には、「名称譲渡人の債務に関する免責の登記」をすることがで

きる（商法17条2項、会社法2条1号、24条1項、吉野太人「登記情報563号8頁」）。
(6) 設立時社員は2人以上（設立後は1人でもよい。）必要である。
(7) 最小限必要な機関は、社員総会と理事1人（1人でも代表理事として登記される。）であるが、必要に応じて定款に定めれば、①理事会（この場合は理事が3人以上、監事が1人以上必要）、②監事、③会計監査人を置くことができる。
(8) 一般社団法人は、剰余金の分配をすることができない。
(9) 一般社団法人は、理事に役員報酬等や従業員に給与を支払うことはできる。
(10) 一般社団法人は、定款の認証と登記によって成立する。
(11) 一般社団法人は、行政庁（内閣総理大臣又は都道府県知事）の「公益認定」を受けて「公益社団法人」になることができる。
(12) 一般社団法人は、社員の持分に関する規律がない点を除けばほぼ株式会社と同じである（法人法の規律も株式会社に関する会社法の規律とよく似ている。）。

2 一般社団法人と非営利型法人（税法上優遇措置のある法人）

　法人税法は、一般社団法人制度及び一般財団法人制度の創設に伴い法人の類型として「非営利型法人」を設けている（法人税法2条9号の2）。非営利型法人とは、一般社団法人又は一般財団法人（公益社団法人又は公益財団法人を除く。）のうち、次に掲げる2つの類型のいずれかに該当するものをいう（法人税法2条9号の2、法人税法施行令3条）。なお、非営利型法人に該当する場合には、これに該当しない場合（「普通法人」の場合）に比べ収益事業のみが課税対象になるなど法人税等の課税上若干有利な取扱いを受けることになる。

(1) 非営利性が徹底された一般社団法人・一般財団法人

　これは、一般社団法人又は一般財団法人のうち、その行う事業により利益を得ること又はその得た利益を分配することを目的としない法人（非営利性徹底型法人）であってその事業を運営するための組織が適正であるものとし

て政令で定めるものである（法人税法2条9号の2イ）。

　具体的に政令（法人税法施行令）で定めるものは、次の全ての要件に該当する一般社団法人又は一般財団法人である（法人税法施行令3条1項）。ただし、清算中にこの要件に該当することになった場合は除かれる。
　① その定款に剰余金の分配を行なわない旨の定めがあること。
　② その定款に解散したときはその残余財産が国若しくは地方公共団体又は次に掲げる法人に帰属する旨の定めがあること。
　　ア　公益社団法人又は公益財団法人
　　イ　公益社団法人及び公益財団法人の認定等に関する法律5条17号イからトまでに掲げる法人
　③ ①及び②の定款の定めに反する行為（①、②及び④に掲げる要件のすべてに該当していた期間において、剰余金の分配又は残余財産の分配若しくは引渡し以外の方法（合併による資産の移転を含む。）により特定の個人又は団体に特別の利益を与えることを含む。）を行うことを決定し、又は行ったことがないこと。
　④ 各理事（清算人を含む。以下同じ。）について、当該理事及び当該理事の配偶者又は3親等以内の親族その他当該理事と財務省令で定める特殊の関係のある者である理事の合計数の理事の総数に占める割合が、3分の1以下であること。

(2) 共益的活動を行う一般社団法人・一般財団法人

　これは、一般社団法人又は一般財団法人のうち、その会員から受け入れる会費により当該会員に共通する利益を図るための事業を行う法人（共益目的事業型法人）であってその事業を運営するための組織が適正であるものとして政令で定めるものである（法人税法2条9号の2ロ）。

　具体的に政令で定めるものは、次の全ての要件に該当する一般社団法人又は一般財団法人である（法人税法施行令3条2項）。ただし、清算中にこの要件に該当することになった場合は除かれる。
　① その会員の相互の支援、交流、連絡その他の当該会員に共通する利益を図る活動を行うことをその主たる目的としていること。

② その定款（定款に基づく約款その他これに準ずるものを含む。）に、その会員が会費として負担すべき金銭の額の定め又は当該金銭の額を社員総会若しくは評議員会の決議により定める旨の定めがあること。

③ その主たる事業として収益事業（法人税法施行令3条2項3号・4項）^(※)を行っていないこと。

④ その定款に特定の個人又は団体に剰余金の分配を受ける権利を与える旨の定めがないこと。

⑤ その定款に解散したときはその残余財産が特定の個人又は団体（国若しくは地方公共団体、前記(1)の②のア若しくはイに掲げる法人又はその目的と類似の目的を有する他の一般社団法人若しくは一般財団法人を除く。）に帰属する旨の定めがないこと。

⑥ 前記(1)の①から④及び次の⑦の要件のすべてに該当していた期間において、特定の個人又は団体に剰余金の分配その他の方法（合併による資産の移転を含む。）により特別の利益を与えることを決定し、又は与えたことがないこと。

⑦ 各理事について、当該理事及び当該理事の配偶者又は3親等以内の親族その他当該理事と財務省令で定める特殊の関係のある者である理事の合計数の理事の総数に占める割合が、3分の1以下であること。

　　なお、前記(1)の④及び(2)の⑦の要件の判定に際しては、職制上使用人としての地位のみを有する使用人以外の者で当該一般社団法人又は一般財団法人の経営に従事しているものは、当該一般社団法人又は一般財団法人の理事とみなされる（法人税法施行令3条3項）。

※　**収益事業**……法人税法施行令5条1項は、以下の34種類の事業で、事業場を設け、継続して営まれるものを収益事業と規定している（法人税法2条13号）。

　　①物品販売業、②不動産販売業、③金銭貸付業、④物品貸付業、⑤不動産貸付業、⑥製造業、⑦通信業、⑧運送業（運送取扱業を含む。)、⑨倉庫業、⑩請負業、⑪印刷業、⑫出版業、⑬写真業、⑭席貸業、⑮旅館業、⑯料理店業その他の飲食店業、⑰周旋業、⑱代理業、⑲仲立業、⑳

問屋業、㉑鉱業、㉒土石採取業、㉓浴場業、㉔理容業、㉕美容業、㉖興行業、㉗遊技所業、㉘遊覧所業、㉙医療保健業、㉚技芸教授業（学校教育法によるもの等例外多数あり）、㉛駐車場業、㉜信用保証業、㉝無体財産権の譲渡・提供業の事業、㉞労働者派遣事業

なお、①〜⑩、⑫、⑭、㉙、㉚、㉜、㉝及び㉞については、条文中に注釈が付されているので、是非ご一読願いたい。

3　一般社団法人と税

筆者は税の専門家ではないので、一般社団法人と税の関係について述べる知識は有していないが、ごくおおまかにいえば次のように理解している。

一般社団法人が直接納税の義務を負う税には、大まかにいって国税としては、①法人税、②消費税及び③登録免許税があり、地方税としては、④法人市民税と⑤法人事業税があるが、これらの税については、当該一般社団法人が非営利型法人に該当するか否かで大きな違いがある。

なお、公益社団法人及び公益財団法人については、①から⑤のすべてについて、税の減免措置がある。

4　一般社団法人の利用に適した事業

一般社団法人は、ボランティアからビジネスまで、法律に反しない限りあらゆる事業を営むことができるが、1〜3で述べたことを前提に考えれば、特に次のような事業を営む法人に適した制度といえよう。なお、非営利型法人として設立する場合、最低限の年間税務コストは、法人住民税7万円と2年に1度の役員変更登記の登録免許税1万円である。

(1)　**ボランティア活動を行うための法人**

ＮＰＯ法人よりも簡易に設立でき、要件を満たせば税法上の恩典もあるのでボランティア活動を行うための法人にも利用できる。将来公益社団法人を目指すことも可能である。

(2)　**生きがい・やりがい兼収益志向型法人**

定年退職者（定年が65歳になっても、老後の人生を年金のみで生活することは困難と考える。そこで、自分の小遣いくらいは自分で稼ぐ必要がある。）が、"ささやかな"生きがい（社会貢献）と"ささやかな収入"を求めて起

業する場合に最適の法人であり、家庭の主婦（夫）の起業にも適した法人である。

(3) **健康の増進、生活の向上、文化の向上等公益目的を付加したビジネスを目的とする法人**

収益を目的とする事業の中でも、国民生活の向上、健康の増進、食文化の向上等を目的とする場合はイメージ的に、会社よりも一般社団法人の方が適していると考える。

(4) **会員に対する情報・研究成果等提供型法人**

自己の有する知識、経験、情報、研究成果を特定の会員に提供するための法人。構成員は、会員（会費を支払うが、法人法上の社員ではない。）と社員の2本立てがよいと考える。

(5) **会員に対する農産物、物産等を提供するための法人**

無農薬野菜、有機栽培の野菜・米などを産地直送で会員に供給するための法人（社員と会員で構成するが、会員は、法人法上の社員にしない方がよい。）にも適している。

(6) **サークル活動型法人**

同好会、趣味の会等サークル活動を主たる目的とする法人である。たとえば、源氏物語研究会、俳句・短歌の会、○○の歴史と文化研究会、カラオケ同好会等のサークル活動のための法人である。

(7) **地域振興事業型法人**

村おこし、町おこし等の地域の振興をする事業を目的とするための法人（社員のみ又は社員と法人法上の社員でない会員で構成）にも適している。

(8) **共益目的事業型法人**

社員に共通する利益（共益）を目的とする事業を営むための法人（同窓会、同業者団体等、町内会等。原則として社員のみで構成）に最適である。なお、地縁団体にも利用可能であるが、地縁団体及び町内会については、研究を要する点も多い。

平成20年6月29日付日本経済新聞朝刊は、大学の医局の有限責任中間法人化（北海道大学の産婦人科医局、京都大学の三の医局）を大きく報じていた

が、この法人は、現在では一般社団法人としてこれに該当することになる。

　(9)　非営利・公益目的事業型法人

　認定法2条4号別表各号に掲げる事業を営む法人（研究団体、学会、自然環境保護団体等）で、不特定かつ多数の者の利益の増進に寄与することを目的とする法人である。この法人は、将来、公益社団法人になることを目指す法人である。

　(10)　資産流動化スキームのビークル

　不動産や金銭債権の流動化において、いわゆる倒産隔離のための仕組みの一つとして、資産を取得する合同会社や特定目的会社などの親法人として一般社団法人を利用する方法である（有吉尚哉・鈴木卓「資産流動化スキームのビークルとしての有限責任中間法人」ビジネス法務・2008年11月号46頁）。

　(11)　その他

　以上、とりあえず現時点で思いつくものを述べてみたが、大学医学部の医局の一般社団法人化という通常は想定もできないような事業が一般社団法人化されていることから考えて、以上以外にも多くの利用方法、例えば、長寿社会に対応した各種の事業を営む法人が考えられ、今後更に研究・開発されていくものと思うが、いずれにしても"**一般社団法人は宝の山**"という気がする。そこで、筆者も非営利型社団法人の利用方法を実証的に研究するため、平成21年6月1日一般社団法人商業法人登記総合研究所を設立し、税務上のノウハウの取得に努めてきたが、その目的は達成できたので、平成28年に解散した。

5　会社を設立するか、一般社団法人を設立するかの検討

　起業について相談を受けた場合には、4で述べたことをベースに、会社と一般社団法人のメリット、デメリットを説明し、アドバイスする必要がある。この場合の主なポイントは、起業の目的及びどのような事業を営むかであるが、会社の場合、定款の記載事項及び登記事項としての目的は、会社が営むべき事業であり（筧康生ほか『全訂第3版・詳解商業登記〈上巻〉』522頁）、法人の場合は、いわゆる目的と目的を達成するための事業が登記事項と解されていることにも留意する。

6 設立後、公益認定を受けた場合のメリット・デメリット

　内閣府公益認定等委員会の公表したデータによれば、設立後すぐ公益認定の申請をして公益社団法人・公益財団法人になった法人は意外に多いが、公益認定を受けた場合のメリット・デメリットは、次のとおりである。

　(1)　メ　リ　ッ　ト……①国税、地方税における各種優遇措置（特定公益増進法人となり、公益目的事業は非課税になる等）、②社会的評価の向上
　(2)　デメリット……①行政庁の監督（報告徴収、立入検査、勧告、命令、認定の取消し）、②機関設計の加重（理事会、監事、会計監査人の設置）、③遵守事項（公益目的事業比率50％以上、収支相償、遊休財産規制、理事等の報酬等の支給基準の公表等）

第2節　特例民法法人（旧民法34条の法人）の取扱い

　平成20年12月1日、一般社団法人及び一般財団法人に関する法律（平成18年法律第48号）、公益社団法人及び公益財団法人の認定等に関する法律（平成18年法律第49号）及び一般社団法人及び一般財団法人に関する法律及び公益社団法人及び公益財団法人の認定等に関する法律の施行に伴う関係法律の整備等に関する法律（平成18年法律第50号。以下「整備法」という。）のいわゆる公益法人関連三法が施行され、新たな公益法人制度がスタートした。この新たな公益法人制度の創設に伴い、旧民法第34条の規定により設立された社団法人又は財団法人であって整備法施行の際（平成20年12月1日）現に存するものは、施行日以降は、一般社団法人又は一般財団法人として存続することとされ（整備法40条1項）、その名称は、それぞれ特例社団法人又は特例財団法人（以下、これらの法人を併せて「特例民法法人」と総称する。）と称した（整備法42条）。

　ところで、特例民法法人は、整備法の施行日から起算して5年を経過する日までの期間（この期間を「移行期間」という。）は、公益社団法人若しく

は公益財団法人への移行の認定申請又は一般社団法人若しくは一般財団法人への移行の認可申請を行い（整備法99条、115条1項）、公益社団法人若しくは公益財団法人への認定又は一般社団法人若しくは一般財団法人への認可を受けることができ（整備法44条、45条）、特例民法法人が、移行期間内に移行の認定又は認可を受けなかった場合は、移行期間の満了の日に、また、移行期間内に移行の認定申請又は認可申請を行って移行期間の満了の日後に認定又は認可が受けられなかった場合は、その認定又は認可をしない処分の通知を受けた日に、それぞれ解散したものとみなされた（整備法46条1項、110条1項、121条2項）。なお、この場合には、整備法96条1項に規定する旧主務官庁が、解散したものとみなされた特例民法法人の主たる事務所の所在地を管轄する登記所に解散の登記を嘱託することとされていた（整備法46条2項）。

第3節　一般社団法人の設立の登記

第1　実体上の設立手続

1　一般社団法人設立手続の流れ

一般社団法人の設立手続の流れは、次のとおりである。

①設立時社員（2人以上）⇨　②定款の作成⇨　③公証人による定款の認証⇨　④設立時理事及び設立時監事等の選任⇨　⑤設立時社員による主たる事務所の所在場所の決定⇨　⑥設立時理事及び設立時監事による設立手続が法令又は定款に違反していないことの調査（設立手続が法令若しくは定款に違反し、又は不当な事項があると認めるときは、設立時社員に対する通知）⇨　⑦設立時代表理事の選定⇨　⑧基金の募集・拠出（基金の募集をしない場合は、不要。なお、基金は登記事項とされていない。）⇨　⑨設立登記の申請⇨　⑩社員名簿の作成。なお、④及び⑦は、定款に定めれば、別途定める必要はない。

2 社員の資格

設立時社員は2人以上必要である（法人法10条1項が「共同して定款を作成し」と規定しているので、設立時社員は2人以上となる。）が、その資格については、基本的には株式会社の発起人と同様である。ただし、一般社団法人の場合は、株式会社の発起人と異なり、権利能力なき社団・財団も社員になることができる。

3 公益認定の手順等

(1) 公益認定の申請状況等

内閣府公益認定等委員会の次のＵＲＬに、公益法人に関する情報、公益認定の申請手続等に関する詳細な情報が登録されているので、参考にするとよい。

https://www.koeki-info.go.jp/

(2) 公益認定の手順

公益認定の手順は、次のとおりである。

① 公益社団法人又は公益財団法人用に定款の変更・整備をする。

② 内閣総理大臣（2以上の都道府県の区域内に事務所を設置する場合又は公益目的事業を2以上の都道府県の区域内において行う旨を定款で定める場合）又は都道府県知事（内閣総理大臣以外の場合）に対して公益認定の申請をする（認定法4条～7条）。

　なお、内閣総理大臣又は都道府県知事を「行政庁」という（認定法3条）。

③ 行政庁は、公益認定をしようとするときは、次のとおり関係者（許認可等行政機関）から公益認定に関する意見聴取をする（認定法8条）。

　イ 認定法5条1号（公益目的事業を行うことを主たる目的とするものであること。）、5条2号（公益目的事業を行うのに必要な経理的基礎及び技術的能力を有するものであること。）及び5条5号（投機的な取引、高利の融資その他の事業であって、公益法人の社会的信用を維持する上でふさわしくないものとして政令で定めるもの又

は公の秩序若しくは善良の風俗を害するおそれのある事業を行わないものであること。）並びに6条3号（その定款又は事業計画書の内容が法令又は法令に基づく行政機関の処分に違反しているもの）及び4号（その事業を行うに当たり法令上必要となる行政機関の許認可を受けることができないもの）に規定する事由の有無について、当該行政機関の意見（認定法8条1号）。

ロ　理事、監事又は評議員のうちに、認定法6条1号ニ（暴力団員による不当な行為の防止等に関する法律2条6号に規定する暴力団員又は暴力団員でなくなった日から5年を経過しない者）及び6号（暴力団員等がその事業活動を支配するもの）の規定に該当する者の有無について、行政庁が内閣総理大臣である場合には警察庁長官、都道府県知事である場合には警視総監又は都道府県警察本部長の意見（認定法8条2号）。

ハ　認定法6条5号（国又は地方税の滞納処分の執行がされているもの又は当該滞納処分の終了の日から3年を経過しないもの）に規定する事由の有無について、国税庁長官、関係都道府県知事又は関係市町村長の意見（認定法8条3号）。

④　内閣総理大臣は内閣府に設置された公益認定等委員会に、都道府県知事は都道府県に設置された公益認定等審議会その他合議制の機関に、③の許認可等行政機関の意見を付して諮問する（認定法43条、51条）。

⑤　公益認定等委員会等による答申及びその内容の公表（認定法44条、52条）。

⑥　内閣総理大臣又は都道府県知事による公益認定及び公益認定の公示（認定法10条）。

(3) **公益認定のメリット・デメリット**

公益認定を受けた場合には、次に述べるようなメリットがあるが、行政庁の厳しい監督等デメリットもある。

①　メリット

イ　国税、地方税における各種優遇措置（特定公益増進法人となり、公益目的事業は非課税になる等。詳細は上記公益認定等委員会のURLの「寄付・税制」参照）

　　　ロ　社会的評価の向上

　　② デメリット

　　　イ　行政庁の監督（報告徴収、立入検査、勧告、命令、認定の取消し等）

　　　ロ　機関設計の加重（理事会、監事、会計監査人の設置）

　　　ハ　遵守事項（公益目的事業比率50％以上、収支相償、遊休財産規制、理事等の報酬等の支給基準の公表等）

4　設立資金等の調達方法

　一般社団法人の設立に最低限必要な資金は、①定款の認証料5万円と謄本代、②登録免許税6万円及び③司法書士の手数料（定款の作成等を含め10万〜20万円位）であり、その資金の調達方法であるが、①社員が負担する（社員からの借入れ又は社員の寄付）か、②基金制度を活用するかのいずれかである。開業に伴い、例えば、事務所の敷金、営業保証金等、かなりの資金を必要とするときは、基金制度を利用するとよい。

　なお、基金は会計上「預り金」としての性格を有すると解されている（注）。

（注）　法務省HP（民事局：「一般社団法人及び一般財団法人制度Q＆A」）
　　Q23　一般社団法人の基金の制度について簡単に説明して下さい。
　　A23　「基金」とは、一般社団法人（一般社団法人の成立前にあっては、設立時社員）に拠出された金銭その他の財産であって、当該一般社団法人が拠出者に対して法及び当該一般社団法人と当該拠出者との間の合意の定めるところに従い返還義務（金銭以外の財産については、拠出時の当該財産の価額に相当する金銭の返還義務）を負うものとされています。基金は、一種の外部負債であり、基金の拠出者の地位は、一般社団法人の社員たる地位とは結び付いていません。そのため、社員が基金の拠出者となること自体はもちろん可能ですし、社員が基金の拠出者にならないこともできます。基金制度は、剰余金の分配を目的としないという一般社団法人の基本的性格を維持しつつ、その活動の原資

となる資金を調達し、その財産的基礎の維持を図るための制度です。一般社団法人及び一般財団法人に関する法律では、基金制度の採用は義務付けられておらず、基金制度を採用するかどうかは、一般社団法人の定款自治によることとなります。また、基金として集めた金銭等の使途に法令上の制限はなく、一般社団法人の活動の原資として自由に活用することができます（なお、一般財団法人には基金の制度は設けられていません）。

5　機関設計

　一般社団法人の設立時に、最低限必要な機関は社員総会と理事1人である（法人法60条1項）が、定款に定めれば、理事会、監事又は会計監査人を置くことができる（法人法60条2項）。ただし、理事会設置一般社団法人は、理事3人以上、監事1人以上を置かなければならず（法人法61条、65条3項）、会計監査人設置一般社団法人は、監事を置かなければならない（法人法61条）。

　なお、監事には、業務監査権があることに留意する必要がある（法人法99条）。

6　定款の作成

(1)　定款のあり方

　定款は、法人の組織・運営および管理について定めた法人の基本となる規則であるが、その作成に際して問題となるのが、いわゆる「定款のあり方」である。筆者は、法人の社員は、極く例外的な場合を除き法律の専門家ではないと考えるので、定款をみれば、その法人の組織・運営・管理に関する大体の事項が分かるように、たとえ法人法に規定している事項（たとえば、社員総会の決議の省略、法定退社事由等）であっても、これを社員に周知するためにも規定すべきと考える。要は、定款は、法人の組織・運営・管理に関するバイブルであるということである。

(2)　定款作成の手順

　同窓会、同業者団体のように社員数の多い法人を設立する場合には、まず、世話役的立場にある者が社員となって定款を作成し、法人成立後、他の者を社員として入社させる方が良いと思われる。定款作成の手順は、次のとおりである。

①目的としての事業の決定⇨　②公益認定を受けるか否かの決定⇨　③社員の確定⇨　④設立に伴う費用、活動資金の調達方法の決定⇨　⑤税法上の優遇措置を受けるように（非営利型法人）するかしないかの決定⇨　⑥名称の決定⇨　⑦理事会を置くか置かないかの決定⇨　⑧理事会を置かない場合は、監事を置くか置かないかの決定⇨　⑨会計監査人を置くか置かないかの決定⇨　⑩役員を定款に定めるか否かの決定⇨　⑪相対的記載事項・任意的記載事項のうちどの事項を規定するかの検討⇨　⑫書面または電磁的記録としての定款の作成

なお、定款に収入印紙の貼付は要しない。

(3) 定款作成上の留意事項

定款に用いている用語、名称が法人法の用語、名称と異なる場合は、必ずその関連づけを記載する必要がある。例えば、代表権を有する者を「理事長」と称している場合は、「理事長は、法人法上の代表理事とする。」というような定めである。これに該当する事例として、他に、「会員」と「社員」、「会員名簿」と「社員名簿」、「会員総会」と「社員総会」等多数ある。

(4) 定款の必要的記載事項

定款に必ず記載しなければならない必要的記載事項（絶対的記載事項ともいう。）は、次のとおりである（法人法11条１項）。なお、定款は電子定款でもよい。

① 目　　的

目的及び目的を達成するために営む事業を記載するが、目的と事業を分けて、異なる条文に記載する事例が多い。

② 名　　称

一般社団法人という文字を用いなければならない（法人法５条１項）

③ 主たる事務所の所在地

会社の場合と同様、最小行政区画（市町村。ただし、東京23区の場合は区）まで記載すればよい。

④ 設立時社員の氏名又は名称及び住所

⑤ 社員の資格の得喪に関する規定

　社員となるための資格、入社の手続、退社の手続を記載する。

⑥ 公告方法

　⑴官報、⑾時事に関する事項を掲載する日刊新聞紙、⑾電子公告の外、⑼主たる事務所の公衆の見やすい場所に掲示する方法（「主たる事務所の掲示場に掲示してする」）でもよい（法人法331条1項4号、法人法施行規則88条1項）が、⑼については、例えば「貸借対照表」の掲示が1年に及ぶ等要注意である。

⑦ 事業年度

　会社の場合は、任意的記載事項であるが、一般社団法人の場合は、必要的記載事項とされているので、登記官の審査が及ぶ（瑕疵がある場合には、却下事由に該当する。）ことに留意する必要がある。

(5) 相対的記載事項

　相対的記載事項の主なものは、次のとおりであるが、これらの事項は定款に記載しないと効力を生じないので、法人の規模等をベースに十分検討し、必要な事項は必ず記載したほうがよい。特に、②〜⑧、⑩、⑫〜⑯については十分検討する必要がある。

① 設立時役員等の選任の場合における議決権の個数に関する別段の定め（法人法17条）

② 経費の負担に関する定め（法人法27条）

③ 社員総会の招集通知期間に関する定め（法人法39条）

④ 議決権の数に関する別段の定め（法人法48条）

⑤ 社員総会の定足数に関する別段の定め（法人法49条1項）

⑥ 社員総会の決議要件に関する別段の定め（法人法49条2項）

⑦ 社員総会以外の機関の設置に関する定め（法人法60条2項）

⑧ 理事の任期の短縮に関する定め（法人法66条）

⑨ 監事の任期の短縮に関する定め（法人法67条）

⑩ 理事の業務の執行に関する別段の定め（法人法76条）

⑪ 代表理事の互選規定（法人法77条3項）

⑫　代表理事の理事会に対する職務の執行の状況の報告の時期・回数に関する定め（法人法91条2項）

⑬　理事会の招集手続の期間の短縮に関する定め（法人法94条1項）

⑭　理事会の定足数又は決議要件に関する別段の定め（法人法95条1項）

⑮　理事会議事録に署名又は記名押印する者を理事会に出席した代表理事とする定め（法人法95条3項）

⑯　理事会の決議の省略に関する定め（法人法96条）

⑰　理事等による責任の免除に関する定め（法人法114条1項）

⑱　外部役員等と責任限定契約を締結することができる旨の定め（法人法115条1項）

⑲　基金を引き受ける者の募集等に関する定め（法人法131条）

⑳　清算人会を置く旨の定め（法人法208条2項）

(6)　任意的記載事項

　定款に記載するか否か社員の任意とされている任意的記載事項の主なものは、次のとおりである。

①　社員総会の招集時期（法人法36条1項参照）

②　社員総会の議長（法人法54条参照）

③　役員等の員数（法人法60条1項、65条3項参照）

④　理事の報酬（法人法89条）

⑤　監事の報酬（法人法105条1項）

⑥　清算人（法人法209条1項2号）

⑦　残余財産の帰属（法人法239条1項）

(7)　代議員制度を設ける場合の定款の記載事項

　代議員制度を設けることができるか否かについては、見解の対立があるかもしれないが、特例社団法人について既に認められており、内閣府公益認定等委員会も一定の条件をつけてこれを認めている。そこで、以下に、内閣府公益認定等委員会の見解を紹介する。

　「社団法人における社員総会は、役員の人事や報酬等を決定するととも

に、定款変更、解散などの重要な事項の意思決定をすることができる法人の最高意思決定機関である。そのため、社団法人の実態としては社員となることができる資格のある者が多数いるにも関わらず、社員の範囲を狭く絞って社員総会を運営し、多様な意見を反映する機会を設けることなく、構成員のうちの一部の勢力のみが法律上の「社員」として固定されてしまうような場合には、当該社団法人の実効性のあるガバナンスを確保することができなくなる。

　例えば、社員総会で議決権を行使することとなる「代議員」の選定を理事ないし理事会で行うこととすると、理事や理事会の意向に沿った少数の者のみで社員総会を行って法人の意思決定をすることともなりかねないため（法人法35条4項、認定法5条14号イ参照）、会員の中から社員（代議員）を選定する方法は特に留意する必要がある。また、社員の範囲を狭く絞ることにより、移行に伴い従来から社員の地位にあった者の個別の同意を得ることなくその者の地位（社員たる権利）を奪うこととなるだけでなく、法が社員に保障した各種の権利を行使できる者の範囲が狭まることとなり、社員権の行使により法人のガバナンスを確保しようとした法人法の趣旨に反することともなりかねない。

　このような問題意識を踏まえ、特例社団法人が、上記の意味の代議員制を採る場合には、定款の定めにより、以下の5要件を満たすことが重要である。

① 　「社員」（代議員）を選出するための制度の骨格（定数、任期、選出方法、欠員措置等）が定款で定められていること。

　　定款における「社員の資格の得喪」に関する定め（法人法11条1項5号）の内容として、少なくとも、定款において、社員の定数、任期、選出方法、欠員措置等が定められている必要がある。

② 　各会員について、「社員」を選出するための選挙（代議員選挙）で等しく選挙権及び被選挙権が保障されていること。

　　代議員（社員）の選定方法の細部・細則を理事会において定めることとしても、少なくとも、「社員の資格の得喪」に関する定め（法人法11

条1項5号)の内容として②の内容を定款で定める必要がある(認定法5条14号イ参照)。

③ 「社員」を選出するための選挙(代議員選挙)が理事及び理事会から独立して行われていること。

①で、社員(代議員)の選出方法を定款に定めた場合でも、理事又は理事会が社員を選定することとなるような定めは法人法35条4項の趣旨に反する。定款の定めにおいては、②の内容とともに明記することが考えられる。

④ 選出された「社員」(代議員)が責任追及の訴え、社員総会決議取消しの訴えなど法律上認められた各種訴権を行使中の場合には、その間、当該社員(代議員)の任期が終了しないこととしていること。

例えば、社員が責任追及の訴えを提起したものの、訴訟係属中に任期満了により当該社員が社員の地位を失った場合には、代表訴訟の原告適格も失うおそれが高い。そのため、比較的短期間の任期の社員を前提とする代議員制においては、事実上、任期満了間際に社員が訴権を行使できなくなるため、社員に各種の訴権を保障した法の趣旨を踏まえ、④の内容を定款に定める必要がある。

⑤ 会員に「社員」と同等の情報開示請求権等を付与すること。

法は、「社員」によるガバナンスの実効性を確保するため社員たる地位を有する者に各種の権利を付与している。かかる法の趣旨を踏まえ、旧民法では「社員」の地位にあった者を新法下で「会員」として取り扱うこととするような特例社団法人等については、社員の法人に対する情報開示請求権等を定款の定めにより「会員」にも認める必要がある。」

(8) 非営利型法人にするための定款の記載事項

イ 非営利性徹底型一般社団法人の場合

この一般社団法人の場合は、次の事項は必ず定款に定めなければならない(法人税法2条9号の2イ、法人税法施行令3条1項)。

① その定款に剰余金の分配を行なわない旨の定めがあること。

② その定款に解散したときはその残余財産が国若しくは地方公共団体

又は次に掲げる法人に帰属する旨の定めがあること。
  (イ) 公益社団法人又は公益財団法人
  (ロ) 認定法5条17号イからトまで（公益認定の基準）に掲げる法人
なお、以上以外にも規定しなければならない事項がある。

ロ 共益目的型一般社団法人の場合

　この一般社団法人の場合は、次に述べるように必ず定款に定めなければならない事項と定めてはいけない事項があるので、十分留意する必要がある（法人税法2条9号の2ロ、法人税法施行令3条2項）。

① その会員の相互の支援、交流、連絡その他の当該会員に共通する利益を図る活動を行うことをその主たる目的としていること。

② その定款（定款に基づく約款その他これに準ずるものを含む。）に、その会員が会費として負担すべき金銭の額の定め又は当該金銭の額を社員総会の決議により定める旨の定めがあること。

③ その主たる事業として収益事業（法人法施行令3条2項3号・4項）を行っていないこと。

④ その定款に特定の個人又は団体に剰余金の分配を受ける権利を与える旨の定めがないこと。

⑤ その定款に解散したときはその残余財産が特定の個人又は団体（国若しくは地方公共団体、前記イの②の(イ)若しくは(ロ)に掲げる法人又はその目的と類似の目的を有する他の一般社団法人若しくは一般財団法人を除く。）に帰属する旨の定めがないこと。

(9) **公益認定を受けるための定款の記載事項**

　公益法人は、①認定法別表各号に掲げる種類の事業であって、不特定かつ多数の者の利益の増進に寄与する事業（公益目的事業）を行うことを主たる目的とするもの（収益事業を営むこともできるが、公益目的事業の実施に支障を及ぼすおそれがないものである等の制限がある。認定法5条7号・8号）でなければならない（認定法2条4号、5条1号）ので、このことは、定款の「目的及び事業」の記載上明らかにしておく必要がある。このほかに、②認定法5条14号・17号・18号に規定する事項の定めが必要である。

なお、認定法が改正され、令和7年4月から施行される。

7 公証人による定款の認証
定款については公証人の認証が必要である（法人法13条）。

第2 設立登記申請手続

1 申請期間
主たる事務所の所在地においては、次に掲げる日のいずれか遅い日から2週間以内である（法人法301条1項）。
(1) 法人法20条1項の規定による調査が終了した日
(2) 設立時社員が定めた日

2 登記の事由
登記の事由は、「令和何年何月何日設立手続終了」である。

3 登記すべき事項
主たる事務所の所在地における登記事項は、次のとおりである（法人法301条2項）。

① 目　的
　　登記事項は、「目的及び事業」であるので、目的と事業を定款に異なる条文に定めている場合は、その接続に注意すること。
② 名　称
③ 主たる事務所及び従たる事務所の所在場所
④ 一般社団法人の存続期間又は解散の事由についての定款の定めがあるときは、その定め
⑤ 電子提供措置をとる旨の定款の定めがあるときは、その定め
⑥ 理事の氏名
⑦ 代表理事の氏名及び住所
⑧ 理事会設置一般社団法人であるときは、その旨
⑨ 監事設置一般社団法人であるときは、その旨及び監事の氏名
⑩ 会計監査人設置一般社団法人であるときは、その旨及び会計監査人の氏名又は名称

⑪　一時会計監査人の職務を行うべき者の氏名又は名称
⑫　役員等の責任の免除に関する定め
⑬　非業務執行理事等が負う責任の限度に関する契約の締結についての定め
⑭　貸借対照表を電磁的方法により開示するときは、当該情報が掲載されているウェブページのアドレス
⑮　公告方法
⑯　公告方法が電子公告であるときは、当該公告を掲載するウェブページのアドレス及び予備的公告の方法が定款に定められているときは、その定め

4　添付書面

主たる事務所の所在地における設立の登記申請書の添付書面は、次のとおりである（法人法318条2項・3項、330条、商登法18条、一般法登規3条、商登規61条4項・5項・7項）。

(1)　定　款
(2)　設立時社員が設立時理事、設立時監事又は設立時会計監査人を選任したときは、設立時社員の議決権の過半数の一致によって選任したことを証する書面。(8)の事項も一緒に記載するとよい。
(3)　非理事会設置法人において、定款の定めに基づき設立時理事の互選によって設立時代表理事を選定したときは互選書、理事会設置法人において、理事会で設立時代表理事を選定したときは理事会議事録
(4)　設立時理事、設立時監事及び設立時代表理事が就任を承諾したことを証する書面
(5)　設立時会計監査人を選任したときは、次に掲げる書面
　①　設立時社員が設立時会計監査人を選任したときは、設立時社員の議決権の過半数の一致があったことを証する書面
　②　就任を承諾したことを証する書面
　③　設立時会計監査人が法人であるときは、当該法人の登記事項証明書。ただし、当該登記所の管轄区域内に当該法人の主たる事務所があ

る場合を除く。
　④　設立時会計監査人が法人でないときは、その者が公認会計士であることを証する書面
(6)　理事会設置一般社団法人の場合は設立時代表理事、非理事会設置一般社団法人の場合は設立時理事が就任承諾書に押印した印鑑につき、市区町村長の作成した印鑑証明書
(7)　理事会設置一般社団法人の場合は、設立時理事及び設立時監事、非理事会設置一般社団法人において設立時監事を設置した場合は、設立時監事の本人確認証明書
(8)　設立時社員が主たる事務所又は従たる事務所の所在場所を定めたときは、設立時社員の議決権の過半数の一致があったことを証する書面
(9)　委任状

5　登録免許税

　一般社団法人の設立の登記の登録免許税は、申請1件につき6万円である（登免税法別表第一第24号㈠ロ）。

第4節　一般社団法人の役員の変更の登記

第1　実体上の手続

1　総　説

　一般社団法人には、機関として、社員総会のほか1人以上の理事（理事会設置一般社団法人にあっては3人以上の理事）を置かなければならず（法人法60条1項）、定款に定めれば理事会、監事又は会計監査人を置くことができる（法人法60条2項）。
　なお、理事会設置一般社団法人及び会計監査人設置一般社団法人は、監事を置かなければならず（法人法61条）、大規模一般社団法人（最終事業年度に係る貸借対照表の負債の部に計上した額の合計額が200億円以上である一般社団法人をいう。）は、会計監査人を置かなければならない（法人法62条）。

2 理事の変更

理事の変更の登記の態様には、理事の氏、名又は住所の変更による登記及び理事の就任又は退任による登記があるが、ここでは、理事の就任の登記及び理事の退任の登記について説明する。

(1) 理事の就任

① 理事の選任の手続

イ 社員総会の招集

理事は、社員総会の決議によって選任する（法人法63条1項）。そこで、理事を選任するには、社員総会を招集しなければならないが、社員総会を招集するには、まず、理事（理事会設置一般社団法人においては理事会）が、①社員総会の日時、②社員総会の目的である事項（社員総会に提出する議題、ここでは、「理事選任の件」）、③社員総会に出席しない社員が書面によって議決権を行使する（法人法51条参照）ことができることとするときは、その旨、④社員総会に出席しない社員が電磁的方法（法人法52条参照）によって議決権を行使することができることとするときは、その旨、⑤法人法施行規則4条に定める事項を定め（法人法38条）、次いで、理事（社員総会を招集する理事を定款で定めている場合には、当該理事。定めていない場合には、各理事。）が、社員総会の日の1週間前までに招集通知を発しなければならない。ただし、理事会設置一般社団法人以外の法人において、1週間を下回る期間を定款に定めている場合には、その期間前、前記③及び④に述べた事項を定めた場合には、2週間前までに招集通知を発しなければならない（法人法39条1項）。なお、前記③及び④に述べた事項を定めた場合又は理事会設置一般社団法人の場合は、社員総会の招集通知は、書面でしなければならず（法人法39条2項）、この招集通知には、前記①〜⑤の事項を記載しなければならない（法人法39条4項）。

ただし、社員総会は、社員全員の同意があるときは、前記③及び④に述べた事項を定めた場合を除き、招集の手続を経ないで開催することができる（法人法40条）。

ロ　社員総会の決議

　社員総会の決議は、定款に別段の定めがある場合を除き、総社員の議決権の過半数を有する社員が出席し（これを「定足数」という。）、出席した当該社員の議決権の過半数をもって行う（法人法49条1項）。これを、普通決議というが、問題は、定款に「別段の定め」として、どのような定めをすることができるかである。株式会社の場合の普通決議は、「定款に別段の定めがある場合を除き、議決権を行使することができる株主の議決権の過半数を有する株主が出席し、出席した当該株主の議決権の過半数をもって行う。」とされ（会社法309条1項）、若干異なる規定の仕方になっているが、一般社団法人の場合も、株式会社の場合も、定款で「別段の定め」をすることは可能である。そこで、実務上は、「定足数の定め」を排除し、一般社団法人の場合には、公益認定を受けようとする一般社団法人を除き、例えば、「法人法49条1項の社員総会の決議は、出席した当該社員の議決権の過半数をもって行う。」というように定める事例が多い。ただし、株式会社の場合には、取締役選任又は解任の決議については、定足数の完全排除はできず、たとえ定款に定めても「議決権を行使することができる株主の議決権の3分の1以上」でなければならないとされている（会社法341条）が、一般社団法人については、このような制限はない。

　なお、理事選任の決議をする場合には、将来理事が欠けた場合又は法人法若しくは定款で定めた理事の員数を欠くことになるときに備えて補欠の理事を予め選任しておくことができる（法人法63条2項）が、ここに理事が欠けた場合とは、理事が1人もいなくなることをいい、法人法で定めた理事の員数は理事会設置一般社団法人にあっては3人以上、それ以外では1人以上である（法人法65条3項、60条1項）。

ハ　就任の承諾

　一般社団法人と理事との関係は、株式会社と役員の関係と同様、委任に関する規定に従う（法人法64条）ので、理事として選任されても、就任の承諾をしない限り理事になることはない。また、法人は、理事になることはできない（法人法65条1項1号）。

なお、理事には、次の退任のところで述べるように欠格事由が定められていることに留意する必要がある（法人法65条1項3号・4号）。

② **社員総会の決議の省略の方法による理事の選任**

理事の選任は、社員総会の決議の省略の方法でもよい（法人法58条）。これは、定款に「社員総会の決議の省略の方法」についての定めがない場合でも差し支えない。社員総会の決議の省略の方法は、理事又は社員が、社員総会の目的である事項（議題及び議案として「理事何某の選任」）を提案し、この提案に社員全員が書面又は電磁的記録により同意の意思表示をすることである。社員全員の同意の意思表示があったときは、当該提案を可決する旨の社員総会の決議があったものとみなされる（法人法58条1項）。なお、法人法317条3項は、この場合の添付書面の名称を「社員総会の決議があったものとみなされる場合に該当することを証する書面」というように規定しているが、法人法施行規則11条4項は、株主総会の決議省略の場合と同様、決議があったものとみなされる場合に該当することを証する書面は、社員総会議事録として作成することとしてその記載事項（イ．社員総会の決議があったものとみなされた事項の内容。ロ．イの事項の提案をした者の氏名又は名称。ハ．社員総会の決議があったものとみなされた日。ニ．議事録の作成に係る職務を行った者の氏名）を定めている。

③ **仮理事の就任**

理事が欠けた場合又は法人法若しくは定款で定めた理事の員数が欠けた場合には、裁判所は、必要があると認めるときは、利害関係人の申立てにより、一時理事の職務を行うべき者を選任することができる（法人法75条2項）。この理事を、「仮理事」といい、その登記は、裁判所書記官の嘱託によってする（法人法315条1項2号イ）。なお、仮理事の登記は、後任理事の就任の登記をしたときは、抹消する記号を記録することになる（一般法登規3条、商登規68条1項）。

(2) **理事の退任**

理事は、次に掲げる事由によって退任する。

① 任期の満了

② 辞　任
③ 解　任
④ 欠格事由に該当
⑤ 死　亡
⑥ その他

以下、理事の退任の事由について説明する。

① 任期の満了

理事は任期の満了によって退任する。理事の任期は、選任後2年以内に終了する事業年度のうち最終のものに関する定時社員総会の終結の時までである。ただし、定款又は社員総会の決議によって、その任期を短縮することができる（法人法66条）。

ところで、理事が欠けた場合又は法人法若しくは定款で定めた理事の員数が欠けた場合には、任期の満了により退任した理事は、新たに選任された理事（仮理事を含む。）が就任するまで、なお理事としての権利義務を有する（法人法75条1項）ので、これに該当する場合は、新たに選任された理事（仮理事を含む。）が就任するまで任期満了による退任の登記を申請することはできない。ただし、この場合の理事の退任の日は、任期満了の日である。

② 辞　任

一般社団法人と理事との関係は、民法の委任に関する規定に従うとされている（法人法64条）ので、理事はいつでも辞任することができる（民法651条）。辞任の効力は、辞任の意思表示が当該一般社団法人に到達した時に生じる。ただし、理事が欠けた場合又は法人法若しくは定款で定めた理事の員数が欠けた場合には、辞任により退任した理事は、新たに選任された理事（仮理事を含む。）が就任するまで、なお理事としての権利義務を有する（法人法75条1項）ので、これに該当する場合は、新たに選任された理事（仮理事を含む。）が就任するまで辞任による退任の登記を申請することはできない。

なお、この場合の理事の退任の日は、辞任の効力発生の日である。

③ 解　任

　理事は、社員総会の決議によっていつでも解任することができる。ただし、解任された理事は、解任について正当な理由がある場合を除き、一般社団法人に対し、解任によって生じた損害の賠償を請求をすることができる（法人法70条）。理事を解任する社員総会の決議は、法人法49条１項の普通決議でよい（法人法49条２項２号参照）。

④ 欠格事由に該当

　理事が、次に述べる欠格事由に該当することになったときは、ただちに退任する（法人法65条１項）。この場合は、法人法75条の適用はないので、退任の結果法人法又は定款で定めた理事の員数を欠くことになっても、退任の登記は申請しなければならない。

　　イ　法人法65条１項３号に掲げる罪を犯し、刑に処せられ、その執行を終わり、又はその執行を受けることがなくなった日から２年を経過しない者
　　ロ　イに規定する法律の規定以外の法令の規定に違反し、拘禁刑以上の刑に処せられ、その執行を終わるまで又はその執行を受けることがなくなるまでの者（刑の執行猶予中の者を除く。）

⑤ 死　亡

理事は、死亡によって退任する（民法653条１号）。

⑥ その他

　　イ　定款に「理事は、社員の中から選任する。」旨を定めている一般社団法人において、当該理事が除名されて社員でなくなったときは、理事を退任する。なお、社員の除名は、総社員の半数以上であって、総社員の議決権の３分の２（これを上回る割合を定款に定めた場合にあっては、その割合）以上に当たる多数をもって行わなければならない（法人法49条２項１号）。頭数要件があることに留意する必要がある。
　　ロ　法人の解散
　　　　法人が解散すると理事、代表理事及び会計監査人は退任するが、こ

の場合は、登記官が解散の登記をしたときに、理事等の登記に抹消する記号を記録することになっている（一般法登規3条、商登規72条1項1号・4号）ので、退任による変更の登記を申請する必要はない。

ハ　法人の破産によって理事は当然には退任しない（最判平成21年4月17日）ので、退任の登記をする必要はない（平成23年4月1日民商第816号民事局商事課長通知参照）(注)が、理事個人が破産手続開始の決定を受けた場合は退任することになる（相澤哲ほか『論点解説　新・会社法』280頁参照）。ただし、再度選任することは差し支えない。

(注)　平成23年4月1日民商第816号民事局商事課通知
　　　破産手続開始の登記がされた会社その他の法人の破産手続開始の決定当時の代表者に係る代表者事項証明書又は印鑑の証明書の交付について
　　(通知)
　標記の件について、別紙1のとおり東京法務局民事行政部長から照会があり、別紙2のとおり回答しましたので、この旨貴管下登記官に周知方取り計らい願います。
　なお、昭和45年7月20日付け民事甲第3024号民事局長回答及び平成5年12月27日付け民四第7784号民事局第四課長依命通知のうち、本件回答に抵触する部分は、本件回答によって変更されたものとして了知願います。
　　(別紙1)
　破産手続開始の登記がされた会社の破産手続開始の決定当時の代表者は、「破産手続開始によりその地位を当然には失わず、会社の組織に係る行為等についてはその権限を行使し得ると解するのが相当である」との最高裁判所の判決（平成21年4月17日最高裁判所第二小法廷判決・裁判集（民事）第290号395頁）がされたことから、当該代表者（会社以外の法人の代表者を含む。）に係る代表者事項証明書又は印鑑の証明書の請求があった場合には、破産手続開始の登記がある旨を付記した上、これを交付して差し支えないと考えますが、いささか疑義がありますので、照会します。
　　(別紙2)
　本年2月25日付け1法登1第106号をもって照会のありました標記の件については、貴見のとおり取り扱って差し支えないものと考えます。

3　代表理事の変更
(1)　代表理事の就任
①　代表理事選定の手続

　代表理事とは、一般社団法人を代表する理事をいう（法人法21条1項）。理事は、原則として、一般社団法人を代表する（法人法77条1項本文）ので、各理事が代表理事ということになるが、①定款、②定款の定めに基づく理事の互選、③社員総会の決議、④理事会設置一般社団法人において理事会の決議によって代表理事を定めた場合には、当該代表理事が一般社団法人を代表する（法人法77条1項ただし書、77条3項、90条3項）。したがって、①～④の場合には、代表理事に選定された者が代表理事として登記されるが、これら以外の場合には、理事が代表理事として登記される。この場合に理事が2人以上あるときは、理事は、各自一般社団法人を代表する（法人法77条2項）ので、理事全員が代表理事として登記される。登記事項は、理事については氏名、代表理事については氏名及び住所である（法人法301条2項5号・6号）。

　なお、②及び④の場合には、就任の承諾が必要であるが、①及び③の場合には、理事の地位と代表理事の地位が一体となっているので、代表理事に就任することについて就任の承諾は不要である。

　ところで、理事会設置一般社団法人において、定款に「当法人の代表理事は、社員総会において選定する。」旨定めた場合の取扱いである。現実に、このような定めを希望する事例が、同窓会を一般社団法人にする場合に見受けられる。同窓会の場合には、代表者の選定に会員の意向を直接反映させたいとするニーズがあるからであるが、このような取扱いも、理事会から代表理事選任権を剥奪するものでなければ（理事会、社員総会のいずれで代表理事を選任してもよいという趣旨であれば）差し支えないと解されている（法人法35条2項、内閣府公益認定等委員会「新たな公益法人制度への移行等に関するよくある質問・問Ⅱ─1─④」）。法務当局の見解も同様である。

②　理事会の決議の省略の方法による代表理事の選定

　理事会設置一般社団法人における代表理事の選定は、定款に理事会の決議

省略の方法を認める定めがある場合には、理事会の決議の省略の方法でもよい（法人法96条）。理事会の決議の省略の方法は、理事が、理事会の決議の目的である事項（議題及び議案として「代表理事何某の選任」）を提案し、この提案に理事（当該事項について議決に加わることができるものに限る。なお、代表理事の候補者は議決に加わることができる。）全員が書面又は電磁的記録により同意の意思表示をすること（監事が当該提案について異議を述べたときを除く。）である。この同意の意思表示があったときは、当該提案を可決する旨の理事会の決議があったものとみなされる（法人法96条）。なお、法人法317条3項は、この場合の添付書面の名称を「理事会の決議があったものとみなされる場合に該当することを証する書面」というように規定しているが、法人法施行規則15条4項は、取締役会の決議省略の場合と同様、決議があったものとみなされる場合に該当することを証する書面は、理事会議事録として作成することとして株式会社の場合と同様の記載事項（イ．理事会の決議があったものとみなされた事項の内容。ロ．イの事項の提案をした理事の氏名。ハ．理事会の決議があったものとみなされた日。ニ．議事録の作成に係る職務を行った理事の氏名）を定めている。

(2) 仮代表理事の就任

代表理事が欠けた場合又は定款で定めた代表理事の員数が欠けた場合には、裁判所は、必要があると認めるときは、利害関係人の申立てにより、一時代表理事の職務を行うべき者を選任することができる（法人法79条2項）。この代表理事を、「仮代表理事」といい、その登記は、裁判所書記官の嘱託によってする（法人法315条1項2号イ）。

(3) 代表理事の退任

代表理事は、次に掲げる事由によって退任する。

① 理事の退任
② 任期満了
③ 辞　任
④ 解　職
⑤ 死　亡

以下、代表理事の退任の事由について説明する。

① 理事の退任

代表理事は、前提資格である理事を退任することによって代表理事も退任する。ただし、理事が退任した結果法人法又は定款で定めた理事の員数を欠くことになる場合には、任期満了又は辞任により退任した理事は、解任及び欠格事由該当の場合を除き、新たに選任された理事（仮理事を含む。）が就任するまで、なお理事としての権利義務を有する（法人法75条1項）ので、この場合には、新たに選任された理事（仮理事を含む。）が就任するまで代表理事は退任しない。なお、この場合、理事の退任の日は理事の任期満了又は辞任の日であるが、代表理事の退任の日は後任理事就任の日であることに留意する必要がある。

② 任期満了

代表理事については、法律の定める任期はないが、定款で任期を定めている場合には、代表理事は定款で定めた任期の満了によって退任する。ただし、代表理事が退任した結果代表理事が不存在になる場合又は定款で定めた代表理事の員数を欠くことになる場合には、任期満了により退任した代表理事は、解任及び理事の欠格事由該当の場合を除き、新たに選任された代表理事（仮代表理事を含む。）が就任するまで、なお代表理事としての権利義務を有する（法人法79条1項）ので、この場合には、新たに選定された代表理事（仮代表理事を含む。）が就任するまで代表理事の退任の登記を申請することはできない。

③ 辞　任

理事会又は定款の定めに基づく理事の互選によって選定された代表理事は、代表理事の地位のみを辞任することができるが、定款に定められた代表理事及び社員総会で選ばれた代表理事は、理事たる地位と代表理事たる地位が一体となって不可分な関係にあるので、定款の変更又は社員総会の承認決議がない限り、代表理事の地位のみを辞任することはできないと解するのが登記実務の取扱いである。なお、代表理事が代表理事たる地位のみを辞任できる場合であっても、代表理事が欠けた場合又は定款で定めた代表理事の員

数が欠けた場合には、辞任により退任した代表理事は、新たに選定された代表理事（仮代表理事を含む。）が就任するまで、なお代表理事としての権利義務を有する（法人法79条1項）ので、これに該当する場合は、新たに選定された代表理事（仮代表理事を含む。）が就任するまで辞任による退任の登記を申請することはできない。

④ 解　職

理事会の決議によって選定された代表理事は、理事会の決議によって解職することができる（法人法90条2項3号）。定款又は社員総会の決議によって定められた代表理事は、定款の変更又は社員総会の決議により解職することができる。また定款の定めに基づく理事の互選によって定められた代表理事は、理事の過半数の同意により解職することができる。

⑤ 死　亡

代表理事は、死亡によって退任する。

4　監事の変更

(1)　監事の就任

①　監事の選任の手続

イ　社員総会の決議

監事は、社員総会の決議によって選任する（法人法63条1項）。そこで、監事を選任するには、まず社員総会を招集しなければならないが、社員総会の招集の手続（法人法38条～40条）及び社員総会の決議の方法等については、理事の選任の場合と同様である（法人法49条1項）。なお、監事を置くには、定款にその旨の定めが必要である（法人法60条2項）。

ところで、監事選任の決議をする場合には、将来監事が欠けた場合又は定款で定めた監事の員数を欠くことになるときに備えて、予め補欠の監事を予選しておくことができる（法人法63条2項）が、ここに「監事が欠けた場合」とは、監事が1人もいなくなることをいい、法人法で定めた監事の員数は、理事会設置一般社団法人にあっては1人以上である（法人法60条2項、61条参照）。

ロ　就任の承諾
　一般社団法人と監事との関係は、委任に関する規定に従う（法人法64条）ので、監事として選任されても、就任の承諾をしない限り監事になることはない。法人は、監事になることができず（法人法65条1項1号）、監事は、一般社団法人又はその子法人の理事又は使用人を兼ねることができない（法人法65条2項）。
　なお、監事には、理事と同様の欠格事由が定められていることに留意する必要がある（法人法65条1項3号・4号）。
②　監事の選任に関する監事の同意等
　一般社団法人の監事については、次の点に留意する必要がある。
　　イ　理事は、監事の選任に関する議案を社員総会に提出するには、監事（監事が2人以上ある場合にあっては、その過半数）の同意を得なければならない（法人法72条1項）。
　　ロ　監事は、理事に対し、監事の選任を社員総会の目的とすること又は監事の選任に関する議案を社員総会に提出することを請求することができる（法人法72条2項）。
　　ハ　監事は、社員総会において、監事の選任について意見を述べることができる（法人法74条1項）。
③　仮監事の就任
　監事が欠けた場合又は定款で定めた監事の員数が欠けた場合には、裁判所は、必要があると認めるときは、利害関係人の申立てにより、一時監事の職務を行うべき者を選任することができる（法人法75条2項）。この監事を、「仮監事」といい、その登記は、裁判所書記官の嘱託によってする（法人法315条1項2号イ）。なお、仮監事の登記は、後任監事の就任の登記をしたときは、抹消する記号を記録することになる（一般法登規3条、商登規68条1項）。

(2)　監事の退任
　監事は、次に掲げる事由によって退任する。
　　①　任期満了

② 辞　任
③ 解　任
④ 欠格事由に該当
⑤ 死　亡
⑥ 破産手続開始の決定

以下、監事の退任の事由について説明する。

① **任期満了**

監事は任期の満了によって退任する。監事の任期は、選任後4年以内に終了する事業年度のうち最終のものに関する定時社員総会の終結の時までである。ただし、監事が欠けた場合又は定款で定めた監事の員数が欠けた場合には、任期の満了により退任した監事は、新たに選任された監事（仮監事を含む。）が就任するまで、なお監事としての権利義務を有する（法人法75条1項）ので、これに該当する場合は、新たに選任された監事（仮監事を含む。）が就任するまで任期満了による退任の登記を申請することはできない。

なお、次の場合には、監事の任期が短縮される（法人法67条）。

　イ　定款によって、その任期を選任後2年以内に終了する事業年度のうち最終のものに関する定時社員総会の終結の時までとすることを限度として短縮することができる。

　ロ　定款によって、任期の満了前に退任した監事の補欠として選任された監事の任期を退任した監事の任期の満了する時までとすることができる。

　ハ　監事を置く旨の定款の定めを廃止する定款の変更をした場合には、監事の任期は、当該定款変更の効力が生じた時に満了する。

② **辞　任**

一般社団法人と監事との関係は、民法の委任に関する規定に従うとされている（法人法64条）ので、監事はいつでも辞任することができる（民法651条）。ただし、監事が欠けた場合又は定款で定めた監事の員数が欠けた場合には、辞任により退任した監事は、新たに選任された監事（仮監事を含む。）が就任するまで、なお監事としての権利義務を有する（法人法75条1項）の

で、これに該当する場合は、新たに選任された監事（仮監事を含む。）が就任するまで辞任による退任の登記を申請することはできない。

なお、監事の辞任については、次の点に留意する必要がある。

　イ　監事は、社員総会において、監事の辞任について意見を述べることができる（法人法74条1項）。

　ロ　監事を辞任した者は、辞任後最初に招集される社員総会に出席して、辞任した旨及びその理由を述べることができる（法人法74条2項）。

③　解　任

監事は、社員総会の決議によっていつでも解任することができる。ただし、解任された監事は、解任について正当な理由がある場合を除き、一般社団法人に対し、解任によって生じた損害の賠償を請求することができる（法人法70条）。監事を解任する社員総会の決議は、法人法49条2項の特別決議である（法人法49条2項2号）。

④　欠格事由に該当

監事が、理事と同様の欠格事由に該当することになったときは、ただちに退任する（法人法65条1項）。この場合は、法人法75条1項の適用はないので、退任の結果法人又は定款で定めた監事の員数を欠くことになっても、退任の登記は申請しなければならない。

⑤　死　亡

監事は、死亡によって退任する（民法653条1号）。

⑥　破産手続開始の決定

監事と一般社団法人との関係は、委任に関する規定に従うとされている（法人法64条）ので、監事個人が破産手続開始の決定を受けたときは、委任契約の終了によって退任する（民法653条2号）。ただし、再度選任することは可能である。

5　会計監査人の変更

(1)　会計監査人の選任及び就任

大規模一般社団法人（法人法2条2号）以外では会計監査人を置く一般社

団法人は、あまり多くないと思われるので、簡潔に述べることにする。

　① 会計監査人の選任

　会計監査人は、社員総会の決議によって選任する（法人法63条1項）。そこで、会計監査人を選任するには、まず社員総会を招集しなければならないが、社員総会の招集の手続（法人法38条〜40条）及び社員総会の決議の方法等については、理事の選任の場合と同様である（法人法49条1項）。この場合、理事は、会計監査人の選任議案について、監事の同意を得なければならない（法人法73条1項）。

　なお、会計監査人は、公認会計士又は監査法人でなければならない（法人法68条1項）。

　② 会計監査人の就任

　一般社団法人と会計監査人との関係は、委任に関する規定に従う（法人法64条）ので、社員総会において会計監査人として選任された後、就任の承諾をして初めて会計監査人に就任する。

　③ 仮会計監査人の選任

　会計監査人が欠けた場合又は定款で定めた会計監査人の員数が欠けた場合において、遅滞なく会計監査人が選任されないときは、監事は、一時会計監査人の職務を行うべき者（仮会計監査人）を選任しなければならないとされている（法人法75条4項）。この登記は、当該一般社団法人の申請によってする。

(2)　会計監査人の退任

　会計監査人は、次に掲げる事由によって退任する。

　① 任期満了

　会計監査人の任期は、選任後1年以内に終了する事業年度のうち最終のものに関する定時社員総会の終結の時までである（法人法69条1項）。会計監査人は、最終の事業年度に関する定時社員総会において別段の決議がなされなかったときは、当該定時総会において再任されたものとみなされる（法人法69条2項）。

　なお、会計監査人を置く旨の定款の定めを廃止する定款の変更をした場合

には、会計監査人の任期は、当該定款変更の効力が生じた時に満了する（法人法69条3項）。

② 辞　任
③ 解　任

会計監査人の解任は、社員総会（法人法70条1項）のほか、法人法71条1項各号のいずれかに該当するときは、監事もすることができる（法人法71条）。

④ 欠格事由に該当

法人法68条3項各号のいずれかに該当することになったときは、欠格事由に該当することになる。

⑤ 会計監査人の死亡又は破産手続開始の決定
⑥ 法人の解散

第2　登記申請手続

1　登記期間

理事、代表理事、監事又は会計監査人の変更の登記の登記期間は、変更が生じた日から、主たる事務所の所在地において2週間以内である（法人法303条）。

2　登記の事由

登記の事由は、どのような理由によって登記を申請するかを明らかにするために記載するものであるので、「理事、代表理事、監事及び会計監査人の変更」というように、どのようなポストの役員等が変更したか分かるように具体的に記載する。変更の年月日は、登記すべき事項の記載から判明する場合には、記載する必要はない。

3　登記すべき事項

主たる事務所の所在地における登記すべき事項（法人法301条2項5号・6号・8号・9号、303条）は、次のとおりであるが、具体的に申請書に登記すべき事項を記載するときは、電磁的記録媒体に記録し、申請書には「別添ＣＤ－Ｒ（又はＤＶＤ－Ｒ）のとおり」というように記載する。なお、登

記すべき事項をあらかじめ登記・供託オンライン申請システムを利用して送信し、提出している場合には、「別紙のとおりの内容をオンラインにより提出済み」と記載し、当該内容を別紙に記載する。
　⑴　理事等の任期満了による変更の登記の場合
　　　理事の氏名、退任の旨及びその年月日
　⑵　理事等の辞任による変更の登記の場合
　　　理事の氏名、辞任の旨及びその年月日
　⑶　代表理事の資格喪失又は辞任による変更の登記の場合
　　　代表理事の氏名、資格喪失により退任の旨及びその年月日
　　　代表理事の氏名、辞任の旨及びその年月日
　⑷　理事等の就任による変更の登記の場合
　　　理事の氏名、就任の旨及びその年月日
　⑸　代表理事の就任による変更の登記の場合
　　　代表理事の氏名及び住所並びに就任の旨及びその年月日
　⑹　監事（又は会計監査人）設置一般社団法人の定めの設定による変更の登記の場合
　　　監事（又は会計監査人）設置一般社団法人の定めを設定した旨、監事（又は会計監査人）の氏名（又は名称）及び変更年月日である。

4　添付書面

主たる事務所の所在地における「理事、監事、代表理事及び会計監査人変更登記申請書」の添付書面は、次のとおりである（法人法317条2項・3項、320条、330条、商登法18条、一般法登規3条、商登規61条4項・5項・6項・7項・8項）。

　⑴　定　款
　　①　後任者就任の社員総会議事録に理事何某等が年月日任期満了により退任した旨の記載がない場合に、任期を証明するため、「退任を証する書面」として添付する（法人法320条5項）。
　　②　定款の定めに基づき代表理事を互選した場合に添付する（一般法登規3条、商登規61条1項）。

③　代表理事選定の理事会の決議を「理事会の決議の省略の方法」（法人法96条）によって行った場合に、理事会の決議の省略ができる旨の定めがある定款を添付する（一般法登規3条、商登規61条1項）。
　④　理事会設置法人において、定款の定めに基づき社員総会で代表理事を定めた場合に添付する（一般法登規3条、商登規61条1項）。
(2)　辞任届
(3)　社員総会議事録
　①　理事、監事、会計監査人を選任した社員総会議事録である。定時社員総会議事録でも、臨時社員総会議事録でもよい（法人法317条2項）。
　②　社員総会で代表理事を定めた場合に添付する（法人法317条2項）。
　③　定款を変更して代表理事を定めた場合には、定款の変更に係る社員総会の議事録を添付する（法人法317条2項）。
　④　監事設置一般社団法人の定めの設定を決議し、監事を選任した社員総会の議事録（法人法317条2項）
　⑤　理事、監事又は会計監査人を解任した場合には、解任に係る社員総会議事録を添付する（法人法317条2項）。
　⑥　以上の場合に、社員総会の決議を「社員総会の決議の省略の方法」（法人法58条）によって行ったときは、法人法施行規則11条4項1号に規定する社員総会議事録を添付してもよく（平成20年9月1日民商第2351号民事局長通達）、また「提案書」及び「同意書」を添付してもよい（法人法317条3項）。
(4)　理事会議事録又は互選書
　①　代表理事を理事会で選定した場合又は理事の互選によって定めた場合に添付する（法人法317条2項）。
　②　代表理事を理事会又は理事の過半数の同意で解任した場合に添付する（法人法317条2項）。
　③　以上の場合に、理事会の決議を「理事会の決議の省略の方法」（法人法96条）によって行ったときは、法人法施行規則15条4項1

号に規定する理事会議事録を添付してもよく（平成20年9月1日民商第2351号民事局長通達）、また「提案書」及び「同意書」を添付してもよい（法人法317条3項）。
(5) 就任を承諾したことを証する書面
　理事、監事及び代表理事（互選又は理事会で選定した場合）の就任による変更の登記の場合に添付する（法人法320条1項）。
(6) 会計監査人の就任による変更の登記の申請書には、次に掲げる書面（法人法320条3項・4項）。なお、任期満了の際の定時社員総会において別段の決議がされなかったことにより、会計監査人が再任されたものとみなされる場合（法人法69条2項）の重任の登記の申請書には、③又は④の書面及び当該定時社員総会の議事録（法人法317条2項）を添付すれば足り、会計監査人が就任を承諾したことを証する書面の添付は要しない。
　① 会計監査人設置一般社団法人の定めの設定を決議し、会計監査人を選任した社員総会の議事録（法人法317条2項）又は会計監査人を選任した社員総会の議事録
　② 就任を承諾したことを証する書面
　③ 会計監査人が法人であるときは、当該法人の登記事項証明書。ただし、当該登記所の管轄区域内に当該法人の主たる事務所がある場合を除く。
　④ 会計監査人が法人でないときは、その者が公認会計士であることを証する書面
(7) 市区町村長の作成した印鑑証明書
　① 就任を承諾したことを証する書面の印鑑
　　イ 理事会設置一般社団法人にあっては、代表理事が就任を承諾したことを証する書面の印鑑（一般法登規3条、商登規61条4項・5項）。ただし、再任の場合を除く。
　　ロ 非理事会設置一般社団法人にあっては、理事が就任を承諾したことを証する書面の印鑑（一般法登規3条、商登規61条4項）。

ただし、再任の場合を除く。
② 社員総会議事録に押印された議長及び出席理事の印鑑
社員総会の決議によって代表理事を定めた場合に添付する。ただし、当該議事録に押印された印鑑と代表理事が登記所に提出している印鑑が同一であるときは添付する必要がない（一般法登規3条、商登規61条6項1号）。
③ 代表理事の互選を証する書面に押印された理事の印鑑
理事の互選によって代表理事を定めた場合に添付する。ただし、当該互選書に押印された印鑑と代表理事が登記所に提出している印鑑が同一であるときは添付する必要がない（一般法登規3条、商登規61条6項2号）。
④ 理事会議事録に押印された理事及び監事の印鑑
理事会の決議によって代表理事を選定した場合に添付する。ただし、当該議事録に押印された印鑑と代表理事が登記所に提出している印鑑が同一であるときは添付する必要がない（一般法登規3条、商登規61条6項3号）。
⑤ 代表理事の辞任届
辞任を証する書面に押印した印鑑。ただし、当該印鑑と当該代表理事が登記所に提出している印鑑が同一であるときは、添付する必要がない（一般法登規3条、商登規61条8項）。
(8) 本人確認証明書
理事又は監事が就任の承諾を証する書面に記載した氏名及び住所と同一の氏名及び住所が記載されている公務員が職務上作成した証明書。ただし、再任の場合、一般法登規3条で準用する商登規61条4項・5項又は6項により印鑑証明書を添付する場合を除く（一般法登規3条、商登規61条7項）。
(9) 委任状

5 登録免許税

一般社団法人の役員等の変更の登記の登録免許税は、申請1件につき1万

円である（登免税法別表第一第24号㈠カ）。

第5節　その他の変更の登記

第1　実体上の手続

1　総説

　一般社団法人の役員の変更の登記以外の変更の登記には、①理事会設置法人の登記、②監事設置法人の登記、③名称の変更の登記、④目的の変更の登記、⑤存続期間又は解散の事由の変更又は廃止による変更の登記、⑥公告方法の変更の登記、⑦貸借対照表の電磁的開示のためのＵＲＬの設定、変更又は廃止の登記、⑧役員等の責任の免除についての定款の定めの設定又は廃止による変更の登記、⑨外部役員等が負う責任の限度に関する契約の締結についての定款の定めの設定又は廃止による変更の登記等がある。これらの登記の実体上の手続としては、⑦を除き、いずれも定款の定めの設定又は変更の手続が必要であるが、①又は②の登記は、代表理事又は監事の登記とセットで申請することになるので、本節では、③〜⑧について解説する。

2　定款変更の手続

⑴　社員総会の招集

　一般社団法人が定款を変更するには、まず、理事（理事会設置一般社団法人においては、理事会）が、①社員総会の日時及び場所、②社員総会の目的である事項（議題及び議案）、③社員総会に出席しない社員が書面によって議決権を行使することができることとするときは、その旨、④社員総会に出席しない社員が電磁的方法によって議決権を行使することができることとするときは、その旨、⑤以上のほか、法務省令で定める事項（法人法施行規則4条）を定めて（法人法38条）、社員総会の日の1週間（理事会設置一般社団法人以外の一般社団法人において、これを下回る期間を定款に定めた場合にあっては、その期間）前までに、社員に対してその通知を発しなければならない（法人法39条1項本文）。ただし、社員全員の同意があるときは、招

集の手続を経ないで開催することができる（法人法40条）。
　なお、この通知に際しては、次の点に留意する必要がある。
　イ　③及び④の事項を定めた場合には、社員総会の2週間前までに招集通知を発しなければならず（法人法39条1項ただし書）、その通知は、書面でしなければならない（法人法39条2項1号）。
　ロ　理事会設置一般社団法人においては、招集通知は、書面でしなければならない（法人法39条2項2号）。
　ハ　理事は、書面による通知の発出に代えて、法人法施行令1条1項1号の定めるところにより、社員の承諾を得て、電磁的方法により通知を発することができる（法人法39条3項）。
　ニ　書面又は電磁的方法による通知には、前記①～⑤の事項を記載又は記録しなければならない（法人法39条4項）。

(2)　定款変更の決議

　定款変更の決議は、特別決議であるが、株式会社の場合と異なり、頭数要件が加えられていること及び総社員の議決権がベースになっていることに留意する必要がある。すなわち、①総社員の半数以上であって、②総社員の議決権の3分の2（これを上回る割合を定款で定めている場合にあっては、その割合）以上に当たる多数をもって行わなければならない（法人法49条2項）。したがって、社員数の多い法人の場合は、特別決議をするのに相当の困難を伴うので留意する必要がある。そこで、同窓会等の場合は、卒業生全員を社員にせず、例えば、代議員制度等の採用を考えてみる必要がある。

3　貸借対照表の電磁的開示のためのＵＲＬの設定、変更又は廃止の手続

　公告の方法を、①官報に掲載する方法又は、②時事に関する事項を掲載する日刊新聞紙に掲載する方法に定めている一般社団法人は、法人法128条1項の規定に基づく貸借対照表の内容である情報を、定時社員総会の終結の日後5年間（5年間継続であることについて留意する必要がある。）を経過する日までの間、継続して電磁的方法により開示する措置をとることができ、この場合には、①又は②の方法による貸借対照表又はその要旨の公告をする必要はないとされている（法人法128条3項）。ただし、この場合には、電磁

的開示のためのURL（ウェブページのアドレス）を設定し、その登記をしなければならない（法人法301条2項15号）。これを変更又は廃止した場合も同様である。

　ところで、電磁的開示制度の採用及びそのURLの決定、変更又は廃止は、一般社団法人の業務執行として代表理事が行うことになる（株式会社について、松井信憲『商業登記ハンドブック』第4版222頁参照）。

　なお、公告の方法を電子公告の方法とする一般社団法人は、電磁的開示制度を採用することはできないが、貸借対照表の公告のためのURLを別に定めることは差し支えないとされている（松井・前掲書222頁参照）。

4　役員等の法人に対する責任の免除に関する規定設定上の留意点

　理事が2人以上ある監事設置一般社団法人は、法人法111条1項の役員等（理事、監事又は会計監査人をいう。）の一般社団法人に対する損害賠償責任について、役員等が職務を行うにつき善意でかつ重大な過失がない場合において、特に必要と認めるときは、一定の最低責任限度額を控除して得た額を限度として理事（当該責任を負う理事を除く。）の過半数の同意（理事会設置一般社団法人にあっては、理事会の決議）によって免除することができる旨を定款で定めることができるとされている（法人法114条1項）。そこで、この定めを設ける場合には、前記2の定款変更の手続に従うことになるが、その運用等について、次の点に留意する必要がある。

⑴　定款を変更して理事の責任の免除の定めを設ける議案を社員総会に提出する場合、定款の定めに基づく理事の責任の免除についての理事の同意を得る場合及び当該責任の免除に関する議案を理事会に提出する場合には、監事（監事が2人以上ある場合にあっては、各監事）の同意を得なければならない（法人法114条2項、113条3項）。

⑵　定款の定めに基づいて役員等の責任を免除する旨の同意（理事会設置一般社団法人にあっては、理事会の決議）を行ったときは、理事は、遅滞なく、法人法113条2項各号に掲げる事項及び責任を免除することに異議がある場合には一定の期間内に当該異議を述べるべき旨を社員に通知しなければならない。ただし、当該期間は、1か月を下ることができ

ない（法人法114条3項）。

(3) 総社員（損害賠償責任を負う役員等を除く。）の議決権の10分の1（これを下回る割合を定款に定めた場合にあっては、その割合）以上の議決権を有する社員が(2)の一定の期間内に異議を述べたときは、定款の定めに基づく免除をすることはできない（法人法114条4項）。

5 非業務執行理事等の法人に対する責任の限度に関する規定設定上の留意点

一般社団法人は、法人法111条1項に規定する非業務執行理事等の一般社団法人に対する損害賠償責任について、非業務執行理事等が職務を行うにつき善意でかつ重大な過失がないときは、定款で定めた額の範囲内であらかじめ一般社団法人が定めた額と最低責任限度額とのいずれか高い額を限度とする旨の契約を非業務執行理事等と締結することができる旨を定款で定めることができるとされている（法人法115条1項）。そこで、この定めを設ける場合には、前記2の定款変更の手続に従うことになるが、その運用等について、次の点に留意する必要がある。

(1) この契約を締結した非業務執行理事等が当該一般社団法人の業務執行理事又は使用人に就任したときは、当該契約は、将来に向かってその効力を失う（法人法115条2項）。

(2) 非業務執行理事等が負う責任の限度に関する契約の締結についての定款の定めの設定の議案を社員総会に提出する場合、監事（監事が2人以上ある場合にあっては、各監事）の同意を得なければならない（法人法115条3項、113条3項）。

(3) 一般社団法人が、契約を締結した外部役員等が任務を怠ったことにより損害を受けたことを知ったときは、その後最初に招集される社員総会において、所定の事項を報告しなければならない（法人法115条4項）。

第2 登記申請手続

1 申請人

前記変更の登記の申請人は、いずれも当該一般社団法人であるが、具体的

には当該一般社団法人を代表すべき代表理事が当該一般社団法人を代表して申請する。

2　申請期間

前記変更の登記は、主たる事務所の所在地において2週間以内に申請しなければならない（法人法303条）。

3　登記の事由

登記の事由は、次のとおりである。

(1) 名称の変更の登記の場合

　　登記の事由は「名称変更」である。

(2) 目的の変更の登記の場合

　　登記の事由は「目的変更」である。

(3) 存続期間又は解散の事由の設定、変更又は廃止による変更の登記の場合

　① 存続期間の設定、変更又は廃止による変更の登記の登記の事由は、「存続期間の設定」、「存続期間の変更」又は「存続期間の廃止」である。

　② 解散の事由の設定、変更又は廃止による変更の登記の登記の事由は、「解散の事由の設定」、「解散の事由の変更」又は「解散の事由の廃止」である。

(4) 公告方法の変更の登記の場合

　　登記の事由は、「公告方法の変更」である。

(5) 貸借対照表の電磁的開示のためのＵＲＬの設定、変更又は廃止による変更の登記

　　登記の事由は、「貸借対照表に係る情報の提供を受けるために必要な事項の決定」、「貸借対照表に係る情報の提供を受けるために必要な事項の変更」又は「貸借対照表に係る情報の提供を受けるために必要な事項の廃止」である。

(6) 役員等の法人に対する責任の免除についての定款の定めの設定又は廃止による変更の登記

登記の事由は、「役員等の法人に対する責任の免除についての定めの設定」又は「役員等の法人に対する責任の免除についての定めの廃止」である。
(7) 非業務執行理事等が法人に対して負う責任の限度に関する契約の締結についての定款の定めの設定又は廃止による変更の登記

登記の事由は、「非業務執行理事等の法人に対する責任の限度に関する規定の設定」及び「理事及び監事の変更」又は「非業務執行理事等の法人に対する責任の限度に関する規定の廃止」及び「理事及び監事の変更」である。

4 登記すべき事項

登記すべき事項は、次のとおりである。
(1) 名称の変更の登記の場合

登記すべき事項は、「変更後の名称及び変更の年月日」である。
(2) 目的の変更の登記の場合

登記すべき事項は、「変更後の目的及び変更の年月日」である。
(3) 存続期間又は解散の事由の設定、変更又は廃止による変更の登記の場合

① 存続期間の設定の登記の登記すべき事項は、「存続期間及び設定の年月日」、存続期間の変更の登記の登記すべき事項は、「変更後の存続期間及び変更の年月日」、存続期間の定めの廃止の登記の登記すべき事項は、「存続期間を廃止した旨及びその年月日」である。

② 解散の事由の設定、変更又は廃止による変更の登記の登記のすべき事項は、「解散の事由及びその設定の年月日」、解散の事由の変更の登記の登記すべき事項は、「変更後の解散の事由及び変更の年月日」、解散の事由の廃止による変更の登記の登記すべき事項は、「解散の事由の定めを廃止した旨及びその年月日」である。

(4) 公告方法の変更の登記の場合

登記すべき事項は、「変更後の公告方法及び変更の年月日」である。
(5) 貸借対照表の電磁的開示のためのＵＲＬの設定、変更又は廃止による

変更の登記

　電磁的開示のためのＵＲＬの設定の場合の登記すべき事項は、「貸借対照表の電磁的開示のためのＵＲＬ（ウェブページのアドレス）及び変更の年月日」、ＵＲＬ変更の場合の登記すべき事項は、「変更後のＵＲＬ及び変更の年月日」、貸借対照表に係る情報の提供を受けるために必要な事項を廃止した場合の登記すべき事項は、「廃止の年月日」である。

(6) 役員等の責任の免除についての定款の定めの設定又は廃止による変更の登記

　登記すべき事項は、「役員等の責任の免除についての定め及びこれを定めた年月日」又は「役員等の責任の免除についての定めを廃止した旨及び廃止の年月日」である。

(7) 非業務執行理事等が負う責任の限度に関する契約の締結についての定款の定めの設定又は廃止による変更の登記

　登記すべき事項は、「非業務執行理事等の法人に対する責任の限度に関する定款の定め及び変更の年月日」又は「非業務執行理事等の法人に対する責任の限度に関する定めを廃止した旨及びその年月日」である。

　なお、定款の定め方は、次のとおりである。

　　「当法人は、一般社団法人及び一般財団法人に関する法律第115条の規定により、理事（業務執行理事又は当法人の使用人でないものに限る。）との間に、同法第111条の行為による賠償責任を限定する契約を締結することができる。ただし、当該契約に基づく賠償責任の限度額は、何万円以上であらかじめ定めた金額又は法令が規定する額のいずれか高い額とする。」

5　添付書面

　添付書面は、社員総会議事録及び代理人によって申請する場合の委任状である（法人法317条2項・3項、330条、商登法18条）が、貸借対照表の電磁的開示のためのＵＲＬの設定、変更又は廃止の登記の場合には、委任状にその旨記載すればよい（松井信憲・前掲書223頁以下参照）。

6　登録免許税

主たる事務所の所在地において申請する場合の登録免許税は、申請１件につき３万円である（登免税法別表第一第24号㈠ツ）。

第６節　解散及び清算人の登記

第１　実体上の手続

１　解散の事由

一般社団法人は、次の事由によって解散する（法人法148条）。
⑴　定款で定めた存続期間の満了
⑵　定款で定めた解散の事由の発生
⑶　社員総会の決議
⑷　社員が欠けたとき
　　社員が１人もいなくなることである。
⑸　合併（合併により当該一般社団法人が消滅する場合に限る。）
⑹　破産手続開始の決定
⑺　法人法261条１項又は268条の規定による解散を命ずる裁判
⑻　休眠一般社団法人のみなし解散
　　最後の登記後５年を経過した一般社団法人については、法務大臣が当該一般社団法人に対し２か月以内に主たる事務所の所在地を管轄する登記所に事業を廃止していない旨の届出をすべき旨を官報に公告し、当該一般社団法人がその公告の日から２か月以内に届出をしないとき（当該期間内に登記がされたときを除く。）は、その期間満了の時に解散したものとみなされる（法人法149条）。なお、解散の登記は、登記官が職権でする（法人法330条、商登法72条）。

２　社員総会の決議による解散の手続

解散事由で最も多いのは、他の法人の解散の状況から判断して、社員総会の決議による解散と思われるので、本書では、社員総会の決議による解散の

手続について解説する。

(1) 社員総会の招集

一般社団法人が解散の決議をするには、まず、理事（理事会設置一般社団法人においては、理事会）が、①社員総会の日時及び場所、②社員総会の目的である事項（議題及び議案）、③社員総会に出席しない社員が書面によって議決権を行使することができることとするときは、その旨、④社員総会に出席しない社員が電磁的方法によって議決権を行使することができることとするときは、その旨、⑤以上のほか、法務省令で定める事項（法人法施行規則4条）を定めて（法人法38条）、社員総会の日の1週間（理事会設置一般社団法人以外の一般社団法人において、これを下回る期間を定款に定めた場合にあっては、その期間）前までに、社員に対してその通知を発しなければならない（法人法39条1項本文）。ただし、社員全員の同意があるときは、招集の手続を経ないで開催することができる（法人法40条）。

(2) 解散の決議

解散の決議は、社員総会の特別決議とされている（法人法49条2項6号）。したがって、①総社員の半数以上であって、②総社員の議決権の3分の2（これを上回る割合を定款で定めている場合にあっては、その割合）以上に当たる多数をもって行わなければならない（法人法49条2項柱書き）。

3　清算一般社団法人の機関

清算をする一般社団法人（以下「清算一般社団法人」という。）は、機関として、社員総会及び1人以上の清算人のほか、定款の定めによって、清算人会又は監事をおくことができる（法人法208条1項、2項）ほか、解散時に大規模一般社団法人であった清算一般社団法人は監事を置かなければならない（法人法208条3項）。なお、清算一般社団法人については、解散前の一般社団法人に関するその余の機関に関する規律の適用はない（法人法208条4項）。

4　清算人及び代表清算人

(1) 清算人

次に掲げる者は、次の順序で清算一般社団法人の清算人になる（法人法

209条)。
① 定款で定めた者
② 社員総会の決議によって選任された者
③ 理事
④ 裁判所が選任した者

(2) 代表清算人

清算一般社団法人においては、次に掲げる者が代表清算人になる（法人法214条、220条3項）。

① 清算人は、他に代表清算人その他法人を代表する者を定めない限り、清算法人を代表し、代表清算人となる（法人法214条1項）。
② ①の場合において、清算人が2人以上ある場合には、清算人は各自法人を代表し、代表清算人となる（法人法214条2項）。
③ 定款、定款の定めに基づく清算人（裁判所の選任した者を除く。）の互選又は社員総会の決議によって、清算人の中から定められた者が代表清算人となる。
④ 理事が清算人になる場合において、代表理事を定めていたときは、当該代表理事が代表清算人になる。
⑤ 裁判所が清算人を選任する場合において、その清算人の中から裁判所が代表清算人を定めたときは、その者が代表清算人になる。
⑥ 清算人会設置清算一般社団法人において、他に代表清算人がない場合は、清算人会が選定した者が代表清算人になる。

第2　登記申請手続

1　申請人

解散の登記の申請人は、解散した一般社団法人であるが、具体的には当該一般社団法人を代表すべき清算人が当該清算一般社団法人を代表して申請する。なお、解散の登記と清算人及び代表清算人の登記は、一括又は同時申請は義務づけられていないが、一括又は同時に申請するのが通例であろう。

2　申請期間

　解散の登記及び清算人及び代表清算人の登記は、主たる事務所の所在地において2週間以内に申請しなければならない（法人法308条1項、310条1項・2項）。

3　登記の事由

　解散の登記の登記の事由は、「社員総会の決議による解散」、「存立期間の満了による解散」、「社員が欠けたことによる解散」等であり、清算人及び代表清算人の登記の登記の事由は「清算人及び代表清算人の就任、清算人会設置法人の定めを設定する場合は、その旨」である。

4　登記すべき事項

　解散の登記の登記すべき事項は、「解散の旨並びにその事由及び年月日」であり、清算人及び代表清算人の登記の登記すべき事項は「清算人の氏名、代表清算人の氏名及び住所及び清算人会設置法人であるときは、その旨」である。

　なお、登記官は、解散の登記をしたときは、職権で、次に掲げる登記を抹消する記号を記録しなければならないとされている（一般法登規3条、商登規72条1項）。

(1) 理事会設置一般社団法人である旨の登記並びに理事及び代表理事に関する登記

(2) 会計監査人設置一般社団法人である旨の登記及び会計監査人に関する登記

5　添付書面

　解散の登記及び清算人及び代表清算人の登記の申請書には、次の書面を添付しなければならない。なお、社員が欠けたことによって解散した場合は、解散の事由を証する書面の添付を要しないと解するのが法務当局の見解である。

(1) 定款で定めた解散の事由の発生による解散の場合には、当該事由の発生を証する書面（法人法324条1項）

(2) 社員総会の決議による解散の場合は、社員総会議事録（法人法317条

2項）
(3) 定款（法人法326条1項）
(4) 清算人の選任を証する書面

　①定款に定めたときは定款、②社員総会の決議によって定めたときは社員総会の議事録（法人法317条2項）、③裁判所が選任したときは選任決定書（法人法326条3項）を添付する。なお、理事が清算人になる法定清算人の場合は、清算人の選任を証する書面を添付する必要はない。

(5) 清算人の中から代表清算人を定めたときは、その選定を証する書面

　①定款に定めたときは定款、②定款の定めに基づく清算人の互選によって定めたときは、定款及び互選書、③社員総会の決議によって定めたときは社員総会の議事録、④清算人会で選定したときは清算人会議事録である（法人法317条2項）。なお、代表理事が法定代表清算人になる場合は、代表清算人の選定を証する書面を添付する必要はない。

(6) 清算人及び代表清算人が就任の承諾をしたことを証する書面
　① 裁判所が清算人を選任した場合及び法定清算人の場合には、就任の承諾をしたことを証する書面の添付を要しない。
　② 代表理事が法定代表清算人になる場合、定款に代表清算人を定めた場合、社員総会の決議によって代表清算人を定めた場合、裁判所が代表清算人を選任した場合は、就任の承諾をしたことを証する書面の添付を要しない。

6　登録免許税

(1) 主たる事務所の所在地における解散の登記の登録免許税額は、申請1件につき3万円である（登免税法別表第一第24号㈠レ）。
(2) 主たる事務所の所在地における清算人及び代表清算人の登記の登録免許税額は、申請1件につき9,000円である（登免税法別表第一第24号㈢イ）。

第7節　継続の登記

第1　実体上の手続

　一般社団法人は、①定款で定めた存続期間の満了、②定款で定めた解散の事由の発生及び、③社員総会の決議によって解散した場合（法人法149条による休眠一般社団法人のみなし解散を含む。）には、清算が結了するまで（休眠一般社団法人のみなし解散の場合にあっては、解散したものとみなされた後3年以内に限る。）、社員総会の特別決議によって、一般社団法人を継続することができる（法人法150条、49条2項6号）。

第2　登記申請手続

1　申請人

　継続の登記の申請人は、継続した一般社団法人であるが、具体的には当該一般社団法人を代表すべき代表理事が当該一般社団法人を代表して申請する。

2　申請期間

　一般社団法人が継続したときは、主たる事務所の所在地において2週間以内に継続の登記を申請しなければならない（法人法309条）。

3　登記の事由

　継続の登記の登記の事由は、「一般社団法人の継続」、「理事及び代表理事の変更」等であるが、その他継続後の機関設計に対応して、「理事会設置一般社団法人の定めの設定」、「監事設置一般社団法人の定めの設定」等が追加される。なお、定款で定めた存続期間、解散の事由を変更し、又は廃止したときは、その記載も必要である。

4　登記すべき事項

　継続の登記の登記すべき事項は、「継続の旨及びその年月日」であるが、一般社団法人を継続する場合には、継続後の機関設計に対応した機関を置き、理事及び代表理事等の登記も申請しなければならない。なお、定款で定

めた存続期間の満了又は定款で定めた解散の事由に該当して解散した場合は、その変更又は廃止も必要であるので、その登記の申請をしなければならない。

5 添付書面

継続の登記の申請書には、継続の決議をした社員総会議事録を添付するほか、機関設計等登記すべき事項に対応した書面の添付が必要である。

6 登録免許税

主たる事務所の所在地における継続の登記の登録免許税額は、申請1件につき3万円である（登免税法別表第一第24号㈠ソ）。なお、そのほかに、定款で定めた存続期間又は解散の事由の変更又は廃止の登記、機関設計に対応した登記の登録免許税の納付が必要である。

7 印鑑の提出

代表理事は、印鑑を提出しなければならない（一般法登規3条、商登規9条、35条の2）。

第8節 清算結了の登記

1 登記期間

清算が結了したときは、清算一般社団法人は、社員総会における決算報告承認の日から、主たる事務所の所在地において2週間以内に清算結了の登記を申請しなければならない（法人法311条）。

2 登記の事由及び登記すべき事項

清算結了登記の登記の事由は、「清算結了」であり、登記すべき事項は、「清算が結了した旨及びその年月日」である。なお、清算人の就任後2か月以内の清算結了登記の申請は、受理されない（法人法233条、昭和33年3月18日民事甲第572号民事局長心得通達参照）。

3 添付書面

主たる事務所の所在地における清算結了登記の添付書面は、決算報告の承認があったことを証する社員総会の議事録及び代理人によって申請する場合

の委任状である（法人法328条、240条3項、330条、商登法18条、法人法施行規則74条）。なお、社員が欠けたことによって解散した一般社団法人の清算結了登記の申請書には、決算報告の承認があったことを証する書面として、代表清算人の作成した決算報告書を添付すればよい。

4　登録免許税

　清算結了登記の登録免許税額は、申請1件につき2,000円である（登免税法別表第一第24号㈢ハ）。

第2章　一般財団法人の登記

第1節　総　論

1　一般財団法人の意義及び特色

　一般財団法人は、一定の目的のために結合された一団の財産に対して法人格が付与されたものであり（新公益法人制度研究会『一問一答　公益法人関連三法』15頁）、その特色は、以下のとおりである。

(1)　一般財団法人の設立には、官庁の許認可は不要である。

(2)　一般財団法人には、監督官庁がない。

(3)　一般財団法人の設立に際して設立者が拠出する財産の合計額は、300万円を下回ってはならない（法人法153条2項）。なお、貸借対照表上の純資産額が2期連続して300万円未満となった場合には、最終の事業年度に関する定時評議員会の終結の時に解散することになる（法人法202条2項）。

(4)　一般財団法人の行う事業に制限はない。

(5)　一般財団法人は遺言によって設立することができる（法人法152条2項）。

(6)　設立者は1人以上いればよい。なお、設立後は、設立者が死亡又は解散しても一般財団法人の解散事由にはならない（法人法202条参照）。

(7)　商人に該当する一般財団法人には、商法の規定が商法11条から15条まで及び19条から24条までを除いて適用される（法人法9条）。したがって、例えば、事業譲渡の当事者のうち、譲渡人が商人（商人である一般財団法人等を含む。）であり、譲受人が商人である一般財団法人である場合には、「名称譲渡人の債務に関する免責の登記」をすることができる（商法17条2項、4条、会社法24条1項、吉野太人「登記情報」563号8頁参照）。

(8)　一般財団法人に必要な機関は、評議員（3人以上）、評議員会、理事

(3人以上)、理事会及び監事(1人以上)であり(法人法170条1項、173条3項、177条、65条3項)、定款の定めによって会計監査人を置くことができる(法人法170条2項)。一般社団法人よりも、義務的設置機関が多く、役員等が最低限7人は必要である。

(9) 設立者に剰余金又は残余財産の分配を受ける権利を与える旨の定款の定めは、効力を有しない(法人法153条3項2号)。

(10) 一般財団法人は、理事・監事等に役員報酬等を支払うことができる。

(11) 一般財団法人は、定款の認証、財産の拠出の履行と登記によって成立する(準則主義)。

(12) 公益認定基準(認定法5条)に適合し、欠格事由(認定法6条)に該当しない一般財団法人は、行政庁(内閣総理大臣または都道府県知事)の「公益認定」を受けて「公益財団法人」になることができる(認定法2条2号、3条、4条)。

2 一般財団法人と非営利型法人(税法上優遇措置のある法人)

改正法人税法は、一般財団法人制度の創設に伴い法人の類型として「非営利型法人」を設けた(法人税法2条9号の2)。非営利型法人の要件については、一般社団法人の場合と同様である。

3 一般財団法人の利用に適した事業

一般財団法人を設立するには、一般社団法人の場合と異なり、財産の拠出が必要である(法人法153条1項5号)。一般財団法人においては、一定の目的のために拠出された一団の財産に対して法人格が付与されるわけであるから、その財産の価額は、一般財団法人の目的を達成するために必要な額でなければならない。この額が、あまり高額だと一般財団法人制度の利用が困難になり、またあまりに低額であると一般財団法人制度の濫用に繋がるおそれがあるところから、300万円という額になったものと思われるが、前述したように、2期連続して貸借対照表上の純資産額が300万円未満になると法定解散事由になることに留意する必要がある(法人法202条2項)。しかも、一般財団法人の場合は、一般社団法人の場合と異なり、必ず設置しなければならない機関が、評議員、評議員会、理事、理事会及び監事と多く、役員だけ

でも最低7人必要になるところから、一般論としては、一般財団法人は資産の額がかなり大きな法人を設立する場合に適した制度といえよう。ただし、次に述べるボランティア活動として行う事業、公益目的事業及び地域の振興を図る事業の場合には、事業の種類によっては、人的資源さえ豊富であれば、財産の額の多寡はあまり問題にならないといえよう。

次に、参考までに、一般財団法人に適していると思われる事業を例示してみよう。

(1) ソーシャルビジネス（社会的事業）

ソーシャルビジネスとは、環境、福祉、健康、少子高齢化、障害者の自立支援、教育、食の安全等社会が抱えるさまざまな課題を解決するための有料の事業をいう。この事業は、当然のことながら、一般財団法人の事業にも適したものといえる。

なお、認定法2条4号の別表に掲げる次の公益目的事業[※]を、有料で行う場合は、ソーシャルビジネスに該当すると思われるが、この事業の対象を不特定多数の者ではなく、特定の者を対象に行う場合も、一般財団法人・一般社団法人の事業に適したものといえよう。

※　**公益目的事業**……①学術及び科学技術の振興、②文化及び芸術の振興、③障害者若しくは生活困窮者又は事故、災害若しくは犯罪による被害者の支援、④高齢者の福祉の増進、⑤就労の支援、⑥公衆衛生の向上、⑦児童又は青少年の健全な育成、⑧勤労者の福祉の向上、⑨教育、スポーツ等を通じて国民の心身の健全な発展に寄与し又は豊かな人間性の涵養、⑩犯罪の防止又は治安の維持、⑪事故又は災害の防止、⑫人種、性別その他の事由による不当な差別又は偏見の防止及び根絶、⑬思想及び良心の自由、信教の自由又は表現の自由の尊重又は擁護、⑭男女共同参画社会の形成その他より良い社会の形成の推進、⑮国際総合理解の促進及び開発途上にある海外の地域に対する経済協力、⑯地球環境の保全又は自然環境の保護及び整備、⑰国土の利用、整備又は保全、⑱国政の健全な運営の確保に資すること、⑲地域社会の健全な発展、⑳公正かつ自由な経済活動の機会の確保及び促進並びにその活性化による国民

生活の安定向上、㉑国民生活に不可欠な物資、エネルギー等の安定供給の確保、㉒一般消費者の利益の擁護又は増進（別表23号は、「前各号に掲げるもののほか、公益に関する事業として政令で定めるもの」と規定しているが、政令は制定されていない。）

(2) ボランティア活動として行う事業

ＮＰＯよりも簡易に設立でき、要件を満たせば税法上の恩典もあるのでボランティア活動として行う事業でもよい。

(3) 公益目的事業

学術、技芸、慈善その他認定法2条4号の別表に掲げる前述の公益目的事業で、不特定かつ多数の者の利益の増進に寄与することを目的とする事業である。この事業を営む法人は、ある意味では、将来、公益財団法人になることを目的とすることになろう。

(4) 地域の振興を図る事業

村おこし、町おこし、商店街等の地域の振興を図る事業である。

第2節　一般財団法人の設立の登記

第1　実体上の設立手続

1　一般財団法人設立手続の流れ

一般財団法人の設立手続の流れは、次のとおりである。

①設立者（又は遺言執行者）による定款の作成（法人法152条・153条）⇨②公証人による定款の認証（法人法155条）⇨　③財産の拠出の履行（法人法157条・158条）⇨　④設立時評議員、設立時理事、設立時監事又は設立時会計監査人の選任（法人法159条）⇨　⑤設立者による主たる事務所の所在場所の決定⇨　⑥設立時理事及び設立時監事による財産の拠出が完了していること及び設立手続が法令又は定款に違反していないことの調査（設立手続が法令若しくは定款に違反し、又は不当な事項があると認めるときは、設立者に対するその旨の通知）（法人法161条）⇨　⑦設立時理事による設立時代

表理事の選定（法人法162条）⇨ ⑧設立登記の申請

なお、④及び⑦については、定款に定めることも可能と解されている。

2 設立者

設立者は1人以上いればよく（法人法152条1項参照）、自然人でも法人でもまた権利能力なき社団・財団でもよい。ただし、法人の場合には、その設立根拠法で子法人の設立者となることが禁じられている場合は、この限りでない。

なお、一般財団法人の設立に関する事務は、原則として、設立者が行う（杉浦直紀・希代浩正『一般社団・財団法人の登記実務』94頁）。

3 機関設計

一般財団法人の設立時に必要な機関は、評議員（3人以上）、評議員会、理事（3人以上）、理事会及び監事（1人以上）であり（法人法170条1項、173条3項。177条において準用する65条3項）、定款の定めによって会計監査人を置くことができる（法人法170条2項）。

なお、大規模一般財団法人（法人法2条3号）は会計監査人を置かなければならない（法人法171条）が、この場合も定款に会計監査人を置く旨を定めなければならない（法人法170条2項）。

ところで、一般財団法人の場合は、機関設計の態様は、次の2通りしかないが、一般社団法人よりも必ず設置しなければならない機関が多く、そのために役員等が最低限7人は必要となるので、一般財団法人の設立に際しては留意する必要がある。

（機関設計）

(1) 評議員＋評議員会＋理事＋理事会（代表理事）＋監事

(2) 評議員＋評議員会＋理事＋理事会（代表理事）＋監事＋会計監査人

なお、監事には、一般社団法人と同様業務監査権があることに留意する必要がある（法人法197条による99条の準用）。

4 定款の作成

(1) 定款のあり方

法人法は、一般財団法人の組織と活動に関する根本規則及びこれらの内容

を記載した書面又は電磁的記録を一般社団法人と同様「定款」と称することにした（法人法152条1項参照）。なお、旧民法34条の規定により設立された財団法人（特例財団法人）については、法人法施行前は、定款ではなく「寄附行為」と称していたが、整備法は、特例財団法人（特例財団法人については、第2編第1章第2節「特例民法法人（旧民法34条の法人）の取扱い」参照）の寄附行為についても、定款とみなすことにした（整備法40条2項）。

　ところで、定款の作成に際して問題となるのが、いわゆる「定款のあり方」である。筆者は、法人の設立者や評議員は、極く例外的な場合を除き法律の専門家ではないと考えるので、定款をみれば、その法人の組織・運営・管理に関する大体の事項が理解できるように、たとえ法人法に規定している事項（たとえば、評議員会の決議の省略、評議員、理事及び監事の任期等）であっても、これを関係者に周知するために定款に定めるべきと考える。

(2) **定款作成の手順**

　定款は、設立者（設立者が2人以上あるときは、その全員）が作成し、これに署名又は記名押印しなければならない（法人法152条1項）。なお、設立者は、遺言で、定款の絶対的記載事項（必要的記載事項ともいう。）、相対的記載事項及び任意的記載事項を定めて一般財団法人を設立する意思を表示することができるが、この場合においては、遺言執行者は、当該遺言の効力が生じた後、遅滞なく、当該遺言で定めた事項を記載した定款を作成し、これに署名し、又は記名押印しなければならない（法人法152条2項）。以上、いずれの場合も、電子定款の作成が可能であり、この場合は、電子署名をすることになるが、書面としての定款であっても、収入印紙の貼付は要しないので、設立費用的には、電子定款を作成するメリットはない。

　ところで、定款作成の手順は、次のとおりである。

　①目的としての事業の決定⇨　②拠出する財産及びその価額の決定⇨　③設立後すみやかに公益認定を受けるか否かの決定⇨　④税法上の優遇措置を受けるように（非営利型法人）するか否かの決定⇨　⑤名称の決定⇨　⑥会計監査人を置くか否かの決定⇨　⑦役員を定款に定めるか否かの決定⇨　⑧相対的記載事項・任意的記載事項のうちどの事項を規定するかの検討⇨　⑨

書面又は電磁的記録としての定款の作成⇨　⑩設立者の署名又は記名押印

(3) 定款作成上の留意事項

　定款に用いている用語、名称が法人法の用語、名称と異なる場合は、必ずその関連づけを記載する必要がある。例えば、代表権を有する者を「理事長」と称している場合は、「理事長は、法人法上の代表理事とする。」というような定めである。

(4) 定款の絶対的記載事項

　定款に必ず記載しなければならない絶対的記載事項は、次のとおりである（法人法153条1項）。

　① 　目　　的

「目的」及び目的を達成するために営む「事業」を記載するが、目的と事業を分けて、異なる条文に記載する事例が多い。

　② 　名　　称

　一般財団法人という文字を用いなければならない（法人法5条1項）が、その位置について制限はない。

　③ 　主たる事務所の所在地

　会社の場合と同様、最小行政区画（市町村。ただし、東京23区の場合は区）まで記載すればよい。

　④ 　設立者の氏名又は名称及び住所
　⑤ 　設立に際して設立者が拠出をする財産及びその価額

　設立者が拠出する財産が特定できるように具体的に記載する必要がある。設立者が2人以上あるときは、設立者全員について誰が何をどれだけ拠出するかについて明確に記載しなければならない（新公益法人制度研究会・前掲書109頁）。

　なお、財産の価額の合計額は、300万円を下回ることはできない（法人法153条2項）。2期連続して貸借対照表上の純資産額が300万円未満となった場合は、翌事業年度に関する定時評議員会の終結の時に法定解散することになる（法人法202条2項）ので、留意する必要がある。

　⑥ 　設立時評議員、設立時理事及び設立時監事の選任に関する事項

「設立時評議員」、「設立時理事」及び「設立時監事」とは、設立に際して、それぞれ評議員、理事及び監事になる者をいう。これらの者は、定款で直接定めるのが原則であるが、定款で定めなかったときは、財産の拠出の履行が完了した後、遅滞なく、定款で定める選任の方法により、これらの者を選任することになる（法人法153条1項6号、159条1項、新公益法人制度研究会・前掲書109頁）。

定款で定める選任方法としては、次のような方法が考えられる。

ア 設立時評議員の場合
(ア) 定款の定めに基づき、設立時評議員選任のための任意の機関を設け、そこで選任する方法
(イ) 定款の定めに基づき、外部の特定の者に選任を委ねる方法
(ウ) 定款で設立時評議員を直接定める方法

イ 設立時理事又は設立時監事の場合
(ア) 定款の定めに基づき、設立時評議員の過半数をもってする決定により選任する方法
(イ) 定款の定めに基づき、設立者の全員をもってする決定により選任する方法
(ウ) 定款で設立時理事又は監事を直接定める方法

なお、設立時評議員及び設立時理事は、それぞれ3人以上でなければならない（法人法160条1項）。

また、評議員、理事及び監事については、それぞれ欠格事由が定められていることに留意する必要がある（法人法160条、173条1項において準用する65条1項、177条において準用する65条1項、68条1項・3項）。

⑦ 会計監査人設置一般財団法人であるときは、設立時会計監査人の選任に関する事項

会計監査人設置一般財団法人とは、定款の定めにより会計監査人を置く一般財団法人又は法人法の規定により会計監査人を置かなければならない一般財団法人をいう。設立時会計監査人は定款に定めるのが原則である（法人法159条2項）が、定款で定めなかったときは、財産の拠出の履行が完了した

後、遅滞なく、定款で定める選任の方法により、設立時会計監査人を選任することになる（法人法153条１項７号、159条２項）。

定款で定める選任の方法としては、次の方法が考えられる。

　　ア　定款の定めに基づき、設立時評議員の過半数をもってする決定により選任する方法
　　イ　定款の定めに基づき、設立者の全員をもってする決定により選任する方法

なお、会計監査人は、１人でもよいが、公認会計士又は監査法人でなければならない（法人法160条２項において準用する68条１項）。

また、会計監査人についても欠格事由が定められている（法人法160条２項において準用する68条３項）。

⑧　評議員の選任及び解任の方法

評議員は、評議員会を組織する一般財団法人の機関であり（法人法170条１項）、一般財団法人と評議員との関係は、委任に関する規定に従うとされている（法人法172条１項）が、評議員については、資格制限があり（法人法173条において準用する65条１項）、一般財団法人又はその子法人の理事、監事又は使用人を兼ねることができず、その員数も３人以上とされている（法人法173条２項・３項）ので留意する必要がある。

ところで、定款で定める評議員の選任及び解任の方法としては、次の方法が考えられる。

　　ア　評議委員会の決議によって選任又は解任する方法
　　イ　評議員の選任のための特定の機関の決定によって選任又は解任する方法
　　ウ　外部の特定の者の決定によって選任又は解任する方法

なお、理事又は理事会が評議員を選任し、又は解任する旨の定款の定めは、その効力を有しないとされている（法人法153条３項１号）。アの選任法についても、公益認定を担当する内閣府の公益認定等委員会は消極的見解を示している（「移行認定又は移行認可の申請に当たって定款の変更の案を作成するに際し特に留意すべき事項について」16頁以下参照）。

⑨　公告方法

㋐官報、㋑時事に関する事項を掲載する日刊新聞紙、㋒電子公告のほか、㋓主たる事務所の公衆の見やすい場所に掲示する方法（「主たる事務所の掲示場に掲示してする」）でもよい（法人法331条1項4号、法人法施行規則88条1項）が、㋓については、本当に「公衆の見やすい場所」かどうかに注意するとともに、この方法の場合、例えば「貸借対照表」の掲示が1年に及ぶこと（法人法施行規則88条2項1号）も要注意である。

⑩　事業年度

会社の場合は、事業年度は、任意的記載事項であるが、一般財団法人の場合は、必要的記載事項とされているので、登記官の審査が及ぶ（事業年度の記載に瑕疵がある場合には却下事由に該当する。）ことに留意する必要がある。

なお、事業年度は1年を超えることができないが、事業年度の末日を変更する場合における変更後の最初の事業年度については、1年6か月を超えることができないとされている（法人法施行規則29条1項）。

(5)　**相対的記載事項**

相対的記載事項（法人法154条）の主なものは、次のとおりであるが、これらの事項は定款に記載しないと効力を生じないので、法人の規模等をベースに充分検討し、必要な事項は必ず記載したほうがよい。

①　会計監査人を置く旨の定め（法人法170条2項）

②　評議員の任期を選任後6年以内に終了する事業年度のうち最終のものに関する定時評議員会の終結の時まで伸長する旨の定め（法人法174条1項)

③　補欠選任評議員の任期を前任者の残り任期とする定め（法人法174条2項）

④　評議員会の招集通知期間短縮に関する定め（法人法182条1項）

⑤　評議員提案権に関する定め（法人法184条～186条）

⑥　評議員会の定足数、決議要件等の過重の定め（法人法189条1項・2項）

⑦　代表理事の理事会に対する職務の執行の状況の報告の時期・回数に関する定め（法人法197条において準用する91条2項）

　⑧　理事会の招集手続の期間の短縮に関する定め（法人法197条において準用する94条1項）

　⑨　理事会の定足数又は決議要件に関する別段の定め（法人法197条において準用する95条1項）

　⑩　理事会議事録に署名又は記名押印する者を理事会に出席した代表理事とする定め（法人法197条において準用する95条3項）

　⑪　理事会の決議の省略に関する定め（法人法197条において準用する96条）

　⑫　理事等による責任の免除に関する定め（法人法198条において準用する114条1項）

　⑬　非業務執行理事等と責任限定契約を締結することができる旨の定め（法人法198条において準用する115条1項）

　⑭　存続期間又は解散の事由の定め（法人法202条1項1号・2号）

　⑮　清算人会を置く旨の定め（法人法208条2項）

(6)　**任意的記載事項**

　定款に記載するか否か設立者の任意とされている任意的記載事項（法人法154条）の主なものは、次のとおりである。

　①　定時評議員会の招集時期（法人法179条1項参照）

　②　評議員会の議長

　③　役員等の員数

　④　理事の報酬（法人法197条において準用する89条）

　⑤　監事の報酬（法人法197条において準用する105条1項）

　⑥　清算人（法人法209条1項2号）

　⑦　残余財産の帰属（法人法239条1項）

(7)　**非営利型法人にするための定款の記載事項**

　ア　非営利性徹底型一般財団法人の場合

　この一般財団法人の場合は、次の事項は必ず定款に定めなければならない

(法人税法2条9号の2イ、法人税法施行令3条1項)。
　① その定款に剰余金の分配を行なわない旨の定めがあること。
　② その定款に解散したときはその残余財産が国若しくは地方公共団体又は次に掲げる法人に帰属する旨の定めがあること。
　　(イ) 公益社団法人又は公益財団法人
　　(ロ) 認定法5条17号イからトまで（公益認定の基準）に掲げる法人
なお、以上以外にも定款に規定しなければならない事項がある。

イ　共益目的型一般財団法人の場合

　この一般財団法人の場合は、次に述べるように必ず定款に定めなければならない事項と定めてはいけない事項があるので、十分留意する必要がある（法人税法2条9号の2ロ、法人税法施行令3条2項）。なお、法人税法2条9号の2ロは、「会員から受け入れる会費により当該会員に共通する利益を図るための事業を行う法人」に一般社団法人のほかに一般財団法人があることを前提としている。
　① その会員の相互の支援、交流、連絡その他の当該会員に共通する利益を図る活動を行うことをその主たる目的としていること。
　② その定款（定款に基づく約款その他これに準ずるものを含む。）に、その会員が会費として負担すべき金銭の額の定め又は当該金銭の額を評議員会の決議により定める旨の定めがあること。
　③ その主たる事業として収益事業（法人法施行令3条2項3号・4項）を行っていないこと。
　④ その定款に特定の個人又は団体に剰余金の分配を受ける権利を与える旨の定めがないこと。
　⑤ その定款に解散したときはその残余財産が特定の個人又は団体（国若しくは地方公共団体、前記アの②の(イ)若しくは(ロ)に掲げる法人又はその目的と類似の目的を有する他の一般社団法人若しくは一般財団法人を除く。）に帰属する旨の定めがないこと。

(8)　**公益認定を受けるための定款の記載事項**

　一般財団法人又は一般社団法人として設立後、すみやかに公益認定を申請

する場合には、①認定法別表各号に掲げる種類の事業であって、不特定かつ多数の者の利益の増進に寄与する事業（公益目的事業）を行うことを主たる目的とするもの（収益事業を営むこともできるが、公益目的事業の実施に支障を及ぼすおそれがないものである等の制限がある。）であること（認定法2条4号、5条1号）を、定款の「目的及び事業」の記載上明らかにするとともに、②認定法5条各号に掲げる基準に適合するように留意する必要がある。なお、認定法6条各号に規定する欠格事由に該当する場合は、公益認定を受けることができない。

また、認定法が改正され、令和7年4月から施行される予定である。

5　公証人による定款の認証

定款については公証人の認証が必要である（法人法155条）。

第2　設立登記申請手続

1　申請期間

主たる事務所の所在地においては、次に掲げる日のいずれか遅い日から2週間以内である（法人法302条1項）。

(1)　法人法161条1項の規定による調査が終了した日
(2)　設立者が定めた日

2　登記の事由

登記の事由は、「令和何年何月何日設立手続終了」である。

3　登記すべき事項

一般財団法人の登記事項は、次のとおりであるが、④、⑦～⑪及び⑬は、その定めがある場合に限って登記する（法人法302条2項）。

① 目　的

登記事項は、「目的及び事業」であるので、目的と事業を定款に異なる条文に定めている場合は、その記載方法に注意すること。

② 名　称
③ 主たる事務所及び従たる事務所の所在場所
④ 一般財団法人の存続期間又は解散の事由についての定款の定めがある

ときは、その定め
⑤ 評議員、理事及び監事の氏名
⑥ 代表理事の氏名及び住所
⑦ 会計監査人設置一般財団法人であるときは、その旨及び会計監査人の氏名又は名称
⑧ 一時会計監査人の職務を行うべき者の氏名又は名称
⑨ 役員等の責任の免除に関する定め
⑩ 非業務執行理事等が負う責任の限度に関する契約の締結についての定め
⑪ 貸借対照表を電磁的方法により開示するときは、当該情報が掲載されているウェブページのアドレス
⑫ 公告方法
⑬ 公告方法が電子公告であるときは、当該公告を掲載するウェブページのアドレス及び予備的公告の方法が定款に定められているときは、その定め

4 添付書面

主たる事務所の所在地における設立の登記申請書の添付書面は、次のとおりである（法人法319条2項・3項、317条、330条において準用する商登法18条、一般法登規3条において準用する商登規61条4項・5項・7項）。

(1) 定款
(2) 財産の拠出の履行があったことを証する書面
(3) 設立時評議員、設立時理事及び設立時監事の選任に関する書面

定款に直接定めている場合は定款、定款で定める方法によって選任している場合は定款及び定款で定める方法によって選任したことを直接証する書面が該当する。

(4) 設立時代表理事の選定に関する書面

設立時理事の過半数をもって設立時代表理事を選定した書面である（法人法162条1項・3項）。

(5) 設立時評議員、設立時理事、設立時監事及び設立時代表理事が就任を

承諾したことを証する書面
　(6)　設立時評議員、設立時理事及び設立時監事の本人確認証明書
　(7)　設立時会計監査人を選任したときは、次に掲げる書面
　　①　設立時会計監査人の選任に関する書面
　　　　定款に直接定めている場合は定款、定款で定める方法によって選任している場合は定款及び定款で定める方法によって選任したことを直接証する書面が該当する。
　　②　就任を承諾したことを証する書面
　　③　設立時会計監査人が法人であるときは、当該法人の登記事項証明書。ただし、当該登記所の管轄区域内に当該法人の主たる事務所がある場合を除く。
　　④　設立時会計監査人が法人でないときは、その者が公認会計士であることを証する書面
　(8)　設立時代表理事が就任を承諾したことを証する書面に押印した印鑑につき、市区町村長の作成した印鑑証明書
　(9)　登記すべき事項につき設立者全員の同意又はある設立者の一致を要するときは、その同意又は一致があったことを証する書面
　　設立者が主たる事務所又は従たる事務所の所在場所を定めたときは、設立者の過半数の一致があったことを証する書面（決議書等）を添付する。
　(10)　委任状

5　登録免許税

　一般財団法人の設立の登記の登録免許税は、申請1件につき6万円である（登免税法別表第一第24号( )ロ）。

第3節　一般財団法人の役員等の変更の登記

第1　実体上の手続

1　総説

　一般財団法人は、機関として、①評議員、②評議員会、③理事、④理事会及び⑤監事を置かなければならず（法人法170条1項）、定款に定めれば会計監査人を置くことができる（法人法170条2項）。ただし、大規模一般財団法人（最終事業年度に係る貸借対照の負債の部に計上した額の合計額が200億円以上である一般財団法人をいう。）は、会計監査人を置かなければならない（法人法171条）。

　なお、評議員、理事及び監事についてはその氏名が登記事項とされ、代表理事については氏名及び住所が登記事項とされている（法人法302条2項5号・6号）。また、会計監査人についてはその氏名又は名称が登記事項とされているほか、会計監査人設置一般財団法人である旨が登記事項とされている（法人法302条2項7号）。したがって、これらの事項に変更を生じた場合には、その変更の登記が必要になる（法人法303条）。

2　評議員の変更

　評議員の変更の登記の態様には、評議員の氏名の変更による登記及び評議員の就任又は退任による登記があるが、ここでは、まず評議員の就任の登記及び評議員の退任の登記の前提となる実体上の手続について説明する。

(1) 評議員の就任

① 評議員の選任の手続

イ　定款で定める方法による選任

　評議員は、「理事、監事及び会計監査人の選任又は解任、定款の変更等一般財団法人の基本的事項について決議をする権限を有する評議員会の構成員」として、極めて重要な機関であり（新公益法人制度研究会編『一問一答公益法人関連三法』124頁参照）、その「評議員の選任の方法及び解任の方法」は、定款の絶対的記載事項とされ（法人法153条1項8号）、しかも、そ

の変更は、原則として、設立者が、「評議員会の決議によって当該定款の規定を変更することができる旨を定めている場合」に限って許される（法人法200条）。

　ところで、定款に定める評議員の選任の方法としては、次のような方法が考えられる。そこで、これらの定款に定める方法に従って評議員を選任することになる。

　　ア　評議員会の決議によって選任する方法
　　イ　評議員の選任のための特定の機関の決定によって選任する方法
　　ウ　外部の特定の者の決定によって選任する方法

　なお、評議員には資格制限があり（法人法173条において準用する65条1項）、評議員は、一般財団法人又はその子法人の理事、監事又は使用人を兼ねることができず、その員数も3人以上とされている（法人法173条2項・3項）ので留意する必要がある。

　また、アの選任法については、公益認定を担当する内閣府の公益認定等委員会は、条件付きでしか認めていない（公益認定等委員会のＨＰの「法令・ガイドライン等」の「移行認定又は移行認可の申請に当たって定款の変更の案を作成するに際し特に留意すべき事項について」16頁以下。）ので、公益認定を申請する予定がある場合には、留意する必要がある。

　　ロ　就任の承諾

　一般財団法人と評議員との関係は、委任に関する規定に従う（法人法172条1項）ので、評議員として選任されても、就任の承諾をしない限り評議員になることはない。そこで、就任の承諾が必要である。

　　②　仮評議員の就任

　法人法又は定款で定めた評議員の員数が欠けた場合には、裁判所は、必要があると認めるときは、利害関係人の申立てにより、一時評議員の職務を行うべき者を選任することができる（法人法175条2項）。この評議員を、「仮評議員」といい、その登記は、裁判所書記官の嘱託によってする（法人法315条1項2号イ）。なお、仮評議員の登記は、後任評議員の就任の登記をしたときは、抹消する記号を記録することになる（一般法登規3条、商登規68

条1項)。

(2) 評議員の退任

評議員は、次に掲げる事由によって退任する。

① 任期の満了
② 辞　任
③ 解　任
④ 欠格事由に該当
⑤ 死　亡
⑥ 破産手続開始の決定

以下、評議員の退任の事由について説明する。

① 任期の満了

　評議員は任期の満了によって退任する。評議員の任期は、選任後4年以内に終了する事業年度のうち最終のものに関する定時評議員会の終結の時までである（法人法174条1項本文）。ただし、定款によって、その任期を選任後6年以内に終了する事業年度のうち最終のものに関する定時評議員会の終結の時まで伸長することができる（法人法174条1項ただし書）。また、定款によって、任期の満了前に退任した評議員の補欠として選任された評議員の任期を退任した評議員の任期の満了する時までとすることができる（法人法174条2項）。

　ところで、法人法若しくは定款で定めた評議員の員数が欠けた場合には、任期の満了により退任した評議員は、新たに選任された評議員（仮評議員を含む。）が就任するまで、なお評議員としての権利義務を有する（法人法175条1項）ので、これに該当する場合は、新たに選任された評議員（仮評議員を含む。）が就任するまで任期満了による退任の登記を申請することはできない。なお、退任の登記を申請する場合における評議員の退任の日は、後任者就任の日ではなく任期満了の日である。

② 辞　任

　一般財団法人と評議員との関係は、委任に関する規定に従うとされている（法人法172条1項）ので、評議員はいつでも辞任することができる（民法

651条1項)。辞任の効力は、辞任の意思表示が当該一般財団法人に到達した時に生じる。ただし、辞任の結果、法人法若しくは定款で定めた評議員の員数を欠くことになる場合には、辞任により退任した評議員は、新たに選任された評議員(仮評議員を含む。)が就任するまで、なお評議員としての権利義務を有する(法人法175条1項)ので、これに該当する場合は、新たに選任された評議員(仮評議員を含む。)が就任するまで辞任による退任の登記を申請することはできない。

なお、この場合の評議員の退任の日は、前述した任期満了の場合と同様、後任者就任の日ではなく、辞任の効力発生の日である。

③ 解　任

評議員は、定款に定める方法(法人法153条1項8号)によって解任することができる。この場合は、法人法175条1項の規定の適用はないので、解任の結果法人法又は定款で定めた評議員の員数を欠くことになっても、解任による退任の登記は申請しなければならない。

④ 欠格事由に該当

評議員が、次に述べる欠格事由に該当する者になった場合は、ただちに退任する(法人法173条において準用する65条1項)。この場合は、法人法175条1項の規定の適用はない(法人法175条1項参照)ので、退任の結果、法人法又は定款で定めた評議員の員数を欠くことになっても、退任の登記は申請しなければならない。

　　イ　法人法65条1項3号に掲げる罪を犯し、刑に処せられ、その執行を終わり、又はその執行を受けることがなくなった日から2年を経過しない者

　　ロ　イに規定する法律の規定以外の法令の規定に違反し、拘禁刑以上の刑に処せられ、その執行を終わるまで又はその執行を受けることがなくなるまでの者(刑の執行猶予の者を除く。)

⑤ 死　亡

評議員は、死亡によって退任する(民法653条1号)。

⑥ 破産手続開始の決定

評議員と一般財団法人との関係は、委任に関する規定に従うとされている（法人法172条1項）ので、評議員が破産手続開始の決定を受けたときは、委任契約の終了により退任する（民法653条2号）。なお、復権していない者を評議員として選任することは差し支えない。

3 理事の変更

理事の変更の登記の態様には、理事の氏名の変更による登記及び理事の就任又は退任による登記があるが、ここでは、理事の就任の登記及び理事の退任の登記の前提となる実体上の手続について説明する。

(1) 理事の就任

① 理事の選任の手続

イ 評議員会の招集

理事は、評議員会の決議によって選任する（法人法177条において準用する63条1項）。そこで、理事を選任するには、評議員会を招集しなければならないが、評議員会を招集するには、まず、理事会の決議によって、①評議員会の日時及び場所、②評議員会の目的である事項（評議員会に提出する議題。ここでは、「理事選任の件」）、③議案の概要を定め（法人法181条1項、法人法施行規則58条）、次いで、理事（評議員会を招集する理事を定款で定めている場合には、当該理事。定めていない場合には、各理事。）が、評議員会の日の1週間（これを下回る期間を定款で定めた場合にあっては、その期間）前までに、評議員に対して、書面で招集通知を発しなければならない（法人法182条1項）。ただし、評議員会は、評議員の全員の同意があるときは、招集の手続を経ないで開催することができる（法人法183条）。

ロ 評議員会の決議

評議員会における理事選任の決議は、議決に加わることができる評議員の過半数（これを上回る割合を定款で定めた場合にあっては、その割合以上）が出席し（これを「定足数」という。）、その過半数（これを上回る割合を定款で定めた場合にあっては、その割合以上）をもって行う（法人法189条1項）。なお、理事にも評議員と同様の資格及び欠格事由が定められているの

で、留意する必要がある（法人法177条において準用する65条1項）。

　理事選任の決議をする場合には、将来理事が欠けた場合又は法人法若しくは定款で定めた理事の員数を欠くことになるときに備えて補欠の理事を予め選任しておくことができる（法人法177条において準用する63条2項）ので、法人の組織の実情を勘案し必要であれば、予選しておくとよい。

　ハ　就任の承諾

　一般財団法人と理事との関係は、委任に関する規定に従う（法人法172条1項）ので、理事として選任されても、就任の承諾をしない限り理事になることはない。そこで、就任の承諾が必要である。

　② 評議員会の決議の省略の方法による理事の選任

　理事の選任は、評議員会の決議の省略の方法でもよい（法人法194条）。これは、定款に「評議員会の決議の省略の方法」についての定めがない場合でも差し支えない。評議員会の決議の省略の方法は、理事が、評議員会の目的である事項（議題及び議案として「理事何某の選任」）を提案し、この提案に評議員全員が書面又は電磁的記録により同意の意思表示をすることである。この同意の意思表示があったときは、当該提案を可決する旨の評議員会の決議があったものとみなされる（法人法194条1項）。なお、法人法317条3項は、この場合の添付書面の名称を「評議員会の決議があったものとみなされる場合に該当することを証する書面」というように規定しているが、法人法施行規則は、決議があったものとみなされる場合に該当することを証する書面は、評議員会議事録として作成することとしてその記載事項を定めている（法人法施行規則60条4項1号）。

　③ 仮理事の就任

　理事が欠けた場合又は法人法若しくは定款で定めた理事の員数が欠けた場合には、裁判所は、必要があると認めるときは、利害関係人の申立てにより、一時理事の職務を行うべき者を選任することができる（法人法177条において準用する75条2項）。この理事を「仮理事」といい、その登記は、裁判所書記官の嘱託によってする（法人法315条1項2号イ）。なお、仮理事の登記は、後任理事の就任の登記をしたときは、抹消する記号を記録すること

になる（一般法登規3条、商登規68条1項）。

(2) 理事の退任

理事は、次に掲げる事由によって退任する。

① 任期の満了
② 辞　任
③ 解　任
④ 欠格事由に該当
⑤ 死　亡
⑥ 法人の解散
⑦ 破産手続開始の決定

以下、理事の退任の事由について説明する。

① 任期の満了

理事は任期の満了によって退任する。理事の任期は、選任後2年以内に終了する事業年度のうち最終のものに関する定時評議員会の終結の時までである。なお、定款によって、その任期を短縮することができる（法人法177条において準用する66条）ので、定款の確認が必要である。

ところで、理事が欠けた場合又は法人法若しくは定款で定めた理事の員数が欠けた場合には、任期の満了により退任した理事は、新たに選任された理事（仮理事を含む。）が就任するまで、なお理事としての権利義務を有するとされている（法人法177条において準用する75条1項）ので、これに該当する場合は、新たに選任された理事（仮理事を含む。）が就任するまで任期満了による退任の登記を申請することはできない。ただし、その後、理事の退任による変更の登記を申請する場合の理事の退任の日は、任期満了の日である。

② 辞　任

一般財団法人と理事との関係は、委任に関する規定に従うとされている（法人法172条1項）ので、理事はいつでも辞任することができる（民法651条1項）。辞任の効力は、辞任の意思表示が当該一般財団法人に到達した時に生じる。ただし、理事が欠けた場合又は法人法若しくは定款で定めた理事

の員数が欠けた場合には、辞任により退任した理事は、新たに選任された理事（仮理事を含む。）が就任するまで、なお理事としての権利義務を有する（法人法177条において準用する75条1項）ので、これに該当する場合は、新たに選任された理事（仮理事を含む。）が就任による変更の登記を申請するまで辞任による退任の登記を申請することはできない。

なお、この場合の理事の退任の日は、任期満了の場合と同様、後任者就任の日ではなく、辞任の効力発生の日である。

③ 解 任

理事が次のいずれかに該当するときは、評議員会の決議によって、その理事を解任することができる（法人法176条1項）。理事を解任する評議員会の決議は、法人法189条1項で規定する普通決議でよい（法人法189条2項1号参照）。なお、解任の結果、法人法又は定款で定めた理事の員数を欠くことになっても、退任の登記は申請しなければならない。

　イ　職務上の義務に違反し、又は職務を怠ったとき。
　ロ　心身の故障のため、職務の執行に支障があり、又はこれに堪えないとき。

④ 欠格事由に該当

理事が、次に述べる欠格事由に該当する者になった場合は、ただちに退任する（法人法177条において準用する65条1項）。この場合は、法人法177条において準用する75条の適用はない（法人法75条1項は、「任期の満了又は辞任の場合」に限って適用される。）ので、退任の結果、法人法又は定款で定めた理事の員数を欠くことになっても、退任の登記は申請しなければならない。

　イ　法人法65条1項3号に掲げる罪を犯し、刑に処せられ、その執行を終わり、又はその執行を受けることがなくなった日から2年を経過しない者
　ロ　イに規定する法律の規定以外の法令の規定に違反し、拘禁刑以上の刑に処せられ、その執行を終わるまで又はその執行を受けることがなくなるまでの者（刑の執行猶予の者を除く。）

⑤ 死　亡
理事は、死亡によって退任する（民法653条1号）。

⑥ 法人の解散
法人が解散したときは、理事は退任するが、この場合は、登記官が解散の登記をしたときに、理事の登記を抹消する記号を記録することになる（一般法登規3条、商登規72条1項1号）ので、退任の登記を申請する必要はない。

⑦ 破産手続開始の決定
理事と一般財団法人との関係は、委任に関する規定に従うとされている（法人法172条1項）ので、理事が破産手続開始の決定を受けたときは、委任契約の終了により退任する（民法653条2号）。ただし、その後、復権していない者でも理事に選任することは差し支えない。

なお、一般財団法人が破産手続開始の決定を受けても、理事は当然には退任しない（最判平成21年4月17日、平成23年4月1日民商第816号民事局商事課長通知参照）。

4　代表理事の変更
(1) 代表理事の就任
① 代表理事選定の手続

代表理事とは、一般財団法人を代表し、一般財団法人の業務を執行する理事をいう（法人法197条において準用する77条4項、91条1項1号）。代表理事は、理事の中から理事会において選定する（法人法197条において準用する90条2項3号・3項）。代表理事を選定する理事会の決議は、議決に加わることができる理事の過半数（これを上回る割合を定款で定めた場合にあっては、その割合以上）が出席し、その過半数（これを上回る割合を定款で定めた場合にあっては、その割合以上）をもって行う（法人法197条において準用する95条1項）。なお、この場合、就任の承諾も必要である。

ところで、理事会の決議について特別の利害関係を有する理事は、議決に加わることができないとされている（法人法197条において準用する95条2項）ので、代表理事の候補になっている理事が議決に加わることができるか

否かという問題があるが、この規定の趣旨は、決議の公正を期すためのものであるから、私見は、代表理事の候補になっている理事も議決に加わることができると考える。

なお、代表理事の登記事項は、代表理事の氏名及び住所である（法人法301条2項6号）。

また、代表理事の選定について、定款に「当法人の代表理事は、評議員会において選定する。」旨定めた場合の取扱いである。このような定款の定めも、理事会から代表理事選定権を剥奪するものでなければ（理事会、評議員会のいずれで代表理事を選定してもよいという趣旨であれば）問題はないといえよう（法人法178条2項、江原健志編『一般社団・財団法人法の法人登記実務』326頁）。ただし、「定款の定めにより、代表理事の選定・解職権限という理事会の固有の法定権限を評議員会の決議事項とするだけでなく、当該権限を理事会から奪い、完全に評議員会に委譲することができるかどうかについては議論がある。」（江原健志編・前掲書109頁）と解するのが法務当局の見解と思われるので、実務上は、代表理事の選定権限を理事会から奪い、完全に評議員会に委譲するような定款の定めは避けるべきと考える。

② 理事会の決議の省略の方法による代表理事の選定

代表理事の選定は、定款に理事会の決議省略の方法を認める定めがある場合（法人法197条において準用する96条）には、理事会の決議の省略の方法でもよい。理事会の決議の省略の方法は、理事が、理事会の決議の目的である事項（議題及び議案として「代表理事何某の選任」）を提案し、この提案に理事（当該事項について議決に加わることができるものに限る。）全員が書面又は電磁的記録により同意の意思表示をすること（監事が当該提案について異議を述べたときを除く。）である。この同意の意思表示があったときは、当該提案を可決する旨の理事会の決議があったものとみなされる（法人法197条において準用する96条）。なお、法人法317条3項は、この場合の添付書面の名称を「理事会の決議があったものとみなされる場合に該当することを証する書面」というように規定しているが、法人法施行規則15条4項は、決議があったものとみなされる場合に該当することを証する書面は、理

事会議事録として作成することとしてその記載事項を定めている。

(2) 仮代表理事の就任

代表理事が欠けた場合又は定款で定めた代表理事の員数が欠けた場合には、裁判所は、必要があると認めるときは、利害関係人の申立てにより、一時代表理事の職務を行うべき者を選定することができる（法人法197条において準用する79条2項）。この代表理事を、「仮代表理事」といい、その登記は、裁判所書記官の嘱託によってする（法人法315条1項2号イ）。

(3) 代表理事の退任

代表理事は、次に掲げる事由によって退任する。

① 理事の退任
② 任期満了
③ 辞任
④ 解職
⑤ 死亡

以下、代表理事の退任の事由について説明する。

① 理事の退任

代表理事は、前提資格である理事を任期満了又は辞任等により退任することによって代表理事も退任することになる。ただし、理事が退任した結果、法人法又は定款で定めた理事の員数を欠くことになる場合には、任期満了又は辞任により退任した理事は、解任及び欠格事由該当の場合を除き、新たに選任された理事（仮理事を含む。）が就任するまで、なお理事としての権利義務を有する（法人法177条において準用する75条1項）ので、この場合には、新たに選任された理事（仮理事を含む。）が就任するまで代表理事は退任しない。なお、この場合、理事の退任の日は理事の任期満了又は辞任の日であるが、代表理事の退任の日は後任理事就任の日であることに留意する必要がある。

② 任期満了

代表理事については、法律の定める任期はないが、定款で任期を定めている場合には、代表理事は定款で定めた任期の満了によって退任する。ただ

し、代表理事が退任した結果代表理事が不存在になる場合又は定款で定めた代表理事の員数を欠くことになる場合には、任期満了により退任した代表理事は、解任及び理事の欠格事由該当の場合を除き、新たに選定された代表理事（仮代表理事を含む。）が就任するまで、なお代表理事としての権利義務を有する（法人法197条において準用する79条１項）ので、この場合には、新たに選定された代表理事（仮代表理事を含む。）が就任するまで代表理事の退任の登記を申請することはできない。

③ 辞　任

代表理事は、代表理事の地位のみを辞任することができる。ただし、代表理事が代表理事たる地位のみを辞任した結果、代表理事が不存在になる場合又は定款で定めた代表理事の員数を欠くことになる場合には、辞任により退任した代表理事は、新たに選定された代表理事（仮代表理事を含む。）が就任するまで、なお代表理事としての権利義務を有する（法人法197条において準用する79条１項）ので、これに該当する場合は、新たに選定された代表理事（仮代表理事を含む。）が就任するまで辞任による退任の登記を申請することはできない。

④ 解　職

代表理事は、理事会の決議によって解職することができる（法人法197条において準用する90条２項３号）。解職の場合には、たとえ解職の結果、代表理事が不存在になり又は定款で定めた代表理事の員数を欠くことになる場合であっても、解職により退任した代表理事は、新たに選定された代表理事（仮代表理事を含む。）が就任するまで、なお代表理事としての権利義務を有するということはないので、解職による代表理事の変更の登記を申請しなければならない。

⑤ 死　亡

代表理事は、死亡によって退任する。

5 監事の変更
(1) 監事の就任
① 監事の選任の手続
イ　評議員会の招集及び決議

　監事は、評議員会の決議によって選任する（法人法177条において準用する63条1項）。そこで、監事を選任するには、まず評議員会を招集しなければならないが、評議員会の招集の手続（法人法181条〜183条）及び評議員会の決議の方法（法人法189条1項）については、理事の選任の場合と同様である。

　ところで、監事選任の決議をする場合には、将来監事が欠けた場合又は定款で定めた監事の員数を欠くことになるときに備えて、予め補欠の監事を予選しておくことができる（法人法177条において準用する63条2項）が、ここに監事が欠けた場合とは、監事が1人もいなくなることをいい、法人法で定めた監事の員数は、1人以上である（法人法170条1項は、「監事を置かなければならない。」と定めるのみで、その員数については規定していないので、1人以上ということになる。）。

ロ　就任の承諾

　一般財団法人と監事との関係は、委任に関する規定に従う（法人法172条1項）ので、監事として選任されても、就任の承諾をしない限り監事になることはない。法人は、監事になることができず（法人法177条において準用する65条1項1号）、監事は、一般財団法人又はその子法人の理事又は使用人を兼ねることができない（法人法177条において準用する65条2項）。

　なお、監事には、理事と同様の欠格事由が定められていることに留意する必要がある（法人法177条において準用する65条1項3号・4号）。

② 監事の選任に関する監事の同意等

　一般財団法人の監事の選任については、次の点に留意する必要がある。
　　イ　理事は、監事の選任に関する議案を評議員会に提出するには、監事（監事が2人以上ある場合にあっては、その過半数）の同意を得なければならない（法人法177条において準用する72条1項）。

ロ 監事は、理事に対し、監事の選任を評議員会の目的とすること又は監事の選任に関する議案を評議員会に提出することを請求することができる（法人法177条において準用する72条2項）。

ハ 監事は、評議員会において、監事の選任について意見を述べることができる（法人法177条において準用する74条1項）。

③ **仮監事の就任**

監事が欠けた場合又は法人法若しくは定款で定めた監事の員数が欠けた場合には、裁判所は、必要があると認めるときは、利害関係人の申立てにより、一時監事の職務を行うべき者を選任することができる（法人法177条において準用する75条2項）。この監事を、「仮監事」といい、この登記は、裁判所書記官の嘱託によってする（法人法315条1項2号イ）。なお、仮監事の登記は、後任監事の就任の登記をしたときは、登記官が抹消する記号を記録することになる（一般法登規3条、商登規68条1項）。

(2) **監事の退任**

監事は、次に掲げる事由によって退任する。

① 任期満了
② 辞　任
③ 解　任
④ 欠格事由に該当
⑤ 死　亡
⑥ 破産手続開始の決定

以下、監事の退任の事由について説明する。

① **任期満了**

監事は任期の満了によって退任する。監事の任期は、選任後4年以内に終了する事業年度のうち最終のものに関する定時評議員会の終結の時までである。ただし、次の定めに該当する場合には、監事の任期が短縮される（法人法177条において準用する67条）。

イ 定款によって、その任期を選任後2年以内に終了する事業年度のうち最終のものに関する定時評議員会の終結の時までとすることを限度

として短縮する旨を定めている場合
　　ロ　定款によって、任期の満了前に退任した監事の補欠として選任された監事の任期を退任した監事の任期の満了する時までとする旨を定めている場合
　　ハ　監事を置く旨の定款の定めを廃止する定款の変更をした場合には、監事の任期は、当該定款変更の効力が生じた時に満了する。
　なお、監事が任期満了による退任の結果、監事を欠くことになる場合又は法人法若しくは定款で定めた監事の員数を欠くことになる場合には、任期の満了により退任した監事は、新たに選任された監事（仮監事を含む。）が就任するまで、なお監事としての権利義務を有する（法人法177条において準用する75条1項）ので、これに該当する場合は、新たに選任された監事（仮監事を含む。）が就任するまで任期満了による退任の登記を申請することはできない。

　② 辞　任
　一般財団法人と監事との関係は、委任に関する規定に従うとされている（法人法172条1項）ので、監事はいつでも辞任することができる（民法651条1項）。ただし、監事が欠けた場合又は定款で定めた監事の員数が欠けた場合には、辞任により退任した監事は、新たに選任された監事（仮監事を含む。）が就任するまで、なお監事としての権利義務を有する（法人法177条において準用する75条1項）ので、これに該当する場合は、新たに選任された監事（仮監事を含む。）が就任するまで辞任による退任の登記を申請することはできない。
　なお、監事の辞任については、次の点に留意する必要がある。
　　イ　監事は、評議員会において、監事の辞任について意見を述べることができる（法人法177条において準用する74条1項）。
　　ロ　監事を辞任した者は、辞任後最初に招集される評議員会に出席して、辞任した旨及びその理由を述べることができる（法人法177条において準用する74条2項）。

③ 解　任

監事が次のいずれかに該当するときは、評議員会の決議によって、その監事を解任することができる（法人法176条１項）が、監事を解任する評議員会の決議は、議決に加わることができる評議員の３分の２（これを上回る割合を定款に定めた場合にあっては、その割合）以上に当たる多数をもって行わなければならない（法人法189条２項１号）。

　　イ　職務上の義務に違反し、又は職務を怠ったとき。
　　ロ　心身の故障のため、職務の執行に支障があり、又はこれに堪えないとき。

④ 欠格事由に該当

監事が、理事と同様の欠格事由に該当することになったときは、ただちに退任する（法人法177条において準用する65条１項）。この場合は、法人法75条１項の準用はないので、退任の結果法人法又は定款で定めた理事の員数を欠くことになっても、退任の登記は申請しなければならない。

⑤ 死　亡

監事は、死亡によって退任する（民法653条１号）。

⑥ 破産手続開始の決定

監事と一般財団法人との関係は、委任に関する規定に従うとされている（法人法172条１項）ので、監事が破産手続開始の決定を受けたときは、委任契約の終了により退任する（民法653条２号）。なお、復権していない者を監事として選任することは差し支えない。

6　会計監査人の変更

(1) 会計監査人の選任及び就任

大規模一般財団法人（法人法２条３号参照）以外では会計監査人を置く一般財団法人は、あまり多くないと思われるので、簡潔に述べることにする。

① 会計監査人の選任

会計監査人は、評議員会の決議によって選任する（法人法177条において準用する63条１項）。そこで、会計監査人を選任するには、まず評議員会を招集しなければならないが、評議員会の招集の手続（法人法181条〜183条）

及び評議員会の決議の方法等については、理事の選任の場合と同様である（法人法189条1項）。この場合、理事は、会計監査人の選任議案について、監事の同意を得なければならない（法人法177条において準用する73条1項）。

なお、会計監査人は、公認会計士又は監査法人でなければならない（法人法177条において準用する68条1項）。

② 会計監査人の就任

一般財団法人と会計監査人との関係は、委任に関する規定に従う（法人法172条1項）ので、評議員会において会計監査人として選任された後、就任の承諾をして初めて会計監査人に就任する。

③ 仮会計監査人の選任

会計監査人が欠けた場合又は定款で定めた会計監査人の員数が欠けた場合において、遅滞なく会計監査人が選任されないときは、監事は、一時会計監査人の職務を行うべき者（仮会計監査人）を選任しなければならないとされている（法人法177条において準用する75条4項）。この登記は、当該一般財団法人の申請によってする。

(2) 会計監査人の退任

会計監査人は、次に掲げる事由によって退任する。

① 任期満了

会計監査人の任期は、選任後1年以内に終了する事業年度のうち最終のものに関する定時評議員会の終結の時までである（法人法177条において準用する69条1項）。会計監査人は、最終の事業年度に関する定時評議員会において別段の決議がなされなかったときは、当該定時評議員会において再任されたものとみなされる（法人法177条において準用する69条2項）。

なお、会計監査人を置く旨の定款の定めを廃止する定款の変更をした場合には、会計監査人の任期は、当該定款変更の効力が生じた時に満了する（法人法177条において準用する69条3項）。

② 辞任

③ 解任

会計監査人が次のいずれかに該当するときは、評議員会の決議によって、

その会計監査人を解任することができる（法人法176条2項、71条1項）。
　　イ　職務上の義務に違反し、又は職務を怠ったとき。
　　ロ　会計監査人としてふさわしくない非行があったとき。
　　ハ　心身の故障のため、職務の執行に支障があり、又はこれに堪えないとき。
　④　欠格事由に該当
　法人法177条において準用する68条3項各号のいずれかに該当することになったときは、欠格事由に該当し退任することになる。
　⑤　死亡、破産手続開始の決定又は解散

第2　登記申請手続

1　登記期間

　評議員、理事、代表理事、監事又は会計監査人の変更の登記の登記期間は、変更が生じた日から、主たる事務所の所在地において2週間以内である（法人法303条）。

2　登記の事由

　登記の事由は、どのような理由によって登記を申請するかを明らかにするために記載するものであるので、「評議員、理事、代表理事、監事及び会計監査人の変更」というように、どのようなポストの役員等が変更したか分かるように具体的に記載する。変更の年月日は、登記すべき事項の記載から判明する場合には、記載する必要はない。

3　登記すべき事項

　登記すべき事項（法人法302条2項5号・6号・7号、303条）は次のとおりであるが、具体的に申請書に登記すべき事項を記載するときは、電磁的記録媒体に記録し、申請書には「別添ＣＤ－Ｒ（又はＤＶＤ－Ｒ）のとおり」というように記載する。なお、オンラインによりあらかじめ登記事項提出書を提出している場合は、「別紙のとおりの内容をオンラインにより提出済み」と記載する。

　⑴　評議員等の任期満了による変更の登記の場合

　　　　評議員等の氏名、退任の旨及びその年月日
　(2)　評議員等の辞任による変更の登記の場合
　　　　評議員等の氏名、辞任の旨及びその年月日
　(3)　代表理事の資格喪失又は辞任による変更の登記の場合
　　　　代表理事の氏名、資格喪失による退任の旨及びその年月日
　　　　代表理事の氏名、辞任の旨及びその年月日
　(4)　評議員等の就任による変更の登記の場合
　　　　評議員等の氏名、就任の旨及びその年月日
　(5)　代表理事の就任による変更の登記の場合
　　　　代表理事の氏名及び住所並びに就任の旨及びその年月日
4　添付書面
「評議員、理事、監事、代表理事及び会計監査人変更登記申請書」の添付書面は、次のとおりである。
　(1)　**定　款**
　　①　評議員の就任又は解任による変更の登記の場合には、評議員の選任又は解任の方法を定めた定款を添付する（一般法登規3条、商登規61条1項）。
　　②　後任者就任の評議員会議事録に理事何某等が年月日任期満了により退任した旨の記載がない場合に、退任を証する書面として添付する（法人法320条5項）。
　　③　理事会設置一般財団法人において定款の定めに基づき評議員会で代表理事を選定した場合又は定款の定めに基づく理事の互選により代表理事を選定した場合に添付する（一般法登規3条、商登規61条1項）。
　(2)　**辞任届**
　　評議員、理事、監事、代表理事又は会計監査人が辞任した場合に添付する（法人法320条5項）。ただし、印鑑の提出をしている代表理事の辞任届には、当該届出印又は実印を押印し、市区町村長作成の印鑑証明書を添付する（一般法登規3条、商登規61条8項）。

(3) **評議員会議事録**
　① 理事、監事又は会計監査人を選任した評議員会議事録である。定時評議員会議事録でも、臨時評議員会議事録でもよい（法人法317条2項）。
　② 評議員会で代表理事を定めた場合に添付する（法人法317条2項）。
　③ 定款を変更して代表理事を定めた場合には、定款の変更に係る評議員会の議事録を添付する（法人法317条2項）。
　④ 理事、監事又は会計監査人を解任した場合には、解任に係る評議員会議事録を添付する（法人法317条2項）。

(4) **理事会議事録**
　① 代表理事を理事会で選定した場合に添付する（法人法317条2項）。
　② 代表理事を理事会で解職した場合に添付する（法人法317条2項）。

(5) **就任を承諾したことを証する書面**
　評議員、理事、監事及び代表理事の就任による変更の登記の場合に添付する（法人法320条1項）。

(6) **本人確認証明書**
　評議員、理事及び監事の就任承諾書に係る本人確認証明書（当該評議員、理事及び監事の再任の場合には不要）。ただし、登記の申請書に当該理事又は監事の印鑑証明書が添付されている場合を除く。

(7) **定款に定める方法によって評議員を選任又は解任をしたことを証する書面**（法人法320条2項、5項）

(8) **会計監査人の就任による変更の登記の申請書には、次に掲げる書面**
　（法人法320条3項、317条2項）
　① 就任を承諾したことを証する書面
　② 会計監査人が法人であるときは、当該法人の登記事項証明書。ただし、当該登記所の管轄区域内に当該法人の主たる事務所がある場合を除く。
　③ 会計監査人が法人でないときは、その者が公認会計士であることを証する書面

④　会計監査人を選任した評議員会議事録
(9)　**市区町村長の作成した印鑑証明書**
　①　就任を承諾したことを証する書面の印鑑
　　代表理事が就任を承諾したことを証する書面の印鑑について添付する（一般法登規3条、商登規61条4項・5項）。
　②　評議員会議事録に押印された議長及び出席理事の印鑑
　　評議員会の決議によって代表理事を定めた場合に添付する。ただし、当該議事録に押印された印鑑と代表理事が登記所に提出している印鑑が同一であるときは添付する必要がない（一般法登規3条、商登規61条6項1号）。
　③　理事会議事録に押印された理事及び監事の印鑑
　　理事会の決議によって代表理事を選定した場合に添付する。ただし、当該議事録に押印された印鑑と代表理事が登記所に提出している印鑑が同一であるときは添付する必要がない（一般法登規3条、商登規61条6項3号）。
(10)　**委任状**
5　**登録免許税**
　一般財団法人の役員等の変更の登記の登録免許税は、申請1件につき1万円である（登免税法別表第一第24号㈠カ）。

第4節　その他の変更の登記

第1　実体上の手続

1　**総　説**
　一般財団法人の役員の変更の登記以外の変更の登記の主なものには、①会計監査人設置法人の登記、②名称の変更の登記、③目的の変更の登記、④主たる事務所の移転の登記、⑤存続期間又は解散の事由の変更又は廃止による変更の登記、⑥役員等の責任の免除についての定款の定めの設定又は廃止に

よる変更の登記、⑦非業務執行理事等が負う責任の限度に関する契約の締結についての定款の定めの設定又は廃止による変更の登記、⑧貸借対照表の電磁的開示のためのＵＲＬの設定、変更又は廃止の登記、⑨公告方法の変更の登記等がある。これらの登記の実体上の手続としては、⑧を除き、いずれも定款の定めの設定又は変更の手続が必要である（④の主たる事務所の移転については、定款の変更が必要になるのは、行政区画を異にする地への移転の場合である。）が、①の登記は、会計監査人の登記とセットで申請することになり、②及び⑤の定款の変更については特段の問題はないと考えるので、本書では、まず、一般財団法人の定款の変更手続を述べ、次いで、③、⑥、⑦及び⑨について、そのポイントを簡単に述べることにする。

2　定款変更の手続

(1)　評議員会の招集

　一般財団法人の定款の変更は、評議員会の特別決議によってすることになる（法人法200条1項本文、189条2項3号）ので、一般財団法人が定款を変更するには、まず、理事会が、①評議員会の日時及び場所、②評議員会の目的である事項（議題及び議案）、③定款変更の概要を定めて（法人法181条1項各号）、評議員会の日の1週間前までに、評議員に対して、書面でその通知を発しなければならない（法人法182条1項）。ただし、評議員全員の同意があるときは、招集の手続を経ないで開催することができる（法人法183条）。

　なお、この通知に際しては、次の点に留意する必要がある。

　イ　理事は、書面による通知の発出に代えて、法人法施行令1条1項2号の定めるところにより、評議員の承諾を得て、電磁的方法により通知を発することができる（法人法182条2項）。

　ロ　書面又は電磁的方法による通知には、前記①～③の事項を記載又は記録しなければならない（法人法182条3項）。

(2)　定款変更の決議

　定款変更に関する評議員会の決議は、議決に加わることができる評議員の3分の2（これを上回る割合を定款で定めている場合にあっては、その割合）以上に当たる多数をもって行わなければならない（法人法189条2項3

号)。

3 定款変更上の留意点

(1) 目的の変更の場合

　一般財団法人は、設立者が目的を定めて拠出した財産に対して法人格が与えられたものであるので、設立者が、評議員会の決議によって目的の変更ができる旨を定款に定めていない限り、原則として目的の変更をすることができない（法人法200条1項、2項）。ただし、定款に評議員会の決議によって定款の変更をすることができる旨の定めがない場合においても、当該一般財団法人がその設立の当時予見することのできなかった特別の事情により、目的の変更をしなければその運営の継続が不可能又は著しく困難となるに至ったときは、裁判所の許可を得て、評議員会の決議によって、目的の変更をすることができる（法人法200条3項）とされている。

　なお、目的の変更をしなければその運営の継続が不可能又は著しく困難となるに至った場合としては、次のような場合が考えられる（新公益法人制度研究会編著『一問一答公益法人関連三法』146頁）。

① 定款記載の目的（事業）が設立後の法改正によって遂行不能になるに至った場合

② 設立後の社会情勢の変化によって定款記載の目的（事業）のみでは運営の継続が困難となり、新たな目的（事業）を追加する必要が生じた場合

(2) 役員等の法人に対する責任の免除に関する規定設定の場合

　一般財団法人は、法人法198条において準用する111条1項に規定する理事、監事若しくは会計監査人（以下「役員等」という。）又は評議員の一般財団法人に対する損害賠償責任について、役員等が職務を行うにつき善意でかつ重大な過失がない場合において、責任の原因となった事実の内容、当該役員等の職務の執行の状況その他の事情を勘案して特に必要と認めるときは、一定の最低責任限度額を控除して得た額を限度として理事会の決議によって免除することができる旨を定款で定めることができるとされている（法人法198条において準用する114条1項）。そこで、この定め（具体的な定

款の文例については、平成20年９月22日民商第2529号民事局商事課長依命通知第２節第５の１参照）を設ける場合には、前記２の定款変更の手続に従うことになるが、この議案を評議員会に提出する場合、監事（監事が２人以上ある場合にあっては、各監事）の同意を得なければならない（法人法198条において準用する114条２項）ことに留意する必要がある。

(3) **非業務執行理事等の法人に対する責任の限度に関する規定設定の場合**

一般財団法人は、法人法198条において準用する111条１項に規定する非業務執行理事等（業務執行理事又は当該一般財団法人の使用人でないもの、監事又は会計監査人をいう。）の一般財団法人に対する損害賠償責任について、当該非業務執行理事等が職務を行うにつき善意でかつ重大な過失がないときは、定款で定めた額の範囲内であらかじめ一般財団法人が定めた額と最低責任限度額とのいずれか高い額を限度とする旨の契約を外部役員等と締結することができる旨を定款で定めることができるとされている（法人法198条において準用する115条１項）。そこで、この定め（具体的な文例については、平成20年９月22日民商第2529号民事局商事課長依命通知第２節第５の２参照）を設ける場合には、前記２の定款変更の手続に従うことになるが、この場合、次の点に留意する必要がある。

① この契約を締結した非業務執行理事等が当該一般財団法人又はその子法人の業務執行理事又は使用人に就任したときは、当該契約は、将来に向かってその効力を失う（法人法198条において準用する115条２項）。

② 非業務執行理事等が負う責任の限度に関する契約の締結についての定款の定めの設定の議案を評議員会に提出する場合、監事（監事が２人以上ある場合にあっては、各監事）の同意を得なければならない（法人法198条において準用する115条３項）。

4 貸借対照表の電磁的開示のためのＵＲＬの設定、変更又は廃止の場合

公告の方法を、①官報に掲載する方法又は、②時事に関する事項を掲載する日刊新聞紙に掲載する方法に定めている一般財団法人は、法人法199条において準用する128条１項の規定に基づく貸借対照表の内容である情報を、定時評議員会の終結の日後５年間を経過する日までの間、継続して電磁的方

法により開示する措置をとることができ、この場合には、①又は②の方法による貸借対照表又はその要旨の公告をする必要はないとされている（法人法199条において準用する128条3項）。ただし、この場合には、電磁的開示のためのＵＲＬ（ウェブページのアドレス）を設定し、その登記をしなければならない（法人法302条2項13号）。これを変更又は廃止した場合も同様である。

　ところで、電磁的開示制度の採用及びそのＵＲＬの決定、変更又は廃止は、一般財団法人の業務執行として代表理事が行うことになる（株式会社について、松井信憲『商業登記ハンドブック』第4版222頁参照）。

　なお、公告の方法を電子公告の方法とする一般財団法人は、電磁的開示制度を採用することはできないが、貸借対照表の公告のためのＵＲＬを別に定めることは差し支えないとされている（松井・前掲書222頁参照）。

第2　登記申請手続

1　申請人

　前記変更の登記の申請人は、いずれも当該一般財団法人であるが、具体的には当該一般財団法人を代表すべき代表理事が当該一般財団法人を代表して申請する。

2　申請期間

　前記変更の登記は、主たる事務所の所在地において2週間以内に申請しなければならない（法人法303条）。

3　登記の事由

　登記の事由は、次のとおりである。
(1)　目的の変更の登記の場合
　　登記の事由は「目的変更」である。
(2)　役員等の法人に対する責任の免除についての定款の定めの設定又は廃止による変更の登記の場合
　　登記の事由は、「役員等の法人に対する責任の免除についての定めの設定」又は「役員等の法人に対する責任の免除についての定めの廃止」

である。
⑶　非業務執行理事等が法人に対して負う責任の限度に関する契約の締結についての定款の定めの設定又は廃止による変更の登記の場合

　　登記の事由は、「非業務執行理事等の法人に対する責任の限度に関する規定の設定」及び「理事及び監事の変更」又は「非業務執行理事等の法人に対する責任の限度に関する規定の廃止」及び「理事及び監事の変更」である。
⑷　貸借対照表の電磁的開示のためのＵＲＬの設定、変更又は廃止による変更の登記の場合

　　登記の事由は、「貸借対照表に係る情報の提供を受けるために必要な事項の決定」、「貸借対照表に係る情報の提供を受けるために必要な事項の変更」又は「貸借対照表に係る情報の提供を受けるために必要な事項の廃止」である。

4　登記すべき事項

登記すべき事項は、次のとおりである。
⑴　目的の変更の登記の場合

　　登記すべき事項は、「変更後の目的及び変更の年月日」である。
⑵　役員等の責任の免除についての定款の定めの設定又は廃止による変更の登記の場合

　　登記すべき事項は、「役員等の責任の免除についての定め及びこれを定めた年月日」又は「役員等の責任の免除についての定めを廃止した旨及びその年月日」である。
⑶　非業務執行理事等が負う責任の限度に関する契約の締結についての定款の定めの設定又は廃止による変更の登記の場合

　　登記すべき事項は、「非業務執行理事等の法人に対する責任の限度に関する定款の定め及びこれを定めた年月日」（この登記は、非業務執行理事等と責任限定契約を締結する前においてもすることができる。）又は「非業務執行理事等の法人に対する責任の限度に関する定めを廃止した旨及びその年月日」である。

(4) 貸借対照表の電磁的開示のためのＵＲＬ（ウェブページのアドレス）の設定、変更又は廃止による変更の登記の場合

　　電磁的開示のためのＵＲＬの設定の場合の登記すべき事項は、「貸借対照表の電磁的開示のためのＵＲＬ及びその設定の年月日」、ＵＲＬ変更の場合の登記すべき事項は、「変更後のＵＲＬ及び変更の年月日」、貸借対照表に係る情報の提供を受けるために必要な事項を廃止した場合の登記すべき事項は、「廃止の旨及びその年月日」である。

5　添付書面

添付書面は、次のとおりである（法人法317条2項・3項、330条、商登法18条、一般法登規3条、商登規61条1項）。

(1) 目的の変更の登記の場合

　① 定　款

　② 評議員会議事録

　③ 代理人によって申請する場合は委任状

(2) 役員等の責任の免除についての定款の定めの設定又は廃止による変更の登記の場合

　① 評議員会議事録

　② 代理人によって申請する場合は委任状

(3) 非業務執行理事等が負う責任の限度に関する契約の締結についての定款の定めの設定又は廃止による変更の登記の場合

　① 評議員会議事録

　② 代理人によって申請する場合は委任状

(4) 貸借対照表の電磁的開示のためのＵＲＬの設定、変更又は廃止による変更の登記の場合

　　貸借対照表の電磁的開示のためのＵＲＬの設定、変更又は廃止の登記の場合には、委任状にその旨記載すればよい（株式会社について、松井信憲・前掲書223頁以下参照）。

6　登録免許税

主たる事務所の所在地において申請する場合の登録免許税は、申請1件に

つき 3 万円である。（登免税法別表第一第24号㈠ツ）。

第 5 節　解散及び清算人の登記

第 1　実体上の手続

1　解散の事由

一般財団法人は、次の事由によって解散する（法人法202条）。

(1) 定款で定めた存続期間の満了
(2) 定款で定めた解散の事由の発生
(3) 基本財産の滅失その他の事由による一般財団法人の目的である事業の成功の不能
(4) 合併（合併により当該一般財団法人が消滅する場合に限る。）
(5) 破産手続開始の決定
(6) 法人法261条1項又は268条の規定による解散を命ずる裁判
(7) ある事業年度及びその翌事業年度に係る貸借対照表上の純資産額がいずれも300万円未満となった場合には、当該翌事業年度に関する定時評議員会の終結の時に解散する。なお、新設合併により設立した一般財団法人は、このほか、法人法199条において準用する123条1項の貸借対照表及びその成立の日に属する事業年度に係る貸借対照表上の純資産額がいずれも300万円未満となった場合においても、当該事業年度に関する定時評議員会の終結の時に解散する。
(8) 休眠一般財団法人のみなし解散

最後の登記後5年を経過した一般財団法人については、法務大臣が当該一般財団法人に対し2か月以内に主たる事務所の所在地を管轄する登記所に事業を廃止していない旨の届出をすべき旨を官報に公告し、当該一般財団法人がその公告の日から2か月以内に届出をしないとき（当該期間内に登記がされたときを除く。）は、その期間満了の時に解散したものとみなされ（法人法203条）、この登記は、登記官が職権でする（法人法330条、商登法72条）。

2 清算の手続

(1) 清算一般財団法人の機関

清算をする一般財団法人(以下「清算一般財団法人」という。)は、機関として、評議員及び評議員会のほか1人又は2人以上の清算人を置かなければならない(法人法208条1項)。定款の定めによって、清算人会又は監事をおくことができる(法人法208条2項)。解散時に大規模一般財団法人であった清算一般財団法人は監事を置かなければならない(法人法208条3項)。清算一般財団法人の清算人、監事及び評議員については、任期に関する規律は適用されない(法人法211条2項、177条において準用する67条、174条)。

ところで、一般財団法人においては、監事は必置の機関である(法人法170条1項)ので、定款に監事を置く旨を定める必要はないが、清算一般財団法人においては任意の機関となるので、清算一般財団法人が監事を置くには定款にその旨定めなければならない(定めない場合は、監事は任期満了により退任することになる。)。また、監事を置く旨を定めた清算一般財団法人が、監事を置く旨の定款の定めを廃止する定款の変更をした場合には、当該定款の変更が効力を生じた時に当該清算一般財団法人の監事は任期満了により退任することになる(法人法211条1項)。

(2) 清算人

次に掲げる者は、次の順序で清算一般財団法人の清算人になる(法人法209条)。

① 定款で定めた者
② 評議員会の決議によって選任された者
③ 理　事
④ 裁判所が選任した者

(3) 代表清算人

清算一般財団法人においては、次に掲げる者が代表清算人になる(法人法214条、220条3項)。

① 清算人は、他に代表清算人その他法人を代表する者を定めない限り、清算法人を代表し、代表清算人となる(法人法214条1項)。

② ①の場合において、清算人が2人以上ある場合には、清算人は各自、法人を代表し、代表清算人になる（法人法214条2項）。

③ 清算人会設置法人でない清算一般財団法人においては、定款、定款の定めに基づく清算人（裁判所の選任した者を除く。）の互選又は評議員会の決議によって、清算人の中から定められた者が代表清算人となる（法人法214条3項）。

④ 理事が清算人になる場合において、代表理事を定めていたときは、当該代表理事が代表清算人になる（法人法214条4項）。

⑤ 裁判所が清算人を選任する場合において、その清算人の中から裁判所が代表清算人を定めたときは、その者が代表清算人になる（法人法214条5項）。

⑥ 清算人会設置清算一般財団法人において、他に代表清算人がない場合は、清算人会が選定した者が代表清算人になる（法人法220条3項）。

(4) **清算人の解任**

清算一般財団法人の清算人が次のいずれかに該当するときは、評議員会の決議によって、その清算人を解任することができる（法人法210条2項）。なお、重要な事由があるときは、裁判所は、利害関係人の申立てにより、清算人を解任することができる（法人法210条3項）。

① 職務上の義務に違反し、又は職務を怠ったとき。

② 心身の故障のため、職務の執行に支障があり、又はこれに堪えないとき。

(5) **清算人の職務等**

清算人は、清算一般財団法人を代表し（代表清算人を定めた場合は、代表清算人が代表する。法人法214条）、清算一般財団法人の業務を執行する清算一般財団法人の機関であり（法人法213条）、次に掲げる職務を行う（法人法212条）。

① 現務の結了

② 債権の取立て及び債務の弁済

③ 残余財産の引渡し

なお、上記以外に、清算人が行わなければならない主な業務には、次のようなものがある。

① 財産目録等の作成（法人法225条）
② 貸借対照表等の作成等（法人法227条〜229条）
③ 債権者に対する公告等（法人法233条）
④ 残余財産の帰属等（法人法239条）
⑤ 清算事務の終了等（法人法240条）

第2 登記申請手続

1 申請人

解散の登記の申請人は、解散した一般財団法人であるが、具体的には当該財団法人を代表すべき清算人が当該清算一般財団法人を代表して申請する。なお、解散の登記と清算人及び代表清算人の登記は、一括又は同時申請は義務づけられていないが、一括又は同時に申請するのが通例であろう。

2 申請期間

解散の登記及び清算人及び代表清算人の登記は、主たる事務所の所在地において2週間以内に申請しなければならない（法人法308条1項、310条1項・2項）。

3 登記の事由

解散の登記の登記の事由は、「存立期間の満了による解散」、「定款で定めた解散の事由の発生による解散」等であり、清算人及び代表清算人の登記の登記の事由は、「清算人及び代表清算人の選任」等である。

4 登記すべき事項

解散の登記の登記すべき事項は、「解散の旨並びにその事由及び年月日」であり、清算人及び代表清算人の登記の登記すべき事項は「清算人の氏名、代表清算人の氏名及び住所及び清算人会設置法人であるときは、その旨」である。

なお、登記官は、解散の登記をしたときは、職権で、次に掲げる登記を抹消する記号を記録しなければならないとされている（一般法登規3条、商登規72条1項）。

(1) 理事、代表理事及び外部理事に関する登記
(2) 会計監査人設置一般財団法人である旨の登記及び会計監査人に関する登記

5 添付書面

解散の登記及び清算人及び代表清算人の登記の申請書には、次の書面を添付しなければならない（法人法317条2項、324条1項、326条1項・2項・3項、327条1項・2項）。

(1) 定款で定めた解散の事由の発生による解散の場合には、当該事由の発生を証する書面
(2) 基本財産の滅失その他の事由による一般財団法人の目的である事業の成功の不能の事由の発生による解散の場合は、その事由の発生を証する書面
(3) 法人法202条2項又は3項に規定する事由の発生による解散の場合は、その事由の発生を証する書面
(4) 定　款
(5) 清算人の選任を証する書面

①定款に定めたときは定款、②評議員会の決議によって定めたときは評議員会の議事録、③裁判所が選任したときは選任決定書を添付する。なお、理事が清算人になる法定清算人の場合は、清算人の選任を証する書面を添付する必要はない。

(6) 清算人の中から代表清算人を定めたときは、その選定を証する書面

①定款に定めたときは定款、②定款の定めに基づく清算人の互選によって定めたときは、定款及び互選書、③評議員会の決議によって定めたときは評議員会の議事録、④清算人会で選定したときは清算人会議事録、⑤裁判所が清算人の中から代表清算人を定めたときは選任決定書を添付する。なお、代表理事が法定代表清算人になる場合は、代表清算人の選定を証する書面を添付する必要はない。

(7) 清算人および代表清算人が就任の承諾をしたことを証する書面

ただし、①裁判所が清算人を選任した場合及び法定清算人の場合、②代表

理事が法定代表清算人になる場合、③定款に代表清算人を定めた場合、④評議員会の決議によって代表清算人を定めた場合は、就任の承諾をしたことを証する書面の添付を要しない。

6　登録免許税

(1)　解散の登記の登録免許税額は、申請1件につき3万円である（登免税法別表第一第24号㈠レ）。

(2)　清算人及び代表清算人の登記の登録免許税額は、申請1件につき9,000円である（登免税法別表第一第24号㈢イ）。

第6節　継続の登記

1　実体上の手続

一般財団法人は、次に掲げる場合には、清算が結了するまで（休眠一般財団法人のみなし解散の場合にあっては、解散したものとみなされた後3年以内に限る。）、評議員会の特別決議によって（法人法189条2項5号）、一般財団法人を継続することができる（法人法204条）。

(1)　法人法202条2項又は3項の規定による解散後、清算事務年度に係る貸借対照表上の純資産額がいずれも300万円以上となった場合

(2)　法人法203条1項の規定により解散したものとみなされた休眠一般財団法人の場合

2　登記申請手続

(1)　申請人

継続の登記の申請人は、継続した一般財団法人であるが、具体的には当該一般財団法人を代表すべき代表理事が当該一般財団法人を代表して申請する。

(2)　申請期間

一般財団法人が継続したときは、主たる事務所の所在地において2週間以内に継続の登記を申請しなければならない（法人法309条）。

(3)　登記の事由

継続の登記の登記の事由は、「一般財団法人の継続」、「理事、監事及び代

表理事の変更」等であるが、その他継続後の機関設計に対応して、「会計監査人設置一般財団法人の定めの設定、会計監査人の就任」等が追加される。なお、定款で定めた存続期間、解散の事由を変更し、又は廃止したときは、その記載も必要である。

(4) 登記すべき事項

継続の登記の登記すべき事項は、「継続の旨及びその年月日」であるが、一般財団法人を継続する場合には、継続後の機関設計に対応した機関を置き、理事、監事（監事が退任している場合）及び代表理事等の登記も申請しなければならない。なお、定款で定めた存続期間の満了又は定款で定めた解散の事由に該当して解散した場合は、その変更又は廃止も必要であるので、その登記の申請をしなければならない。

(5) 添付書面

継続の登記の申請書には、継続の決議をした評議員会議事録を添付するほか、機関設計等登記すべき事項に対応した書面の添付が必要である。

(6) 登録免許税

主たる事務所の所在地における継続の登記の登録免許税額は、申請１件につき３万円である（登免税法別表第一第24号㈠ソ）。なお、そのほかに、定款で定めた存続期間又は解散の事由の変更又は廃止の登記、機関設計に対応した登記の登録免許税の納付が必要である。

(7) 印鑑の提出

代表理事は、印鑑を提出しなければならない（一般法登規３条、商登規９条、35条の２）。

第７節　清算結了の登記

1　登記期間

清算が結了したときは、清算一般財団法人は、評議員会における決算報告承認の日から、主たる事務所の所在地において２週間以内に清算結了の登記を申請しなければならない（法人法311条）。

2　登記の事由及び登記すべき事項

清算結了登記の登記の事由は、「清算結了」であり、登記すべき事項は、「清算が結了した旨及びその年月日」である。なお、清算人の就任後2か月以内の清算結了登記の申請は、受理されない（法人法233条1項、昭和33年3月18日民事甲第572号民事局長心得通達参照）。

3　添付書面

清算結了登記の添付書面は、決算報告の承認があったことを証する評議員会の議事録及び代理人によって申請する場合の委任状である（法人法328条、330条、商登法18条）。

4　登録免許税

清算結了登記の登録免許税額は、申請1件につき2,000円である（登免税法別表第一第24号㊂ハ）。

第3章　医療法人・特定非営利活動法人・社会福祉法人等組合等登記令の適用を受ける法人の登記

第1節　総　　論

1　登記の手続が組合等登記令に規定されている法人

　登記の手続が「組合等登記令」（昭和39年政令29号、以下「組合等令」という。）に定められている法人には、次に掲げる87種類の法人（2024年4月1日現在）がある（組合等令1条、別表に「あいうえお」順に掲げられている。）。このうち最も数の多いのは、医療法人で58,902法人（2024年3月31日現在）、次が特定非営利活動法人（以下「ＮＰＯ法人」という。）で49,941法人（2023年3月31日現在）であり、これら以外の法人のうち、ある程度の数があるのは社会福祉法人と学校法人と思われるが、社会福祉法人約2万、学校法人約7,800というように、いずれもそれ程多くはない。そこで、本書では、医療法人を中心に述べることにする。

　登記手続が組合等登記令に定められている法人の名称と実体手続の根拠法は、次のとおりである。

法　人　名	根　拠　法
委託者保護基金	商品先物取引法
医療法人	医療法
外国法事務弁護士法人	外国弁護士による法律事務の取扱い等に関する法律
貸金業協会	貸金業法
学校法人・私立学校法第152条第5項の法人	私立学校法
監査法人	公認会計士法
管理組合法人・団地管理組合法人	建物の区分所有等に関する法律

法 人 名	根 拠 法
行政書士会・日本行政書士会連合会	行政書士法
行政書士法人	行政書士法
漁業共済組合・漁業共済組合連合会	漁業災害補償法
漁業協同組合・漁業生産組合・漁業協同組合連合会・水産加工業協同組合・水産加工業協同組合連合会・共済水産業協同組合連合会	水産業協同組合法
漁業信用基金協会	中小漁業融資保証法
原子力発電環境整備機構	特定放射性廃棄物の最終処分に関する法律
広域臨海環境整備センター	広域臨海環境整備センター法
更生保護法人	更生保護事業法
港務局	港湾法
司法書士会・日本司法書士会連合会	司法書士法
司法書士法人	司法書士法
社会福祉法人	社会福祉法
社会保険労務士会・全国社会保険労務士会連合会	社会法険労務士法
社会保険労務士法人	社会法険労務士法
商工会議所・日本商工会議所	商工会議所法
商工会・商工会連合会	商工会法
使用済燃料再処理・廃炉推進機構	原子力発電における使用済燃料の再処理等の実施及び廃炉の推進に関する法律
商店街振興組合・商店街振興組合連合会	商店街振興組合法
商品先物取引協会	商品先物取引法
職業訓練法人・都道府県職業能力開発協会・中央職業能力開発協会	職業能力開発促進法
信用保証協会	信用保証協会法
森林組合・生産森林組合・森林組合連合会	森林組合法
生活衛生同業組合・生活衛生同業小組合・生活衛生同業組合連合会	生活衛生関係営業の運営の適正化及び振興に関する法律

第3章　医療法人・特定非営利活動法人・社会福祉法人等組合等登記令の適用を受ける法人の登記

法　人　名	根　拠　法
税理士会・日本税理士会連合会	税理士法
税理士法人	税理士法
船員災害防止協会	船員災害防止活動の促進に関する法律
船主相互保険組合	船主相互保険組合法
たばこ耕作組合	たばこ耕作組合法
地方住宅供給公社	地方住宅供給公社法
地方道路公社	地方道路公社法
地方独立行政法人	地方独立行政法人法
投資者保護基金	金融商品取引法
特定非営利活動法人	特定非営利活動促進法
土地開発公社	公有地の拡大の推進に関する法律
土地改良事業団体連合会	土地改良法
土地家屋調査士会・日本土地家屋調査士会連合会	土地家屋調査士法
土地家屋調査士法人	土地家屋調査士法
内航海運組合・内航海運組合連合会	内航海運組合法
認可金融商品取引業協会	金融商品取引法
農業共済組合・農業共済組合連合会	農業保険法
農業協同組合・農業協同組合連合会・農事組合法人	農業協同組合法
農業信用基金協会	農業信用保証保険法
農住組合	農住組合法
農林中央金庫	農林中央金庫法
弁護士法人	弁護士法
弁護士・外国法事務弁護士共同法人	外国弁護士による法律事務の取扱い等に関する法律
弁理士法人	弁理士法
保険契約者保護機構	保険業法
防災街区計画整備組合	密集市街地における防災街区の整備の促進に関する法律

法 人 名	根 拠 法
水先人会・日本水先人会連合会	水先法
労働災害防止団体（中央労働災害防止協会及び労働災害防止協会）	労働災害防止団体法
労働者協同組合・労働者協同組合連合会	労働者協同組合法

2　組合等登記令の構成

　組合等登記令は、次の34条で構成されているが、2条1項から10条までは、主として登記期間に関する規定であり、2条2項は設立の登記の登記事項、16条から23条は、主として添付書面に関する規定である。

　1条（適用範囲）、2条（設立の登記）、3条（変更の登記）、4条（他の登記所の管轄区域内への主たる事務所の移転の登記）、5条（職務執行停止の仮処分等の登記）、6条（代理人の登記）、7条（解散の登記）、7条の2（継続の登記）、8条（合併等の登記）、8条の2（分割の登記）、9条（移行等の登記）、10条（清算結了の登記）、11条から13条まで削除、14条（登記の嘱託）、15条（登記簿）、16条（設立の登記の申請）、17条（変更の登記の申請）、18条（代理人の登記の申請）、19条（解散の登記の申請）、19条の2（継続の登記の申請）、20条（合併による変更の登記の申請）、21条（合併による設立の登記の申請）、21条の2（分割による変更の登記の申請）、21条の3（分割による設立の登記の申請）、22条（移行等の登記の申請）、23条（清算結了の登記の申請）、24条（登記の期間の計算）、25条（商業登記法の準用）、26条（設立の登記に関する特則）、27条（変更の登記に関する特則）、28条（弁護士・外国法事務弁護士共同法人の登記に関する特則）、29条（農業協同組合等の登記に関する特則）、30条（漁業生産組合等の登記に関する特則）、31条（森林組合等の登記に関する特則）、32条（管理組合法人等の登記に関する特則）。

3　添付書面の規定の仕方

　組合等登記令の適用を受ける法人の各種登記の添付書面は、16条2項の

「定款又は寄附行為」を除き、そのほとんどが「○○○を証する書面」という規定の仕方である。そこで、「○○○を証する書面」とは、どのような書面をいうのかが問題になるが、たとえば、「医療法人の名称の変更を証する書面」（組合等令17条１項）であれば（医療法人には、社団形式の医療法人と財団形式の医療法人があるが、そのほとんどが社団形式であるので、ここでは社団形式について述べることにする。）、定款に定める定款変更の方法（医療法44条２項11号の規定により「定款の変更に関する規定」が定款の絶対的記載事項とされ、厚生労働省の定めるモデル定款の規定では定款の変更は社員総会の決議事項とされている。医療法54条の９第１項）にしたがって変更し、かつ都道府県知事の認可（医療法54条の９第３項）を得る必要があるので、①定款、②社員総会議事録、③知事の認可書が、「名称の変更を証する書面」ということになる。つまり、「○○○を証する書面」とは、変更の事実を直接証明する書面ということになる。

第２節　医療法人の設立の登記

第１　実体上の手続

１　医療法人の意義及び設立手続の流れ

医療法人とは、病院（病院とは、医師又は歯科医師が、公衆又は特定多数人のため医業又は歯科医業を行う場所であって、20人以上の患者を入院させるための施設を有するものをいう。医療法１条の５第１項。）、医師若しくは歯科医師が常時勤務する診療所（診療所とは、医師又は歯科医師が、公衆又は特定多数人のため医業又は歯科医業を行う場所であって、患者を入院させるための施設を有しないもの又は19人以下の患者を入院させるための施設を有するものをいう。医療法１条の５第２項。）、医師が常時勤務する介護老人保健施設又は介護医療院を開設する社団又は財団で、都道府県知事の認可を受けたもので（医療法39条、44条１項）、剰余金の配当ができない法人をいう（医療法54条）。

医療法人の総数は、前述のように58,902法人であるが、このうち社団が58,508法人、財団が394法人というように、99％が社団であり（2024年3月31日現在）、常勤医師が1人しかいない「1人医師医療法人」が多い。

　なお、医療法人内の区分として、特定医療法人（租税特別措置法67条の2に定める要件を満たすものとして国税庁長官が承認した医療法人で、法人税の税率が軽減される。）、社会医療法人（医療法42条の2第1項に定める要件に該当するものとして都道府県知事が認定した医療法人）及び特別医療法人（これは、平成19年医療法改正前に認められていたもので、医療法の改正に伴い平成24年3月31日をもって廃止され、社会医療法人に発展解消された。）があるが、特定医療法人は313、特別医療法人は0、社会医療法人は361（いずれも、2024年3月31日現在）と極めて少数である。

　ところで、社団である医療法人の設立手続等の流れは、次のとおりであるが、今後設立される医療法人は、社団である1人医師医療法人（診療所）が多いと思われるので、社団である1人医師医療法人の設立手続を中心に解説することにする。

（1人医師医療法人設立手続の流れ）

　①社員の確定➡②定款の作成等設立準備➡③都道府県知事に対する事前審査（予備審査）のための書類の提出➡④都道府県知事に対する設立認可の本申請➡⑤認可書の受領➡⑥設立登記の申請（医療法人は、設立の登記によって成立する。）➡⑦都道府県知事に対する設立登記完了届➡⑧都道府県知事に対する診療所等の開設許可申請➡⑨診療所等の開設

2　社　員

　社員の員数、資格については、医療法に規定はないが、認可庁である都道府県知事において、社員は3人以上で、自然人に限るとする基準を設けている（各都道府県作成の「医療法人設立の手引」等）。また、未成年者でも、自分の意思で議決権が行使できる程度の弁別能力を有していれば（義務教育終了程度の者）社員となることができるとされている（平成20.12.12医政発第1212008号厚生労働省医政局長通知中の医療法人運営管理指導要綱Ⅰ4(1)の備考）。

なお、「社員の欠亡」（社員が１人もいなくなること）は、法定解散事由とされている（医療法55条１項５号）。

3 定款の作成

(1) 定款の絶対的記載事項

定款の絶対的記載事項は、次のとおりである（医療法44条２項）が、厚生労働省においてモデル定款を定め（地方自治法245条の４第１項参照）、「医療法人運営管理指導要綱」において、「モデル定款」に準拠するように指導しているので、設立認可をスムーズに得るためには、モデル定款に従う方がよい。

なお、定款については、一般社団法人・一般財団法人と異なり公証人の認証等は不要である。これは、医療法人の設立については、都道府県知事の認可が必要であり（医療法44条１項）、定款の内容については都道府県知事が審査するからである。

① 目　的

目的及び事業を記載する。

② 名　称

「医療法人でない者は、その名称中に、医療法人という文字を用いてはならない。」という名称独占の規定はある（医療法40条）が、「医療法人という文字」を用いなければならないという規定はない。

なお、同一所在場所における同一名称の登記は、することができない（組合等令25条において準用する商登法27条）。

③ その開設しようとする病院、診療所、介護老人保健施設又は介護医療院の名称及び開設場所

④ 事務所の所在地

⑤ 資産及び会計に関する規定

医療法人は、その業務を行うに必要な資産を有していなければならない（医療法41条）。医療法人の会計年度は、４月１日に始まり、翌年３月31日に終わるのが原則であるが、定款でこれと異なる定めをすることもできる（医療法53条）。そこで、「資産及び会計」に関する事項として、資産の内容、基

本財産、資産の管理の方法、収支予算、会計年度、決算、剰余金の取扱い等について定めることになる。

なお、医療法人は、毎会計年度終了後3月以内に、事業報告書、財産目録、貸借対照表、損益計算書その他厚生労働省令で定める書類（以下「事業報告書等」という。）、監事の監査報告書等を都道府県知事に届け出なければならない（医療法52条1項）。

⑥ 役員に関する規定

役員の員数、選任の方法、理事長、任期等であるが、医療法に次のような規定が設けられている。

ア　設立当初の役員は、定款に定めなければならない（医療法44条4項）。

イ　理事は3人以上、監事は1人以上を置かなければならない。ただし、理事については、都道府県知事の認可を受けた場合は、1人又は2人の理事を置けばよい（医療法46条の5第1項）。

ウ　次のいずれかに該当する者は、役員になることができない（医療法46条の5第5項、46条の4第2項）。

　(ｱ)　法　人

　(ｲ)　心身の故障のため職務を適正に執行することができない者として厚生労働省令で定めるもの

　(ｳ)　医療法、医師法、歯科医師法その他医事に関する法令の規定により罰金以上の刑に処せられ、その執行を終わり、又は執行を受けることがなくなった日から起算して2年を経過しない者

　(ｴ)　(ｳ)に該当する者を除くほか、拘禁刑以上の刑に処せられ、その執行を終わり、又は執行を受けることがなくなるまでの者

エ　役員の任期は、2年を超えることができない。ただし、再任を妨げない（医療法46条の5第9項）。なお、補欠により就任した役員の任期を、前任者の残任期間とすることは差し支えない。

オ　理事のうち1人を理事長とし、定款の定めるところにより、医師又は歯科医師である理事の内から選出する。ただし、都道府県知事の認可を受けた場合は、医師又は歯科医師でない理事のうちから選出することが

できる（医療法46条の６第１項）。なお、理事長は医療法人を代表し、その業務を総理する（医療法46条の６の２第１項）。

カ　医療法46条の５第１項ただし書の規定に基づく都道府県知事の認可を受けて１人の理事を置く医療法人にあっては、当該理事が理事長とみなされる（医療法46条の６第２項）。

キ　医療法人は、原則として、その開設するすべての病院、診療所、介護老人保健施設又は介護医療院の管理者（医療法10条、14条の２）を理事に加えなければならない（医療法46条の５第６項）。

ク　監事は、医療法人の理事又は職員を兼ねてはならない（医療法46条の５第８項）。

ケ　役員に欠員が生じた場合の権利義務規定が、平成27年改正により新設された（医療法46条の５の３第１項・２項）。

コ　理事又は監事のうち、その定数の５分の１を超える者が欠けたときは、１月以内に補充しなければならない（医療法46条の５の３第３項）。

⑦　理事会に関する規定

理事会招集権者、理事会招集期間、理事会の議長等について規定する。

⑧　社員総会及び社員たる資格の得喪に関する規定

「社員総会に関する規定」としては、定時社員総会の開催時期、臨時社員総会の招集権者、社員総会の権限、社員総会の定足数・決議要件、社員総会の招集通知期間、社員の議決権等について規定し、「社員たる資格の得喪に関する規定」としては、社員の資格、社員名簿、社員の権限、入退社の手続、退社事由等について規定する。

なお、医療法人は、定時社員総会を年２回開催するのが通例である。これは、収支予算の議決と決算について各別に承認を得るためである。

⑨　解散に関する規定

解散の事由、清算人、清算手続、残余財産の帰属等について記載する。

なお、「目的たる業務の成功の不能」又は「社員総会の決議」による解散の場合は、都道府県知事の認可を受けなければ、解散の効力を生じない（医療法55条６項）。

また、残余財産は、合併及び破産手続開始の決定による解散の場合を除いて、定款で定めた者に帰属する。これにより処分されない財産は、国庫に帰属する（医療法56条）。

⑩　定款の変更に関する規定

定款変更の手続について規定する。定款の変更については、都道府県知事の認可を受けなければならない（医療法54条の9第3項）。

⑪　公告の方法

公告の方法については、法令上の制限はないが、モデル定款では、官報、日刊新聞又は電子公告とされている。

(2)　モデル定款の構成

厚生労働省の定めるモデル定款の構成は以下のとおりであり、48条で構成されている。

　　　第1章　名称及び事務所
　　　第2章　目的及び事業
　　　第3章　資産及び会計
　　　第4章　社　員
　　　第5章　社員総会
　　　第6章　役　員
　　　第7章　理事会
　　　第8章　定款の変更
　　　第9章　解散、合併及び分割
　　　第10章　雑　則
　　　附　則

4　都道府県知事に対する認可の申請・認可書の受領

医療法人の設立については、都道府県知事の認可が必要であるが、認可の申請に際しては、まず予備審査を受け（予備審査も、年2回程度に限定されているので、事前に調べておく必要がある。）、次いで本申請をする取扱いである。

なお、都道府県知事は、認可をし、又は認可をしない処分をするに当たっ

ては、あらかじめ、都道府県医療審議会の意見を聴かなければならない（医療法45条2項）。

第2　登記申請手続

1　申請人

医療法人の設立の登記は、理事長が当該医療法人を代表して申請する（組合等令16条1項）。

2　申請期間

医療法人の設立の登記は、その主たる事務所の所在地において、設立の認可その他設立に必要な手続が終了した日から2週間以内にしなければならない（組合等令2条1項）。

3　登記の事由

登記の事由は、「令和何年何月何日設立手続終了」である。

4　登記すべき事項

医療法人の設立の登記の登記すべき事項は、次のとおりであるが、理事、監事、公告の方法が登記事項とされていないことに留意する必要がある（組合等令2条2項）。

① 目的及び業務
② 名　称
　　名称に「社会医療法人」、「特定医療法人」という文字を用いて登記することは可能と解されている。
③ 事務所の所在場所
　　主たる事務所及び従たる事務所の所在場所である。
④ 代表権を有する者の氏名、住所及び資格
　　理事長の氏名及び住所である。
⑤ 存続期間又は解散の事由を定めたときは、その期間又は事由
⑥ 資産の総額
⑦ 医療法46条の3の6において準用する法人法47条の2に規定する電子提供措置をとる旨の定めがあるときは、その定め

5 添付書面

主たる事務所の所在地における設立の登記の申請書の添付書面は、次のとおりである（組合等令16条2項・3項、25条、商登法18条、19条）。なお、商登規61条は、1項・6項及び8項しか準用されていないことに留意する必要がある。

(1) 定　款
(2) 知事の認可書
(3) 医療法人を代表すべき者の資格を証する書面
　　定款の記載を援用する（医療法44条4項）。
(4) 理事長が理事及び理事長に就任を承諾したことを証する書面
(5) 資産の総額を証する書面
　　財産目録（医療法46条2項）を添付する。
(6) 委任状

6 登録免許税

登録免許税は、非課税である。

7 モデル定款

このモデル定款は、東京都保健医療局作成の「医療法人設立の手引」に収録されているものであるが、「第3章　基金」及び附則2条、3条を除いたものが、厚生労働省のモデル定款とほぼ同じである。

医療法人社団○○会定款

第1章 名称及び事務所

第1条 本社団は、医療法人社団○○会と称する。

第2条 本社団は、事務所を東京都○○区（市）○○町○丁目○番○号に置く。

第2章 目的及び事業

第3条 本社団は、病院（診療所、介護老人保健施設、介護医療院）を経営し、科学的でかつ適正な医療（及び要介護者に対する看護、医学的管理下の介護及び必要な医療等）を普及することを目的とする。

第4条 本社団の開設する病院（診療所、介護老人保健施設、介護医療院）の名称及び開設場所は、次のとおりとする。

(1) 医療法人社団　○○　○○病院
　　東京都○○区（市）○○町○丁目○番○号
(2) 医療法人社団　○○　○○診療所
　　東京都○○区（市）○○町○丁目○番○号
(3) 医療法人社団　○○　介護老人保健施設○○園
　　東京都○○区（市）○○町○丁目○番○号
(4) 医療法人社団　○○　介護医療院
　　東京都○○区（市）○○町○丁目○番○号

2　本社団が○○区（市）から指定管理者として指定を受けて管理する病院（診療所、介護老人保健施設、介護医療院）の名称及び開設場所は、次のとおりとする。

(1) ○○病院
　　東京都○○区（市）○○町○丁目○番○号
(2) ○○診療所
　　東京都○○区（市）○○町○丁目○番○号
(3) 介護老人保健施設○○園

　　　　東京都○○区（市）○○町○丁目○番○号
　⑷　医療法人社団　○○　介護医療院
　　　　東京都○○区（市）○○町○丁目○番○号
第5条　本社団は、前条に掲げる病院（診療所、介護老人保健施設、介護医療院）を経営するほか、次の業務を行う。
　　医療法人社団　○○　○○訪問看護ステーション
　　東京都○○区（市）○○町○丁目○番○号

　　　　　第3章　基　　金
第6条　本社団は、その財政的基盤の維持を図るため、基金を引き受ける者の募集をすることができる。
第7条　本社団は、基金の拠出者に対して、本社団と基金の拠出者との間の合意の定めるところに従い返還義務（金銭以外の財産については、拠出時の当該財産の価額に相当する金銭の返還義務）を負う。
第8条　基金の返還は、定時社員総会の決議によって行わなければならない。
2　本社団は、ある会計年度に係る貸借対照表上の純資産額が次に掲げる金額の合計額を超える場合においては、当該会計年度の次の会計年度の決算の決定に関する定時社員総会の日の前日までの間に限り、当該超過額を返還の総額の限度として基金の返還をすることができる。
　⑴　基　　金（代替基金を含む。）
　⑵　資産につき時価を基準として評価を行ったことにより増加した貸借対照表上の純資産額
3　前項の規定に違反して本社団が基金の返還を行った場合には、当該返還を受けた者及び当該返還に関する職務を行った業務執行者は、本社団に対し、連帯して、返還された額を弁済する責任を負う。
4　前項の規定にかかわらず、業務執行者は、その職務を行うについて注意を怠らなかったことを証明したときは、同項の責任を負わない。
5　第3項の業務執行者の責任は、免除することができない。ただし、

第2項の超過額を限度として当該責任を免除することについて総社員の同意がある場合は、この限りでない。
6　第2項の規定に違反して基金の返還がされた場合においては、本社団の債権者は、当該返還を受けた者に対し、当該返還の額を本社団に対して返還することを請求することができる。
第9条　基金の返還に係る債権には、利息を付することができない。
第10条　基金の返還をする場合には、返還をする基金に相当する金額を代替基金として計上しなければならない。
2　前項の代替基金は、取り崩すことができない。

第4章　資産及び会計

第11条　本社団の資産は次のとおりとする。
　(1)　設立当時の財産
　(2)　設立後寄附された金品
　(3)　事業に伴う収入
　(4)　その他の収入
2　本社団の設立当時の財産目録は、主たる事務所において備え置くものとする。
第12条　本社団の資産のうち、次に掲げる財産を基本財産とする。
　(1)　--
　(2)　--
　(3)　--
2　基本財産は処分し、又は担保に供してはならない。ただし、特別の理由のある場合には、理事会及び社員総会の議決を経て、処分し、又は担保に供することができる。
第13条　本社団の資産は、社員総会又は理事会で定めた方法によって、理事長が管理する。
第14条　資産のうち現金は、医業経営の実施のため確実な銀行又は信託会社に預け入れ若しくは信託し、又は国公債若しくは確実な有価証

券に換え保管する。

第15条　本社団の収支予算は、毎会計年度開始前に理事会及び社員総会の議決を経て定める。

第16条　本社団の会計年度は、毎年4月1日に始まり翌年3月31日に終る。

第17条　本社団の決算については、事業報告書、財産目録、貸借対照表及び損益計算書（以下「事業報告書等」という。）を作成し、監事の監査、理事会の承認及び社員総会の承認を受けなければならない。

2　本社団は、事業報告書等、監事の監査報告書及び本社団の定款を事務所に備えて置き、社員又は債権者から請求があった場合には、正当な理由がある場合を除いて、これを閲覧に供しなければならない。

3　本社団は、毎会計年度終了後3月以内に、事業報告書等及び監事の監査報告書を東京都知事に届け出なければならない。

第18条　決算の結果、剰余金を生じたとしても、配当してはならない。

第5章　社　　員

第19条　本社団の社員になろうとする者は、社員総会の承認を得なければならない。

2　社団は、社員名簿を備え置き、社員の変更があるごとに必要な変更を加えなければならない。

第20条　社員は、次に掲げる理由によりその資格を失う。

　(1)　除　名
　(2)　死　亡
　(3)　退　社

2　社員であって、社員たる義務を履行せず本社団の定款に違反し又は品位を傷つける行為のあった者は、社員総会の議決を経て除名することができる。

第21条　やむを得ない理由のあるときは、社員はその旨を理事長に届け出て、退社することができる。

第6章 社員総会

第22条 理事長は、定時社員総会を、毎年2回、○月及び○月に開催する。

2 理事長は、必要があると認めるときは、いつでも臨時社員総会を招集することができる。

3 理事長は、総社員の5分の1以上の社員から社員総会の目的である事項を示して臨時社員総会の招集を請求された場合には、その請求があった日から20日以内に、これを招集しなければならない。

4 社員総会の招集は、期日の少なくとも5日前までに、その社員総会の目的である事項、日時及び場所を記載し、理事長がこれに記名した書面で社員に通知しなければならない。

第23条 社員総会の議長は、社員の中から社員総会において選任する。

第24条 次の事項は、社員総会の議決を経なければならない。

(1) 定款の変更
(2) 基本財産の設定及び処分（担保提供を含む。）
(3) 毎事業年度の事業計画の決定又は変更
(4) 収支予算及び決算の決定又は変更
(5) 重要な資産の処分
(6) 借入金額の最高限度の決定
(7) 社員の入社及び除名
(8) 本社団の解散
(9) 他の医療法人との合併若しくは分割に係る契約の締結又は分割計画の決定

2 その他重要な事項についても、社員総会の議決を経ることができる。

第25条 社員総会は、総社員の過半数の出席がなければ、その議事を開き、決議することができない。

2 社員総会の議事は、法令又はこの定款に別段の定めがある場合を除き、出席した社員の議決権の過半数で決し、可否同数のときは、議長

の決するところによる。

3　前項の場合において、議長は、社員として議決に加わることができない。

第26条　社員は、社員総会において各1個の議決権及び選挙権を有する。

第27条　社員総会においては、あらかじめ通知のあった事項のほかは議決することができない。ただし、急を要する場合はこの限りではない。

2　社員総会に出席することのできない社員は、あらかじめ通知のあった事項についてのみ書面又は代理人をもって議決権及び選挙権を行使することができる。ただし、代理人は社員でなければならない。

3　代理人は、代理権を証する書面を議長に提出しなければならない。

第28条　社員総会の議決事項につき特別の利害関係を有する社員は、当該事項につきその議決権を行使できない。

第29条　社員総会の議事については、法令で定めるところにより、議事録を作成する。

第30条　社員総会の議事についての細則は、社員総会で定める。

第7章　役　　員

第31条　本社団に、次の役員を置く。

　(1)　理　　事　　　　　○名以上○名以内
　　　　うち　理事長　　　1名
　(2)　監　　事　　　　　○名

第32条　理事及び監事は、社員総会の決議によって選任する。

2　理事長は、理事会において、理事の中から選出する。

3　本社団が開設（指定管理者として管理する場合も含む。）する病院（診療所、介護老人保健施設、介護医療院）の管理者は、必ず理事に加えなければならない。

4　前項の理事は、管理者の職を退いたときは、理事の職を失うものと

する。
5　理事又は監事のうち、その定数の5分の1を超える者が欠けたときは、1月以内に補充しなければならない。

第33条　理事長は本社団を代表し、本社団の業務に関する一切の裁判上又は裁判外の行為をする権限を有する。

2　理事長は、本社団の業務を執行し、
　（例1）3箇月に1回以上、自己の職務の執行の状況を理事会に報告しなければならない。
　（例2）毎事業年度に4箇月を超える間隔で2回以上、自己の職務の執行の状況を理事会に報告しなければならない。

3　理事長に事故があるときは、理事長があらかじめ定めた順位に従い、理事がその職務を行う。

4　監事は、次の職務を行う。
　⑴　本社団の業務を監査すること。
　⑵　本社団の財産の状況を監査すること。
　⑶　本社団の業務又は財産の状況について、毎会計年度、監査報告書を作成し、当該会計年度終了後3月以内に社員総会又は理事会に提出すること。
　⑷　第1号又は第2号による監査の結果、本社団の業務又は財産に関し不正の行為又は法令若しくはこの定款に違反する重大な事実があることを発見したときは、これを東京都知事、社員総会又は理事会に報告すること。
　⑸　第4号の報告をするために必要があるときは、社員総会を招集すること。
　⑹　理事が社員総会に提出しようとする議案、書類、その他の資料を調査し、法令若しくはこの定款に違反し、又は著しく不当な事項があると認めるときは、その調査の結果を社員総会に報告すること。

5　監事は、本社団の理事又は職員（本社団の開設する病院、診療所、介護老人保健施設又は介護医療院（指定管理者として管理する病院等

を含む。）の管理者その他の職員を含む。）を兼ねてはならない。

第34条 役員の任期は２年とする。ただし、再任を妨げない。

2　補欠により就任した役員の任期は、前任者の残任期間とする。

3　役員は、第31条に定める員数が欠けた場合には、任期の満了又は辞任により退任した後も、新たに選任された者が就任するまで、なお役員としての権利義務を有する。

第35条 役員は、社員総会の決議によって解任することができる。ただし、監事の解任の決議は、出席した社員の議決権の３分の２以上の賛成がなければ、決議することができない。

第36条 役員の報酬等は、

（例１）社員総会の決議によって別に定めるところにより支給する。

（例２）理事及び監事について、それぞれの総額が〇〇円以下及び〇〇円以下で支給する。

（例３）理事長〇円、理事〇円、監事〇円とする。

第37条 理事は、次に掲げる取引をしようとする場合には、理事会において、その取引について重要な事実を開示し、その承認を受けなければならない。

⑴　自己又は第三者のためにする本社団の事業の部類に属する取引

⑵　自己又は第三者のためにする本社団との取引

⑶　本社団がその理事の債務を保証することその他その理事以外の者との間における本社団とその理事との利益が相反する取引

2　前項の取引をした理事は、その取引後、遅滞なく、その取引についての重要な事実を理事会に報告しなければならない。

第38条 本社団は、役員が任務を怠ったことによる損害賠償責任を、法令に規定する額を限度として、理事会の決議により免除することができる。

2　本社団は、役員との間で、任務を怠ったことによる損害賠償責任について、当該役員が職務を行うにつき善意でかつ重大な過失がないときに、損害賠償責任の限定契約を締結することができる。ただし、そ

の責任の限度額は、○円以上で本社団があらかじめ定めた額と法令で定める最低責任限度額とのいずれか高い額とする。

第8章　理事会

第39条　理事会は、すべての理事をもって構成する。

第40条　理事会は、この定款に別に定めるもののほか、次の職務を行う。

(1)　本社団の業務執行の決定

(2)　理事の職務の執行の監督

(3)　理事長の選出及び解職

(4)　重要な資産の処分及び譲受けの決定

(5)　多額の借財の決定

(6)　重要な役割を担う職員の選任及び解任の決定

(7)　従たる事務所その他の重要な組織の設置、変更及び廃止の決定

第41条　理事会は、

（例1）各理事が招集する。

（例2）理事長（又は理事会で定める理事）が招集する。この場合、理事長（又は理事会で定める理事）が欠けたとき又は理事長（理事会で定める理事）に事故があるときは、各理事が理事会を招集する。

2　理事長（又は理事会で定める理事、又は各理事）は、必要があると認めるときは、いつでも理事会を招集することができる。

3　理事会の招集は、期日の1週間前までに、各理事及び各監事に対して理事会を招集する旨の通知を発しなければならない。

4　前項にかかわらず、理事会は、理事及び監事の全員の同意があるときは、招集の手続を経ることなく開催できる。

第42条　理事会の議長は、理事長とする。

第43条　理事会の決議は、法令又はこの定款に別段の定めがある場合を除き、議決事項について特別の利害関係を有する理事を除く理事の

過半数が出席し、その過半数をもって行う。
2　前項の規定にかかわらず、理事が理事会の決議の目的である事項について提案した場合において、その提案について特別の利害関係を有する理事を除く理事全員が書面又は電磁的記録により同意の意思表示をしたときは、理事会の決議があったものとみなす。ただし、監事がその提案について異議を述べたときはこの限りでない。

第44条　理事会の議事については、法令で定めるところにより、議事録を作成する。
2　理事会に出席した理事及び監事は、前項の議事録に署名し、又は記名押印する。

第45条　理事会の議事についての細則は、理事会で定める。

第9章　定款の変更

第46条　この定款は、社員総会の議決を経、かつ、東京都知事の認可を得なければ変更することができない。

第10章　解散、合併及び分割

第47条　本社団は、次の事由によって解散する。
⑴　目的たる業務の成功の不能
⑵　社員総会の決議
⑶　社員の欠亡
⑷　他の医療法人との合併
⑸　破産手続開始の決定
⑹　設立認可の取消し

2　本社団は、総社員の4分の3以上の賛成がなければ、前項第2号の社員総会の決議をすることができない。
3　第1項第1号又は第2号の事由により解散する場合は、東京都知事の認可を受けなければならない。

第48条　本社団が解散したときは、合併及び破産手続開始の決定による

解散の場合を除き、理事がその清算人となる。ただし、社員総会の議決によって理事以外の者を選任することができる。

2 清算人は、社員の欠亡による事由によって本社団が解散した場合には、東京都知事にその旨を届け出なければならない。

3 清算人は、次の各号に掲げる職務を行い、又、当該職務を行うために必要な一切の行為をすることができる。
 (1) 現務の結了
 (2) 債権の取立て及び債務の弁済
 (3) 残余財産の引渡し

第49条 本社団が解散した場合の残余財産は、合併及び破産手続開始の決定による解散の場合を除き、次の者から選定して帰属させるものとする。
 (1) 国
 (2) 地方公共団体
 (3) 医療法第31条に定める公的医療機関の開設者
 (4) 都道府県医師会又は郡市区医師会（一般社団法人又は一般財団法人に限る。）
 (5) 財団たる医療法人又は社団たる医療法人であって持分の定めのないもの

第50条 本社団は、総社員の同意があるときは、東京都知事の認可を得て、他の社団たる医療法人又は財団たる医療法人と合併することができる。

第61条 本社団は、総社員の同意があるときは、東京都知事の認可を得て、分割することができる。

第11章　雑　　則

第52条 本社団の公告は、
 （例1）官報に掲載する方法
 （例2）○○新聞に掲載する方法

（例３）電子公告（ホームページ）によって行う。

（例３の場合）
2　事故その他やむを得ない事由によって前項の電子公告をすることができない場合は、官報（又は○○新聞）に掲載する方法によって行う。

第53条　この定款の施行細則は、理事会及び社員総会の議決を経て定める。

　　　附　　則
第１条　本社団設立当初の役員は、次のとおりとする。
　　　理 事 長　○　○　○　○
　　　理　　事　○　○　○　○
　　　　同　　　○　○　○　○
　　　　同　　　○　○　○　○
　　　　同　　　○　○　○　○
　　　監　　事　○　○　○　○
　　　　同　　　○　○　○　○
第２条　本社団の最初の会計年度は、第16条の規定にかかわらず、設立の日から平成○年○月○日までとする。
第３条　本社団の設立当初の役員の任期は、第34条第１項の規定にかかわらず、平成○年○月○日までとする。

第3節　代表権を有する者の変更の登記

第1　実体上の手続

1　代表権を有する者に関する登記事項

　組合等登記令の適用を受ける法人の役員に関する登記事項は、①「代表権を有する者の氏名、住所及び資格」、②「代表権の範囲又は制限に関する定めがあるときは、その定め」及び③「共同代表の定めがあるときは、その定め」であるが、①は登記手続について組合等登記令の適用を受けるすべての法人（87種類の法人）に共通の登記事項であり、②は委託者保護基金、学校法人、私立学校法152条5項の法人、行政書士法人、司法書士法人、社会保険労務士法人、使用済燃料再処理・廃炉推進機構、商品先物取引協会、投資者保護基金、保険契約者保護機構、特定非営利活動法人、土地家屋調査士法人に固有の登記事項であり、③は管理組合法人及び団地管理組合法人に固有の登記事項である（組合等令2条2項、別表中登記事項欄）。

2　代表権を有する者及びその資格

　「代表権を有する者」は、当該法人の設立根拠法において当該法人を代表すると規定されている者であり、「資格」は、理事長、理事等設立根拠法で規定している代表権を有する者の資格である。例えば、医療法人、学校法人及び社会福祉法人については、それぞれの設立根拠法で次のように規定されている。

(1)　医療法人

> **医療法46条の5**　医療法人には、役員として、理事3人以上及び監事1人以上を置かなければならない。ただし、理事について、都道府県知事の認可を受けた場合は、1人又は2人の理事を置けば足りる。
> 2　社団たる医療法人の役員は、社員総会の決議によつて選任する。
> 3　財団たる医療法人の役員は、評議員会の決議によつて選任する。
> 4　医療法人と役員との関係は、委任に関する規定に従う。

5 　第46条の４第２項の規定は、医療法人の役員について準用する。
6 　医療法人は、その開設する全ての病院、診療所、介護老人保健施設又は介護医療院（指定管理者として管理する病院等を含む。）の管理者を理事に加えなければならない。ただし、医療法人が病院、診療所、介護老人保健施設又は介護医療院を２以上開設する場合において、都道府県知事の認可を受けたときは、管理者（指定管理者として管理する病院等の管理者を除く。）の一部を理事に加えないことができる。
7 　前項本文の理事は、管理者の職を退いたときは、理事の職を失うものとする。
8 　監事は、当該医療法人の理事又は職員を兼ねてはならない。
9 　役員の任期は、２年を超えることはできない。ただし、再任を妨げない。

医療法46条の６ 　医療法人（次項に規定する医療法人を除く。）の理事のうち１人は、理事長とし、医師又は歯科医師である理事のうちから選出する。ただし、都道府県知事の認可を受けた場合は、医師又は歯科医師でない理事のうちから選出することができる。
2 　第46条の５第１項ただし書の認可を受けて１人の理事を置く医療法人にあつては、この章（次条第３項を除く。）の規定の適用については、当該理事を理事長とみなす。

第46条の６の２ 　理事長は、医療法人を代表し、医療法人の業務に関する一切の裁判上又は裁判外の行為をする権限を有する。
2 　前項の権限に加えた制限は、善意の第三者に対抗することができない。
3 　第46条の５の３第１項及び第２項の規定は、理事長が欠けた場合に

ついて準用する。

第46条の7 理事会は、全ての理事で組織する。
2 理事会は、次に掲げる職務を行う。
  一 医療法人の業務執行の決定
  二 理事の職務の執行の監督
  三 理事長の選出及び解職
3 理事会は、次に掲げる事項その他の重要な業務執行の決定を理事に委任することができない。
  一 重要な資産の処分及び譲受け
  二 多額の借財
  三 重要な役割を担う職員の選任及び解任
  四 従たる事務所その他の重要な組織の設置、変更及び廃止
  五 社団たる医療法人にあつては、第47条の2第1項において準用する一般社団法人及び一般財団法人に関する法律第114条第1項の規定による定款の定めに基づく第47条第1項の責任の免除
  六 財団たる医療法人にあつては、第47条の2第1項において準用する一般社団法人及び一般財団法人に関する法律第114条第1項の規定による寄附行為の定めに基づく第47条第4項において準用する同条第1項の責任の免除

(2) **学校法人**

(理事選任機関)
私立学校法29条 理事選任機関の構成、運営その他理事選任機関に関し必要な事項は、寄附行為をもつて定める。
(理事の選任等)
私立学校法30条 理事は、私立学校を経営するために必要な知識又は経

験及び学校法人の適正な運営に必要な識見並びに社会的信望を有する者のうちから、寄附行為をもつて定めるところにより、理事選任機関が選任する。

2　理事選任機関は、理事を選任するときは、あらかじめ、評議員会の意見を聴かなければならない。

3　理事選任機関は、理事を選任する場合に、文部科学省令で定めるところにより、理事の総数が5人（5人を超える員数を寄附行為をもつて定めた場合にあつては、その員数）を下回ることとなるときに備えて補欠の理事を選任することができる。

4　学校法人と理事との関係は、委任に関する規定に従う。

（理事に欠員を生じた場合の措置）

私立学校法34条　理事が任期の満了又は辞任により退任し、これによつて理事の総数が5人（5人を超える員数を寄附行為をもつて定めた場合にあつては、その員数。次項において同じ。）を下回ることとなつた場合には、その退任した理事は、新たに選任された理事（同項の一時理事の職務を行うべき者を含む。）が就任するまで、なお理事としての権利義務を有する。

2　理事の総数が5人を下回ることとなつた場合において、事務が遅滞することにより損害を生ずるおそれがあるときは、所轄庁は、利害関係人の請求により又は職権で、一時理事の職務を行うべき者を選任することができる。

3　理事のうち、その定数の5分の1を超えるものが欠けたときは、1月以内に補充しなければならない。

（理事長、代表業務執行理事及び業務執行理事）

私立学校法37条　学校法人には理事長1人を置くものとし、寄附行為を

もつて定めるところにより、理事のうちから、理事会が選定する。
2 学校法人は、寄附行為をもつて定めるところにより、代表業務執行理事又は業務執行理事を置くことができる。
3 代表業務執行理事は、寄附行為をもつて定めるところにより、理事（理事長を除く。）のうちから、理事会が選定する。
4 業務執行理事は、寄附行為をもつて定めるところにより、理事（理事長及び代表業務執行理事を除く。）のうちから、理事会が選定する。
5 理事長、代表業務執行理事及び業務執行理事は、次項から第8項までの規定に従い、学校法人の業務を執行する。
6 理事長は、学校法人を代表し、その業務を総理する。
7 代表業務執行理事は、寄附行為をもつて定めるところにより学校法人を代表し、理事会の定めるところにより理事長を補佐して学校法人の業務を掌理する。
8 業務執行理事は、理事会の定めるところにより、理事長を補佐して学校法人の業務を掌理する。
9 理事長及び代表業務執行理事の学校法人を代表する権限に加えた制限は、善意の第三者に対抗することができない。

以上、私立学校法37条5項・6項の規定に基づき学校法人においては、代表権を有する者は理事長ということになる。ただし、私立学校法37条7項の場合の代表権を有する者の資格は理事であり、34条2項の仮理事の場合の資格は仮理事である。

(3) **社会福祉法人**

(機関の設置)
社会福祉法36条 社会福祉法人は、評議員、評議員会、理事、理事会及び監事を置かなければならない。
2 社会福祉法人は、定款の定めによつて、会計監査人を置くことができる。

（会計監査人の設置義務）

社会福祉法37条 特定社会福祉法人（その事業の規模が政令で定める基準を超える社会福祉法人をいう。第46条の5第3項において同じ。）は、会計監査人を置かなければならない。

評議員は、定款の定める方法で選任する（社会福祉法39条）。

（役員等の選任）

社会福祉法43条 役員及び会計監査人は、評議員会の決議によつて選任する。
2　前項の決議をする場合には、厚生労働省令で定めるところにより、この法律又は定款で定めた役員の員数を欠くこととなるときに備えて補欠の役員を選任することができる。
3　一般社団法人及び一般財団法人に関する法律第72条、第73条第1項及び第74条の規定は、社会福祉法人について準用する。この場合において、同法第72条及び第73条第1項中「社員総会」とあるのは「評議員会」と、同項中「監事が」とあるのは「監事の過半数をもって」と、同法第74条中「社員総会」とあるのは「評議員会」と読み替えるものとするほか、必要な技術的読替えは、政令で定める。

社会福祉法人の役員とは、理事及び監事をいう（社会福祉法31条1項6号）。

（役員の任期）

社会福祉法45条 役員の任期は、選任後2年以内に終了する会計年度のうち最終のものに関する定時評議員会の終結の時までとする。ただし、定款によつて、その任期を短縮することを妨げない。

(理事会の権限等)

社会福祉法45条の13 理事会は、全ての理事で組織する。
2 理事会は、次に掲げる職務を行う。
　一 社会福祉法人の業務執行の決定
　二 理事の職務の執行の監督
　三 理事長の選定及び解職
3 理事会は、理事の中から理事長1人を選定しなければならない。
4 理事会は、次に掲げる事項その他の重要な業務執行の決定を理事に委任することができない。
　一 重要な財産の処分及び譲受け
　二 多額の借財
　三 重要な役割を担う職員の選任及び解任
　四 従たる事務所その他の重要な組織の設置、変更及び廃止
　五 理事の職務の執行が法令及び定款に適合することを確保するための体制その他社会福祉法人の業務の適正を確保するために必要なものとして厚生労働省令で定める体制の整備
　六 第45条の22の2において準用する一般社団法人及び一般財団法人に関する法律第114条第1項の規定による定款の定めに基づく第45条の20第1項の責任の免除
5 その事業の規模が政令で定める基準を超える社会福祉法人においては、理事会は、前項第5号に掲げる事項を決定しなければならない。

(理事長の職務及び権限等)

社会福祉法45条の17 理事長は、社会福祉法人の業務に関する一切の裁判上又は裁判外の行為をする権限を有する。
2 前項の権限に加えた制限は、善意の第三者に対抗することができない。

> 3　第45条の6第1項及び第2項並びに一般社団法人及び一般財団法人に関する法律第78条及び第82条の規定は理事長について、同法第80条の規定は民事保全法(平成元年法律第91号)第56条に規定する仮処分命令により選任された理事又は理事長の職務を代行する者について、それぞれ準用する。この場合において、第45条の6第1項中「この法律又は定款で定めた役員の員数が欠けた場合」とあるのは、「理事長が欠けた場合」と読み替えるものとする。

社会福祉法人の代表権を有する者は、理事長である。

(4)　特定非営利活動法人(NPO法人)

> **(役員の定款)**
> 特定非営利活動促進法15条　特定非営利活動法人には、役員として、理事3人以上及び監事1人以上を置かなければならない。

> **(理事の代表権)**
> 特定非営利活動法人法16条　理事は、すべて特定非営利活動法人の業務について、特定非営利活動法人を代表する。ただし、定款をもって、その代表権を制限することができる。

3　代表権を有する者の退任の事由

代表権を有する者の退任の事由には、①辞任、②死亡、③任期満了、④資格喪失、⑤解任、⑥破産手続開始の決定等があるが、本書では、特に登記実務上問題となる③及び④について説明する。

(1)　任期の満了

①　医療法人

医療法人については、平成19年4月1日から施行された医療法の改正により、理事の任期は「2年を超えることはできない。」とされた(医療法46条

の5第9項)ので、たとえ定款に「理事は、任期満了後といえども、後任者が就任するまでは、その職務を行うものとする。」と定めても、2年を超えて任期を伸張することはできない。理事長の任期は法律に規定されていないが、理事から選出される理事長は、理事の資格を前提とするので、理事の任期が満了すれば、理事長も退任することになる。医療法人の設立について認可権を有する都道府県知事(医療法44条1項)を指導する立場にある厚生労働省の定めるモデル定款で、次に述べるように、「役員の任期は2年とする。」と確定的に定めているので、ほとんどの医療法人が同様に定めているものと思われる。そこで、実務の取扱いとしては、理事就任の日に理事長に選任されるのが通常と思われるので、理事長は、原則として、登記された理事長の就任の日からカウントして2年後の日をもって任期満了退任することになろう。2年より前に退任する場合(任期に関し、経過措置の適用を受ける理事長を除き、これより後に退任することはない。)には、定款及び理事の選任を証する書面によって、任期を証明しなければならない。

　なお、平成19年改正医療法施行前は、医療法に理事の任期を定める規定は設けられておらず、厚生労働省の定めるモデル定款に、次のように定められているにすぎなかった(平成19年法改正後のモデル定款は、下線の箇所を括弧内のように直し、更に平成27年改正に伴うモデル定款は、3項を括弧内のように直している。)。

第○条　役員の任期は2年とする。ただし、再任を妨げない。
2　補欠により就任した役員の任期は、前任者の<u>残留</u>(残任)期間とする。
3　役員は、任期満了後といえども、後任者<u>の</u>(が)就任するまでは、その職務を行うものとする。
(3　役員は、第26条に定める員数が欠けた場合には、任期の満了又は辞任により退任した後も、新たに選任された者が就任するまで、なお役員としての権利義務を有する。)

ところで、平成19年改正医療法施行時に在任している理事については、改正医療法附則11条に次のような経過措置が設けられ、平成27年改正法附則3条では「施行の際現に医療法人の役員である者の任期については、なお従前の例による。」とする経過措置が設けられた。

「　この法律の施行の際現に医療法人の役員である者の任期は、新医療法第46条の2第3項の規定にかかわらず、この法律の施行の際におけるその者の役員としての残任期間と同一の期間とする。」

したがって、平成19年4月1日に在任している理事は、改正前のモデル定款の「役員は、任期満了後といえども、後任者の就任するまでは、その職務を行うものとする。」という規定にしたがい、たとえ平成19年4月1日現在で就任後2年を経過していても、任期は後任者が選任されるまで伸長されると解される（平成19年3月30日民商811号通知）。

そこで、平成19年改正法施行前に設立された医療法人については、定款又は寄附行為の変更について、平成19年改正法附則9条により1年以内の改正法に適応する定款の変更が義務づけられていたので、1年以内に定款の改正、任期伸長理事の後任者の選任等必要な措置をとらなかった場合の理事の任期が問題になったが、これについては、平成19年改正法附則11条の規定に従い後任者が就任するまで引き続き在任すると解するのが、法務当局の見解である。この取扱いは、平成28年改正後も適用されることに留意する必要がある。

② 学校法人

学校法人の理事長の任期については、私立学校法に規定はないが、「理事の定数、任期並びに選任及び解任の方法、理事長の選定の方法その他理事に関する事項」が寄附行為の絶対的記載事項とされている（私立学校法23条1項5号）ので、理事の資格を前提とする理事長の任期も寄附行為に定める理事の任期に従うことになる。

③ 社会福祉法人

厚生労働省の定める定款例は、次のとおりであるが、特に留意する必要があるのは、設立当初の役員の任期である。

> (役員〈及び会計監査人〉の任期)
> 第19条　理事又は監事の任期は、選任後2年以内に終了する会計年度のうち最終のものに関する定時評議員会の終結の時までとし、再任を妨げない。
> 2　理事又は監事は、第15条に定める定数に足りなくなるときは、任期の満了又は辞任により退任した後も、新たに選任された者が就任するまで、なお理事又は監事としての権利義務を有する。
> 〈3　会計監査人の任期は、選任後1年以内に終了する会計年度のうち最終のものに関する定時評議員会の終結の時までとする。ただし、その定時評議員会において別段の決議がされなかったときは、再任されたものとみなす。〉
> (備考一)
> 　会計監査人を置いていない場合、〈　〉内は不要。
> (備考二)
> 　理事の任期は、定款によって短縮することもできる（法第45条）。
> 　法第45条に基づき、補欠理事又は監事の任期を退任した理事又は監事の任期満了時までとする場合には、第1項の次に次の一項を加えること。
> 　2　補欠として選任された理事又は監事の任期は、前任者の任期の満了する時までとすることができる。

　設立当初の役員等について、社会福祉法人定款例の附則に次のような規定が設けられているので、設立当初の役員の任期が問題になるが、これについては、任期短縮の定めと考える（社会福祉法45条ただし書）。したがって、「定款のただし書は、設立当初の役員の任期は後任者が就任するまでであるとの定めと解し、当該役員の退任の事由は、任期満了とすべきである。」と解されている（登記研究273号74頁）(注)。

> 　この法人の設立当初の役員、評議員〈、会計監査人〉は、次のとおりとする。ただし、この法人の成立後遅滞なく、この定款に基づき、役員

の選任を行うものとする。
　理事長
　理事
　理事
　理事
　理事
　理事
　監事
　監事
　評議員
　評議員
　評議員
　評議員
　評議員
　評議員
　評議員
〈会計監査人〉

(注)　登記研究273号74頁
　　　法人役員の退任の事由について
　問　定款の附則に「この法人の設立当初の役員は次のとおりとする。ただし、この法人の成立後、遅滞なくこの定款にもとづき役員の選任を行なうものとする。」と規定のある社会福祉法人が法人成立後3か月目に役員の改選をしたが、前役員の退任の事由は任期満了とすべきでしようか。なお、役員の任期は2年である旨の定款の定めがあります。
　答　意見のとおりと考えます。

④　NPO法人
　NPO法人の理事の任期については、NPO法に次のように定められているので、留意する必要がある。

> **(役員の任期)**
> **第24条** 役員の任期は、2年以内において定款で定める期間とする。ただし、再任を妨げない。
> 2 前項の規定にかかわらず、定款で役員を社員総会で選任することとしている特定非営利活動法人にあっては、定款により、後任の役員が選任されていない場合に限り、同項の規定により定款で定められた任期の末日後最初の社員総会が終結するまでその任期を伸長することができる。

(2) **資格喪失**

医療法人、社会福祉法人及び学校法人の理事長は、理事の中から選出されるので、理事を退任すると資格喪失により理事長も退任することになる。なお、NPO法人の役員についても、欠格事由が定められている(NPO法20条)。

4 代表権を有する者の就任

代表権を有する者は、次の方法で選出し、就任の承諾をすることによって理事長等代表権を有する者に就任する。

(1) **医療法人**

医療法人の代表権を有する者は理事長であるが、理事長は、理事会の決議により、医師又は歯科医師である理事のうちから選出する(医療法46条の6第1項、46条の7第2項3号)。ただし、都道府県知事の認可を受けた場合は、医師又は歯科医師でない理事のうちから選出することができるとされている(医療法46条の6第1項ただし書)。なお、理事は社員総会の決議により選任する(医療法46条の5第2項)。

(2) **学校法人**

改正前の私立学校法は、役員として理事5人以上及び監事2人以上を置き、理事のうち1人は、寄附行為の定めるところにより、理事長となるとされていた(改正前私立学校法35条)。現在は、寄附行為の定めるところによ

り（私立学校法23条1項5号は「理事の定数、任期並びに選任及び解任の方法、理事長の選定の方法その他理事に関する事項」を寄附行為の絶対的記載事項と規定している。）、理事を選任することになる。なお、設立当初の役員は、寄附行為をもって定めなければならないとされている（私立学校法23条2項）。

ところで、理事長は、学校法人を代表し、その業務を総理するが（私立学校法37条6項）、改正後の私立学校法37条は、前述のように規定している。

(3) **社会福祉法人**

社会福祉法人の代表権を有する者は理事長である（社会福祉法45条の17第1項）が、理事長は、理事会の決議により選定する（社会福祉法45条の13第3項）。

なお、理事は、評議員会の決議によって選任し（社会福祉法43条1項）、評議員は、定款の定めるところにより選任する（社会福祉法39条1項）。

(4) **ＮＰＯ法人**

ＮＰＯ法人の代表権を有する者は理事である（ＮＰＯ法16条1項）が、理事の選任の方法については、「設立当初の役員は、定款で定めなければならない。」と規定する（ＮＰＯ法11条2項）のみで、その後の理事の選任の方法についてはＮＰＯ法に規定されていない。そこで、ＮＰＯ法11条1項6号が「役員に関する事項」を定款の絶対的記載事項と定めているので、定款に定める理事の選任の方法にしたがって、選任することになる。これについて、法務省は、次のような定数の記載例を示している。なお、この場合の登記事項としての代表権を有する者の資格は「理事」である。

第4章 役員及び職員

(種別及び定数)

第12条 この法人に次の役員を置く。

 (1) 理事 〇〇人

 (2) 監事 〇〇人

2 理事のうち、1人を理事長、1人を副理事長とする。

(選任等)
第13条 理事及び監事は、総会において選任する。
2 理事長及び副理事長は、理事の互選とする。
3 役員のうちには、それぞれの役員について、その配偶者若しくは3親等以内の親族が1人を超えて含まれ、又は当該役員並びにその配偶者及び3親等以内の親族が役員の総数の3分の1を超えて含まれることになってはならない。
4 監事は、理事又はこの法人の職員を兼ねることができない。

第2 登記申請手続

1 登記期間
代表権を有する者の変更の登記の登記期間は、変更が生じた日から、主たる事務所の所在地において2週間以内である（組合等令3条1項）。

2 登記の事由
登記の事由は、どのような理由によって登記を申請するかを明らかにするために記載するものであるので、「理事長（又は理事）の変更」というように記載する。変更の年月日は、登記すべき事項の記載から判明する場合には、記載する必要はない。

3 登記すべき事項
主たる事務所の所在地における登記すべき事項は、次のとおりである。
(1) 代表権を有する者（医療法人の場合は理事長、学校法人の場合は理事長及び代表権の制限の定めがある場合の理事、社会福祉法人の場合は理事長。）の任期満了による変更の登記の場合
　　理事長（又は理事）の氏名、退任の旨及びその年月日
(2) 代表権を有する者（医療法人の場合は理事長、学校法人の場合は理事長及び代表権の制限の定めがある場合の理事、社会福祉法人の場合は理事長。）の資格喪失による変更の登記の場合
　　理事長（又は理事）の氏名、資格喪失による退任の旨及びその年月日

(3) 代表権を有する者（医療法人の場合は理事長、学校法人の場合は理事長及び代表権の制限の定めがある場合の理事、社会福祉法人の場合は理事長。）の就任による変更の登記の場合

　　理事長（又は理事）の氏名、住所、就任の旨及びその年月日

4　添付書面

主たる事務所の所在地における代表権を有する者の変更による変更登記申請書の添付書面は、次のとおりである。

(1) **代表権を有する者の退任による変更の登記の場合（組合等令17条1項本文）**

① 任期満了による退任の場合は、任期の判明する定款及び社員総会等の議事録

② 資格喪失（例えば、医療法人の理事長が医師の資格を喪失した場合、設置する私立学校の校長から選ばれた理事が理事長となっている学校法人において、理事長が校長の職を退いた場合、社会福祉法人の理事長たる理事が社会福祉法44条1項によって準用する同法40条1項に掲げる理事の欠格事由に該当することになった場合）による退任の場合は、これらの事由に該当することになったことを証する書面

③ 辞任による退任の場合は、辞任届

(2) **代表権を有する者の就任による変更の登記の場合（組合等令17条1項本文）**

登記事項の変更を証する書面として次の書面を添付する。その他商業登記法19条が準用されている（組合等令25条）ので、留意する必要がある。

　ア　**医療法人の場合**

医療法人の理事長は、「医療法人の理事のうち1人は、理事長とし、医師又は歯科医師である理事のうちから選出する。ただし、都道府県知事の認可を受けた場合は、医師又は歯科医師でない理事のうちから選出することができる。」と規定している（医療法46条の6第1項）ので、次の書面の添付が必要になる。

(ア) 理事長は、理事のうちから選出するので、まず理事であることを証す

る書面（①社団たる医療法人の理事は、社員総会で選任するので、社員総会議事録、財団たる医療法人の理事は、評議員会で選任するので、評議員会議事録、②理事長たる理事の理事としての就任承諾書）

(イ) 医師又は歯科医師であることを証する書面

これは、重任の場合も必要である。これには、医師免許証又は歯科医師免許証の写しが該当する。

(ウ) 医療法46条の5第1項ただし書の規定に基づく都道府県知事の認可を受けて1人又は2人の理事を置く医療法人にあっては、都道府県知事の認可書

(エ) 医療法46条の6第1項ただし書の規定に基づく都道府県知事の認可を得て医師又は歯科医師でない理事から理事長を選出した医療法人にあっては、都道府県知事の認可書

(オ) 新理事長が理事長に就任したことを証する書面（①理事長は理事会で選出される（医療法46条の7第2項3号）ので、理事長を選出した理事会議事録、②理事長としての就任承諾書）の添付を要するが、理事長に選任されたことを証する理事会の議事録に押印した理事の印鑑と変更前の理事長が登記所に提出している印鑑とが同一である場合を除き、当該議事録の印鑑について市町村長の作成した印鑑の証明書を添付しなければならない（各種法登規5条、商登規61条6項3号）。

イ 学校法人の場合

学校法人の理事長は、寄附行為の定めるところにより、理事のうちから選任するが、①新理事長が理事に就任したことを証する書面（寄附行為、寄附行為所定の方法によって理事に選任されたことを証する書面及び理事としての就任承諾書）及び②新理事長が理事長に就任したことを証する書面（寄附行為、寄附行為所定の方法によって理事長に選任されたことを証する書面及び理事長としての就任承諾書）の添付を要する（平成17年3月3日民商496号通知）が、ここで留意を要するのは、①の書面の添付を要することと②の寄附行為所定の方法によって理事長に選任されたことを証する書面が、理事会の議事録等である場合には、当該議事録の印鑑と変更前の理事長が登記所

に提出している印鑑とが同一である場合を除き、当該議事録の印鑑について市町村長の作成した印鑑の証明書を添付しなければならないことである（各種法登規5条、商登規61条6項、平成17年3月3日民商496号通知）。

　ウ　社会福祉法人の場合

　社会福祉法人の代表権を有する者は理事長であり（社会福祉法45条の17第1項）、理事長は理事会の決議により選定し（社会福祉法45条の13第3項）、理事会を構成する理事は、評議員で選任する（社会福祉法43条1項）。そこで、①理事長が理事に選任された評議員会議事録、②理事長たる理事が就任の承諾をした書面、③理事長を選任した理事会議事録、④理事長が就任の承諾をした書面及び⑤委任状を添付する。なお、理事長を選定した理事会議事録の印鑑と変更前の理事長が登記所に提出している印鑑とが同一である場合を除き、当該議事録の印鑑について市町村長の作成した印鑑の証明書を添付しなければならない（各種法登規5条、商登規61条6項3号）。

5　登録免許税

　登録免許税は、非課税である。

第4節　その他の登記

1　その他の登記の種類

　登記の手続について、医療法人等組合等登記令の適用を受ける法人の変更の登記には、代表権を有する者の変更の登記以外に、①目的及び業務の変更の登記、②名称の変更の登記、③事務所の所在地の変更・移転の登記、④存続期間又は解散の事由の変更の登記、⑤資産の総額の変更等組合等登記令別表の登記事項の欄に掲げる事項の変更の登記があり（組合等令3条参照）、その他に⑥代表権を有する者の職務執行停止の仮処分等の登記、⑦代理人の登記、⑧解散の登記、⑨継続の登記、⑩合併の登記、⑪分割の登記、⑫移行等の登記及び⑬清算結了の登記があるが、ここで最も多いのは、医療法人の資産の総額の変更の登記（資産の総額は毎会計年度ごとに変わるのが通常である。）と思われるので、そのポイントを説明することにする。

2　医療法人の資産の総額の変更の登記

(1)　資産の総額

　資産の総額とは、積極財産（資産の部）から消極財産（負債の部）を控除した純財産（純資産）をいう（昭和39年8月15日民事甲2860号回答）。医療法人は、毎会計年度（医療法人の会計年度は、医療法53条の規定により、原則として4月1日に始まり、翌年3月31日に終わるとされている。なお、医療法人は、事業年度ではなく「会計年度」という用語を用いている。）終了後2か月以内に、事業報告書、財産目録、貸借対照表、損益計算書等を作成し（医療法51条）、これらの書類及び医療法52条1項2号及び3号に規定する書類を毎会計年度終了後3月以内に都道府県知事に提出しなければならないとされている（医療法52条、医療法人運営管理指導要綱Ⅲ3(5)「決算及び財務諸表」）。

(2)　資産の総額の変更の登記の登記期間

　医療法人は、毎会計年度において、資産の総額に変更が生じるのが通常と思われる。そこで、資産の総額に変更が生じた場合には、毎会計年度末日現在により、当該末日から3月以内に資産の総額の変更の登記を申請すれば足りる（組合等令3条3項）。

　なお、債務超過になった場合は、「資産の総額金0円（債務超過額金何円）」として登記の申請をする（昭和54年2月10日民四838号回答）。

(3)　添付書面

　主たる事務所の所在地における資産の総額の変更の登記の添付書面は、次のとおりである（組合等令17条1項、25条、商登法18条）。

　①　資産の総額の変更を証する書面

　原則として、社員総会又は評議員会の承認を得た財産目録又は貸借対照表を添付する（厚生労働省の社団医療法人定款例12条1項、財団医療法人寄附行為例12条1項参照）が、監事の作成した資産の総額の証明書でもよいとされている（登記研究529号163頁「質疑応答7263」（注））。なお、この場合、監事であることの証明書は添付しなくてもよい。

　②　代理人によって申請する場合は、委任状

(**注**) 登記研究529号163頁
　　資産の総額の変更を証する書面について
　〔**要旨**〕民法法人の資産の総額の変更の登記の申請書に添付する資産の総額の変更を証する書面は、当該法人の監事が作成した資産の総額についての証明書でも差し支えない。
　問　民法法人の資産の総額の変更の登記の申請書に添付する資産の総額の変更を証する書面は、財産目録又は貸借対照表に限られるものではなく、当該法人の監事が作成した資産の総額についての証明書でも差し支えないと考えますが、いかがでしょうか。
　答　御意見のとおりと考えます。
　　なお、この場合、その者が監事であることの証明は要しません。

第 4 章　独立行政法人等登記令の適用を受ける法人の登記

第 1 節　総　　論

1　独立行政法人等登記令の適用を受ける法人

　登記の手続について、独立行政法人等登記令の適用を受ける法人には、①独立行政法人（87法人）、②国立大学法人（81法人）・大学共同利用機関法人（4法人）（以下国立大学法人及び大学共同利用機関法人を合わせて「国立大学法人等」という。）及び③独立行政法人等登記令別表の名称の欄に掲げられた法人（41法人）の3つのグループがあり（以下①、②及び③の法人を合わせて「独立行政法人等」という。）、いずれの法人も、設立については登記が効力要件とされ（独立行政法人通則法17条、国立大学法人法35条の2。ただし、古い法人については、その旨の規定のない法人もある。）、その他の登記については対抗要件とされている（独立行政法人通則法9条、国立大学法人法35条の2、日本銀行法12条）。

　なお、独立行政法人等においても、登記の懈怠が過料の対象となることに留意する必要がある（独立行政法人通則法71条1項4号、国立大学法人法40条1項11号、日本銀行法65条4号、各種法登規5条、商登規118条）。

(1)　独立行政法人

　政府の事業仕分けで問題になった法人であるので、記憶に新しいと思う。この法人は、独立行政法人通則法2条1項に、「この法律において独立行政法人とは、国民生活及び社会経済の安定等の公共上の見地から確実に実施されることが必要な事務及び事業であって、国が自ら主体となって直接に実施する必要のないもののうち、民間の主体に委ねた場合には必ずしも実施されないおそれがあるもの又は一の主体に独占して行わせることが必要であるものを効果的かつ効率的に行わせるため、中期目標管理法人、国立研究開発法人又は行政執行法人として、この法律及び個別法の定めるところにより設立

独立行政法人一覧 （令和6年4月1日現在）

| 内閣府所管 | 3 |

○国立公文書館
　北方領土問題対策協会
☆日本医療研究開発機構

| 消費者庁所管 | 1 |

　国民生活センター

| 総務省所管 | 3 |

☆情報通信研究機構
○統計センター
　郵便貯金簡易生命保険管理・郵便局ネットワーク支援機構

| 外務省所管 | 2 |

　国際協力機構
　国際交流基金

| 財務省所管 | 3 |

　酒類総合研究所
○造幣局
○国立印刷局

| 文部科学省所管 | 22 |

　国立特別支援教育総合研究所
　大学入試センター
　国立青少年教育振興機構
　国立女性教育会館
　国立科学博物館
★物質・材料研究機構
☆防災科学技術研究所
☆量子科学技術研究開発機構
　国立美術館
　国立文化財機構
　教職員支援機構
☆科学技術振興機構
　日本学術振興会
★理化学研究所
☆宇宙航空研究開発機構
　日本スポーツ振興センター
　日本芸術文化振興会
　日本学生支援機構
☆海洋研究開発機構
　国立高等専門学校機構
　大学改革支援・学位授与機構
☆日本原子力研究開発機構

| 厚生労働省所管 | 17 |

　勤労者退職金共済機構
　高齢・障害・求職者雇用支援機構
　福祉医療機構
　国立重度知的障害者総合施設のぞみの園
　労働政策研究・研修機構
　労働者健康安全機構
　国立病院機構
　医薬品医療機器総合機構
☆医薬基盤・健康・栄養研究所
　地域医療機能推進機構
　年金積立金管理運用独立行政法人
☆国立がん研究センター
☆国立循環器病研究センター
☆国立精神・神経医療研究センター
☆国立国際医療研究センター
☆国立成育医療研究センター
☆国立長寿医療研究センター

| 農林水産省所管 | 9 |

○農林水産消費安全技術センター

家畜改良センター
☆農業・食品産業技術総合研究機構
☆国際農林水産業研究センター
☆森林研究・整備機構
☆水産研究・教育機構
　　農畜産業振興機構
　　農業者年金基金
　　農林漁業信用基金

| 経済産業省所管 | 9 |

　　経済産業研究所
　　工業所有権情報・研修館
★産業技術総合研究所
○製品評価技術基盤機構
☆新エネルギー・産業技術総合開発
　　機構
　　日本貿易振興機構
　　情報処理推進機構
　　エネルギー・金属鉱物資源機構
　　中小企業基盤整備機構

| 国土交通省所管 | 15 |

☆土木研究所
☆建築研究所
☆海上・港湾・航空技術研究所
　　海技教育機構
　　航空大学校
　　自動車技術総合機構
　　鉄道建設・運輸施設整備支援機構
　　国際観光振興機構
　　水資源機構
　　自動車事故対策機構
　　空港周辺整備機構
　　都市再生機構
　　奄美群島振興開発基金
　　日本高速道路保有・債務返済機構
　　住宅金融支援機構

| 環境省所管 | 2 |

☆国立環境研究所
　　環境再生保全機構

| 防衛省所管 | 1 |

○駐留軍等労働者労務管理機構

(注1)　○印の法人は、行政執行法人（役職員が国家公務員の身分を有するもの（7法人））
(注2)　☆印、★印の法人は、国立研究開発法人（27法人）
　　　　★印の法人は、特定国立研究開発法人による研究開発等の促進に関する特別措置法（平成28年法律第43号）に基づいて指定された法人（3法人）
(注3)　無印の法人は、中期目標管理法人（53法人）
(注4)　法人の名称の冒頭の「独立行政法人」及び「国立研究開発法人」は省略

| 合　計 | 87法人 |

される法人をいう。」と規定されている。

独立行政法人は、令和6年4月1日現在87法人ある（「独立行政法人一覧」参照）が、独立行政法人の名称、目的、事務所、役員の任期等は、個別法（例えば、独立行政法人都市再生機構法、独立行政法人国立印刷局法、独立行政法人国立美術館法等独立行政法人の数だけ個別法が制定されている。）で定められている（独立行政法人通則法4条、5条、7条、21条）。

なお、独立行政法人には、中期目標管理法人、国立研究開発法人、行政執行法人の3種類がある。

(2) **国立大学法人等**

国立大学法人とは、国立大学を設置することを目的として国立大学法人法の定めるところにより設立される法人をいい、国立大学とは、国立大学法人法別表第一の第二欄に掲げる大学をいい（国立大学法人法2条1項・2項）、別表第一の第二欄には85の大学が掲げられている。

大学共同利用機関法人とは、大学共同利用機関を設置することを目的として国立大学法人法の定めるところにより設立される法人をいい、国立大学法人法別表第二の第二欄に掲げる研究分野について、大学における学術研究の発展等に資するために設置される大学の共同利用の研究所をいい（国立大学法人法2条3項・4項）、これには4つの研究機構がある。

(3) **独立行政法人等登記令別表の名称の欄に掲げる法人**

この法人は、かつて特殊法人といわれたもので（独立行政法人等登記令もかつては特殊法人登記令と称され、その別表に多くの法人が掲げられていたが、1990年代後半の行政改革により、その多くは独立行政法人へ移行したり、民営化されたりした。）、現在、独立行政法人等登記令別表の名称の欄に掲げられている法人は、日本銀行、日本赤十字社、日本放送協会等41法人である。この中に、日本公認会計士協会と日本弁理士会が含まれていることには、いささか奇異な感じがする。

2 **独立行政法人等の登記の種類**

独立行政法人等の登記には、①設立の登記、②変更の登記、③他の登記所の管轄区域内への主たる事務所の移転の登記、④職務執行停止の仮処分等の

登記、⑤代理人の登記、⑥解散の登記及び⑦清算結了の登記がある。

3 商業登記法の準用

　商業登記法1条の3から5条まで、7条から15条まで、17条から19条の3まで、21条から23条の2まで、24条（13号から15号までを除く。）、26条、27条、51条から53条まで、71条1項、132条から137条まで及び139条から148条までの規定は、独立行政法人等の登記について準用される。

第2節　設立の登記

1　登記期間

　主たる事務所の所在地における設立の登記については、登記期間の定めはない（独法令2条1項、独立行政法人通則法16条、17条参照）。

　なお、独立行政法人等が設立されるためには、そのための個別法（根拠法）の制定が必要である。ただし、国立大学法人等については、国立大学法人法別表第一又は別表第二の改正をすればよい。

2　主たる事務所の所在地における登記事項

　独立行政法人等が、設立の登記において登記しなければならない事項は、次のとおりである（独法令2条2項）。

⑴　**名　称**

　各独立行政法人及び特殊法人の名称は、個別法で定められ（独立行政法人通則法4条、独立行政法人都市再生機構法2条等）、各国立大学法人の名称は国立大学法人法別表第一の第一欄に掲げられ（国立大学法人法4条）、各大学共同利用機関法人の名称は国立大学法人法別表第二の第一欄に掲げられている（国立大学法人法5条）。なお、独立行政法人等の名称については、すべて名称の使用制限の規定が設けられている（独立行政法人通則法10条、国立大学法人法8条等）。

⑵　**事務所の所在場所**

　主たる事務所及び従たる事務所の所在場所を登記する（独法令2条2項2号）。

なお、主たる事務所の所在地は、独立行政法人及び特殊法人については、個別法で定められ（独立行政法人通則法7条1項、独立行政法人都市再生機構法4条、日本銀行法7条1項等）、国立大学法人については、国立大学法人法別表第一の第三欄に掲げられ（国立大学法人法4条）、大学共同利用機関法人については、国立大学法人法別表第二の第三欄に掲げられている（国立大学法人法5条）。ただし、法律に規定する「主たる事務所の所在地」は、都道府県までであり（日本銀行法7条1項、日本赤十字社法6条、独立行政法人都市再生機構法4条等）、最小行政区画については定款に定めることとされている法人もある（日本銀行法11条1項3号、日本赤十字社法7条1項3号等）。

(3) 代表権を有する者の氏名、住所及び資格

代表権を有する者は、個別法で定められている。例えば、独立行政法人では、まず独立行政法人通則法18条から20条で次のように規定し、次いで、例えば独立行政法人都市再生機構であれば、個別法である独立行政法人都市再生機構法の6条及び7条で次のように規定している。したがって、独立行政法人都市再生機構の場合には、代表権を有する者は理事長ということになり、理事長の資格で理事長の氏名及び住所が登記される。

独立行政法人通則法

(役員)
第18条　各独立行政法人に、個別法で定めるところにより、役員として、法人の長1人及び監事を置く。
2　各独立行政法人には、前項に規定する役員のほか、個別法で定めるところにより、他の役員を置くことができる。
3　各独立行政法人の法人の長の名称、前項に規定する役員の名称及び定数並びに監事の定数は、個別法で定める。

(役員の職務及び権限)
第19条　法人の長は、独立行政法人を代表し、その業務を総理する。
2　個別法で定める役員（法人の長を除く。）は、法人の長の定めると

ころにより、法人の長に事故があるときはその職務を代理し、法人の長が欠員のときはその職務を行う。
3　前条第2項の規定により置かれる役員の職務及び権限は、個別法で定める。
4　監事は、独立行政法人の業務を監査する。この場合において、監事は、主務省令で定めるところにより、監査報告を作成しなければならない。
5　監事は、いつでも、役員（監事を除く。）及び職員に対して事務及び事業の報告を求め、又は独立行政法人の業務及び財産の状況の調査をすることができる。
6　監事は、独立行政法人が次に掲げる書類を主務大臣に提出しようとするときは、当該書類を調査しなければならない。
　一　この法律の規定による認可、承認、認定及び届出に係る書類並びに報告書その他の総務省令で定める書類
　二　その他主務省令で定める書類
7　監事は、その職務を行うため必要があるときは、独立行政法人の子法人（独立行政法人がその経営を支配している法人として総務省令で定めるものをいう。以下同じ。）に対して事業の報告を求め、又はその子法人の業務及び財産の状況の調査をすることができる。
8　前項の子法人は、正当な理由があるときは、同項の報告又は調査を拒むことができる。
9　監事は、監査の結果に基づき、必要があると認めるときは、法人の長又は主務大臣に意見を提出することができる。

（役員の任命）
第20条　法人の長は、次に掲げる者のうちから、主務大臣が任命する。
　一　当該独立行政法人が行う事務及び事業に関して高度な知識及び経験を有する者
　二　前号に掲げる者のほか、当該独立行政法人が行う事務及び事業を適正かつ効率的に運営することができる者

2 　監事は、主務大臣が任命する。

3 　主務大臣は、前二項の規定により法人の長又は監事を任命しようとするときは、必要に応じ、公募（当該法人の長又は監事の職務の内容、勤務条件その他必要な事項を公示して行う候補者の募集をいう。以下この項において同じ。）の活用に努めなければならない。公募によらない場合であっても、透明性を確保しつつ、候補者の推薦の求めその他の適任と認める者を任命するために必要な措置を講ずるよう努めなければならない。

4 　第18条第2項の規定により置かれる役員は、第1項各号に掲げる者のうちから、法人の長が任命する。

5 　法人の長は、前項の規定により役員を任命したときは、遅滞なく、主務大臣に届け出るとともに、これを公表しなければならない。

次いで、個別法である、例えば独立行政法人都市再生機構法で、次のように定めている。

独立行政法人都市再生機構法

（役員）
第6条　機構に、役員として、その長である理事長及び監事3人を置く。

2 　機構に、役員として、副理事長1人及び理事8人以内を置くことができる。

（副理事長及び理事の職務及び権限等）
第7条　副理事長は、理事長の定めるところにより、機構を代表し、理事長を補佐して機構の業務を掌理する。

2 　理事は、理事長の定めるところにより、理事長（副理事長が置かれているときは、理事長及び副理事長）を補佐して機構の業務を掌理する。

3 通則法第19条第2項の個別法で定める役員は、副理事長とする。ただし、副理事長が置かれていない場合であって理事が置かれているときは理事、副理事長及び理事が置かれていないときは監事とする。
4 前項ただし書の場合において、通則法第19条第2項の規定により理事長の職務を代理し又はその職務を行う監事は、その間、監事の職務を行ってはならない。

(4) **独立行政法人及び国立大学法人等にあっては、資本金**

　独立行政法人は、その業務を確実に実施するために必要な資本金その他の財産的基礎を有しなければならないとされ（独立行政法人通則法8条）、国立大学法人等の資本金は、国立大学法人法附則9条2項の規定により政府から出資があったものとされた金額とされている（国立大学法人法7条）ので、資本金が登記事項とされている。ちなみに国立大学法人東京大学の資本金は、1兆352億6329万9136円である（令和6年3月31日現在）。

(5) **代表権の範囲又は制限に関する定めがある独立行政法人にあっては、その定め**

　代表権の範囲又は制限に関する定めがある場合に限って登記をすることになるが、どのような場合がこれに該当するかが問題となる。そこで、同じく代表権の範囲又は制限に関する定めが登記事項とされている特殊法人の場合（特殊法人においては、独立行政法人等登記令別表において、代表権の範囲又は制限に関する定めが登記事項とされている法人は指定されている。）をみてみると、個別法に、おおむね次のように規定されている。そこで、この規定の仕方から判断すれば、前述の独立行政法人都市再生機構法7条1項が同趣旨の規定であり、副理事長について理事長が代表権の範囲又は制限に関する定めをしていれば、独立行政法人都市再生機構においては「代表権の範囲又は制限に関する定め」が登記すべき事項となろう。

日本私立学校振興・共済事業団法

> **(役員の職務及び権限)**
> 第11条　理事長は、事業団を代表し、その業務を総理する。
> 2　理事は、理事長の定めるところにより、事業団を代表し、理事長を補佐して事業団の業務を掌理し、理事長に事故があるときはその職務を代理し、理事長が欠員のときはその職務を行う。
> 3　監事は、事業団の業務を監査する。この場合において、監事は、文部科学省令で定めるところにより、監査報告書を作成しなければならない。
> 4　監事は、いつでも、役員（監事を除く。）及び職員に対して事務及び事業の報告を求め、又は事業団の業務及び財産の状況の調査をすることができる。
> 5　監事は、事業団がこの法律の規定による認可、承認、認定及び届出に係る書類並びに報告書その他の文部科学省令で定める書類を文部科学大臣に提出しようとするときは、これらの書類を調査しなければならない。
> 6　監事は、その職務を行うため必要があるときは、事業団の子法人（事業団がその経営を支配している法人として文部科学省令で定めるものをいう。以下同じ。）に対して事業の報告を求め、又はその子法人の業務及び財産の状況の調査をすることができる。
> 7　前項の子法人は、正当な理由があるときは、同項の報告又は調査を拒むことができる。
> 8　監事は、監査の結果に基づき、必要があると認めるときは、理事長又は文部科学大臣に意見を提出することができる。

(6) 独立行政法人北方領土問題対策協会にあっては、基金

基金が登記事項とされているのは、独立行政法人北方領土問題対策協会のみである。

(7) 別表の名称の欄に掲げる法人にあっては、同表登記事項の欄に掲げる事項

　登記事項の欄に掲げる事項としては、①資本金、②代表権の範囲又は制限に関する定めがあるときは、その定め、③出資１口の金額、④公告の方法、⑤資産の総額、⑥解散の事由がある。ちなみに、日本銀行は①、②、③及び④のすべてが登記事項とされ、①は沖縄振興開発金融公庫、外国人技能実習機構、金融経済教育推進機構、原子力損害賠償・廃炉等支援機構、全国健康保険協会、脱炭素成長型経済構造移行推進機構、地方公共団体金融機構、地方公共団体情報システム機構、日本下水道事業団、日本司法支援センター、日本私立学校振興・共済事業団、日本中央競馬会、日本年金機構、農水産業協同組合貯金保険機構、福島国際研究教育機構、預金保険機構において登記事項とされ、②は外国人技能実習機構、銀行等保有株式取得機構、金融経済教育推進機構、原子力損害賠償・廃炉等支援機構、広域的運営推進機関、社会保険診療報酬支払基金、消防団員等公務災害補償等共済基金、脱炭素成長型経済構造移行推進機構、地方公共団体金融機構、地方公共団体情報システム機構、地方税共同機構、日本勤労者住宅協会、日本私立学校振興・共済事業団、日本中央競馬会において登記事項とされている。

　なお、②は、現実に代表権の範囲又は制限に関する定めがある場合に限って登記を要することになるが、日本銀行の場合には、日本銀行法22条の２に「総裁又は副総裁の代表権に加えた制限は、善意の第三者に対抗することができない。」という規定があるので、現実にその登記をすることができるかどうかは問題がある。

3　添付書面

　独立行政法人等の設立の登記の申請書には、次に掲げる書面を添付しなければならない（独法令10条、15条、商登法18条）。

(1) 独立行政法人等を代表すべき者の資格を証する書面
　　主務大臣の任命書等である。

(2) 資本金、代表権の範囲又は制限に関する定め、独立行政法人等登記令別表の登記事項の欄に掲げる事項（①資本金、②代表権の範囲又は制限

に関する定めがあるときは、その定め、③出資一口の金額、④公告の方法、⑤資産の総額、⑥解散の事由）を登記すべき独立行政法人等にあっては、その事項を証する書面
(3) 資本金その他これに準ずるものを登記すべき独立行政法人等にあっては、資本金その他これに準ずるものにつき必要な払込み又は給付があったことを証する書面
(4) 代理人によって申請する場合には、その権限を証する書面

第3節　変更の登記

1　変更の登記の種類

　独立行政法人等の変更の登記には、①名称の変更の登記、②事務所の所在場所の変更の登記、③代表権を有する者の変更の登記、③独立行政法人及び国立大学法人等にあっては、資本金の変更の登記、④代表権の範囲又は制限に関する定めがある独立行政法人にあっては、その定めの変更の登記、⑤特殊法人にあっては、独立行政法人等登記令別表の登記事項の欄に掲げる事項の変更の登記がある。

2　登記期間

　変更の登記は、主たる事務所の所在地において2週間以内に申請しなければならない（独法令3条1項）。

　ただし、資産総額の変更の登記は、主たる事務所の所在地において毎事業年度末日現在により、当該末日から4月以内（独立行政法人農林漁業信用基金又は国立研究開発法人森林研究・整備機構の資本金の変更については、4週間以内）に申請すればよい（独法令3条2項）。

3　添付書面

　変更の登記の申請書には、変更を証する書面及び代理人によって申請する場合は、その権限を証する書面を添付しなければならない（独法令15条、商登法18条）。変更を証する書面は、例えば、独立行政法人の代表権を有する者の変更の場合は、独立行政法人の代表権を有する者は主務大臣が任命する

こととされ（独立行政法人通則法20条1項）、その任期は個別法に規定されているので、変更を証する書面は、任命書及び就任承諾書ということになる。なお、登記事項の変更について官庁の認可を要するときは、その認可書の添付も必要である（独法令15条、商登法19条）。

第4節　代理人の登記

1　代理人

代理人は、主たる事務所又は従たる事務所の業務に関し一切の裁判上又は裁判外の行為をする権限を有する者である（独法令6条）が、代理権の範囲については、①業務のすべてに関し一切の裁判上又は裁判外の行為をする権限を有する代理人（独法令6条1項）と②業務の一部に関し一切の裁判上又は裁判外の行為をする権限を有する代理人（独法令6条2項）がある。

①は、独立行政法人等登記令別表の名称の欄に掲げる法人のうち、同表の根拠法の欄に掲げる法律に規定されている法人（沖縄振興開発金融公庫、高圧ガス保安協会、消防団員等公務災害補償等共済基金、地方競馬全国協会、日本銀行、日本勤労者住宅協会、日本消防検定協会、日本電気計器検定所等）が選任する代理人である（沖縄振興開発金融公庫法15条、高圧ガス保安法59条の20、消防団員等公務災害補償等責任共済等に関する法律25条、競馬法23条の31、日本銀行法27条、日本勤労者住宅協会法19条、消防法21条の32、日本電気計器検定所法18条）。

②は、独立行政法人通則法25条（国立大学法人法35条の2において準用する場合を含む。）に定める代理人で、独立行政法人又は国立大学法人が選任する代理人である。

なお、①の法人のうち、根拠法の欄に掲げる法律の規定に「業務の一部に関し一切の裁判上又は裁判外の行為をする権限を有する代理人を選任することができる」旨の定めがある法人（自動車安全運転センター、全国健康保険協会、日本下水道事業団、日本年金機構等）が選任する代理人もこれに該当する（自動車安全運転センター法24条、健康保険法7条の17、日本下水事

業団法21条、日本年金機構法18条)。

2　選任の方法

代理人は、当該法人の理事又は職員(従業員)のうちから、理事長及び副理事長等によって選任される(日本勤労者住宅協会法19条、日本銀行法27条等参照)。

3　登記期間及び登記事項

特殊法人等が代理人を選任したときは、2週間以内に、その主たる事務所の所在地において、前記1の①の法人にあっては、代理人の氏名及び住所並びに代理人を置いた事務所を、②の法人にあっては、代理人の氏名及び住所、代理人を置いた事務所並びに代理権の範囲を登記しなければならない(独法令6条1項・2項)。

なお、これらの事項に変更を生じ、又は代理人の代理権が消滅したときは、2週間以内に、その登記をしなければならない(独法令6条3項)。

4　添付書面

(1)　前記1の①の登記の申請書には、代理人の選任を証する書面及び代理人によって申請する場合のその権限を証する書面を添付しなければならない(独法令12条1項)。

(2)　前記1の②の登記の申請書には、代理人の選任及び代理権の範囲を証する書面並びに代理人によって申請する場合のその権限を証する書面を添付しなければならない(独法令12条2項)。

(3)　前記1の①又は②の規定により登記した事項に変更が生じ、又はこれらの代理人の代理権が消滅した場合の登記の申請書には、登記事項の変更又は代理権の消滅を証する書面並びに代理人によって申請する場合のその権限を証する書面を添付しなければならない。ただし、代理人の氏、名又は住所の変更の場合については、代理人によって申請する場合のその権限を証する書面以外の書面を添付する必要はない(独法令12条3項)。

第5節　その他の登記

その他の登記の主なものは、次のとおりである。

1　他の登記所の管轄区域内への主たる事務所の移転の登記

　独立行政法人等がその主たる事務所を他の登記所の管轄区域内へ移転したときは、2週間以内に、旧所在地においては移転の登記をし、新所在地においては独立行政法人等登記令2条2項に掲げる事項を登記しなければならないが、そのシステムは会社の場合と同じであり、添付書面は、主たる事務所の変更を証する書面及び代理人によって申請する場合のその権限を証する書面である（独法令4条）。なお、主たる事務所の移転について官庁の認可を要するときは、その認可書の添付も必要である（独法令15条、商登法19条）。

2　解散の登記

　独立行政法人等が解散したときは、2週間以内に、その主たる事務所の所在地において解散の登記を申請しなければならないが、この場合の添付書面は、解散の事由の発生を証する書面及び代理人によって申請する場合のその権限を証する書面である（独法令7条、15条、商登法18条）。なお、解散について官庁の認可を要するときは、その認可書の添付も必要である（独法令15条、商登法19条）。

3　清算結了の登記

　独立行政法人等の清算が結了したときは、清算結了の日から2週間以内に、その主たる事務所の所在地において清算の結了の登記を申請しなければならないが、この場合の添付書面は、代理人によって申請する場合のその権限を証する書面である（独法令8条、15条、商登法18条）。

第5章　商業登記倶楽部の「実務相談室」に見る主要相談事例

第1節　一般社団法人等の登記等に関する相談

1　一般社団法人の社員の除名と当該社員の議決権

> **（質問）**
> 　法人法29条2号の「総社員の同意」及び同条4号の「除名」は、ともに社員の法定退社事由とされています。
> 　ところで、総社員の同意による退社の場合は、退社する社員の意思による退社ですから、当該退社する社員は総社員に含まれず、退社する社員の同意は不要と考えますが、社員の除名の場合は、対象となっている社員の意思に反するものですから、理事会の決議のように利害関係を有する者を除外するような規定がない以上、除名の対象となる社員も、社員総会において議決権を有し、定足数に含まれると考えますがいかがでしょうか。

（回答）

　一般社団法人の社員は、登記事項ではないので、本問が登記実務上問題になることはないと考えるが、司法書士法施行規則31条業務としては、ご意見のとおりと考える。ただし、総社員の同意については、総社員の中に退社する社員を含むとする反対説もあり、また当該社員から退社の意思表示があったことを明らかにしておくためにも、実務上は、すべての社員の同意を得ておくことをおすすめする。

（解説）

1．一般社団法人の社員の退社事由

　一般社団法人の社員の退社事由には、①任意退社と②法定退社があり、任

意退社（法人法28条）は、社員の意思による退社で、社員は、いつでも退社することができるが、定款でこれを制限することもできる（法人法28条1項）。ただし、社員は、正当な事由がある場合には、定款の定めにかかわらず退社することができるとされている（法人法28条2項）。

ところで、法定退社事由は、次のとおりである（法人法29条1項）。

(1)　定款で定めた事由の発生
(2)　総社員の同意
(3)　死亡又は解散
(4)　除名

2．法人法29条2号の退社事由と総社員の同意

法人法28条の任意退社も29条2号の総社員の同意による退社も、退社する社員の意思による退社であるが、法人法29条2号の総社員の同意による退社の方が、退社の要件が若干緩和されているといえる。

ところで、一般社団法人の社員は、登記事項ではないので、本問が登記実務上問題になることはないと考えるが、司法書士法施行規則31条業務として対処される場合は、総社員の同意については、総社員の中に退社する社員を含むとする反対説もあり、また当該社員から退社の意思表示があったことを明らかにしておくためにも、実務上は、すべての社員の同意を得ておくことをおすすめする。

3．持分会社の社員の法定退社事由としての総社員の同意との比較

持分会社の社員の退社事由にも、任意退社（会社法606条）と法定退社（会社法607条）があるが、法定退社事由に「総社員の同意」があり（会社法607条1項2号）、この総社員の意義についても、①すべての社員と解する説と、②退社する社員を含まないと解する説があり、①が判例（最判昭40・11・11民集19巻8号1953頁）、②が多数説とされている（小出篤『会社法コンメンタール』14巻229頁以下）。

4．法人法29条4号の退社事由と社員総会の特別決議

除名の場合は、社員の意思に反する退社のため、①正当な事由の存在、②社員総会の特別決議、③当該社員総会の1週間前までの通知及び、④社員総

会における弁明の機会の付与が要件とされている（法人法30条）が、この社員総会の特別決議については、理事会の決議のように利害関係を有するものを除外するような規定がない以上、除名の対象となる社員も、社員総会において議決権を有し、定足数に含まれるものと考える。

2 一般社団法人の清算結了登記申請書に添付する決算報告書について

(質問)
　一般社団法人の清算結了の登記手続を現在進めておりますが、清算結了登記後に、法人住民税（均等割り分）を納付するため、現在、未払法人税分が2万円ほど現金で残っています。その場合、清算結了登記の添付書類となる決算報告書の記載事項についてお伺いいたします。
　残余財産の額については、法人法施行規則第74条1項3号のとおり、次のような記載で登記は受理されると考えますが、先生のご見解をお伺いいたします。
　1．残余財産の額は、金0円である。
　2．支払税額は、金2万円であり、支払税額を控除した後の財産の額は、金0円である。

(回答)
ご意見のとおりで差し支えないと考える。
(解説)
1．一般社団法人の解散と清算法人の機関

　清算一般社団法人の機関には、清算人、清算人会及び監事があるが、清算人は必置の機関で、清算人会及び監事は定款の定めによって設置する機関である（法人法208条1項・2項）。ただし、大規模一般社団法人（法人法2条2号）は、監事を置かなければならない（法人法208条3項）。
　ところで、一般社団法人が解散すると、次の者が、次に掲げる順序で清算人になり、清算事務を遂行する（法人法209条）。なお、清算人の員数は、1

人以上である（法人法208条1項）。
(1) 定款で定める者
(2) 社員総会の決議によって選任された者
(3) 理　事
(4) 裁判所で選任された者

2．一般社団法人の清算手続の流れ
一般社団法人の清算手続の大まかな流れは、次のとおりである。
(1) 現務の結了（法人法212条1号）
(2) 債権者に対する公告（法人法233条）
(3) 債権の取立て（法人法212条2号）
(4) 債務の弁済（法人法212条2号、234条〜238条）
(5) 残余財産の引渡し（法人法212条3号）
(6) 決算報告書の作成（法人法240条1項）
(7) 社員総会における決算報告書の承認（法人法240条2項・3項）
(8) 帳簿書類の保存（法人法241条）

3．決算報告書の作成
　清算事務が終了したときは、遅滞なく、法人法施行規則74条の定めるところにより決算報告書を作成しなければならない（法人法240条1項）。
　なお、法人法施行規則74条は、決算報告書の記載事項について、次のように規定している。
「法第240条第1項の規定により作成すべき決算報告は、次に掲げる事項を内容とするものでなければならない。この場合において、第1号及び第2号に掲げる事項については、適切な項目に細分することができる。
　一　債権の取立て、資産の処分その他の行為によって得た収入の額
　二　債務の弁済、清算に係る費用の支払その他の行為による費用の額
　三　残余財産の額（支払税額がある場合には、その税額及び当該税額を控除した後の財産の額）
　2　前項第3号に掲げる事項については、残余財産の引渡しを完了した日を注記しなければならない。」

4. 未払い税額がある場合の記載方法

　法人法施行規則74条1項3号が「残余財産の額（支払税額がある場合には、その税額及び当該税額を控除した後の財産の額）」と規定しているので、これに従って記載すればよいと考える。

5. 決算報告書の承認

　決算報告書については、清算人会（清算人会を設置している場合）及び社員総会の承認を得なければならない（法人法240条2項・3項）。

　ちなみに、法務省のHPに登録された社員総会議事録の様式例は、次のとおりである。

　　　　　　　　　　社 員 総 会 議 事 録

　令和〇〇年〇〇月〇〇日午前〇時〇分、当法人の主たる事務所において、決算報告の承認総会を開催した。

　　議決権のある当法人社員総数　　〇〇名
　　総社員の議決権の数　　〇〇個
　　出席社員数（委任状による者を含む。）　　〇〇名
　　この議決権の総数　　〇〇個
　　　　　　　　出席清算人　　〇〇　〇〇（議長兼議事録作成者）
　　　　　　　　同　　　　　　〇〇　〇〇
　　　　　　　　同　　　　　　〇〇　〇〇

　以上のとおり社員の出席があったので、代表清算人〇〇　〇〇は、議長席に着いて本社員総会は適法に成立したので開会する旨を宣言し、次いで、当法人の清算結了に至るまでの経過を詳細に報告し、別紙決算報告書を朗読するとともに提示し、その承認を求めたところ、満場異議なくこれを承認した。

　よって、議長は、会議の終了を告げ、午前〇時〇分閉会した。

　上記の決議を明確にするため、この議事録を作成し、議長及び出席清算人において、これに記名する。

令和○○年○○月○○日
　　　　一般社団法人○○社員総会
　　　　　　議長（兼議事録作成者）　代表清算人　○○　○○
　　　　　　　　　　　　　　　　　　清算人　　　○○　○○
　　　　　　　　　　　　　　　　　　清算人　　　○○　○○

（別紙）

決 算 報 告 書

1．債務の弁済及び清算に係る費用の支払による費用の額は、金○○円である。
1．令和○○年○○月○○日から令和○○年○○月○○日までの期間内に取り立てた債権の総額は、金○○円である。
1．現在の残余財産の額は、金○○円である。
1．令和○○年○○月○○日、清算換価実収額金○○円を、定款第○条で定めるところにより、国庫に帰属させた。
　上記のとおり、清算を結了したことを報告する。
　　令和○○年○○月○○日
　　　　　　　　　　　　　　一般社団法人○○
　　　　　　　　　　　　　　　代表清算人　○○　○○
　　　　　　　　　　　　　　　清算人　　　○○　○○
　　　　　　　　　　　　　　　清算人　　　○○　○○

（注）決算報告書は、次に掲げる事項を内容とするものであることが必要である（法人法施行規則74条）。
1　債権の取立て、資産の処分その他の行為によって得た収入の額
2　債務の弁済、清算に係る費用の支払その他の行為による費用の額
3　残余財産の額（支払税額がある場合には、その税額及び当該税額を控除

した後の財産の額）

※　3に掲げる事項については、残余財産の引渡しを完了した日を注記しなければならない。

第2節　社会福祉法人の理事長の変更の登記等に関する相談

1　社会福祉法人の理事長の登記に関する規律等

> （質問）
> 社会福祉法人の理事長の選定の方法、役員の任期等の規律についてご説明ください。

（説明）
1．社会福祉法人の代表権を有する者

ご承知のように、社会福祉法人の設立の根拠法は、社会福祉法であり、登記手続の根拠法令は、組合等登記令である。社会福祉法人においては、代表権を有する者は理事長であり（社会福祉法45条の17第1項）、理事長のみが代表権を有する者として登記される（組合等令2条2項4号）。

ところで、理事長は、理事会で選定され（社会福祉法45条の13第3項）、理事は、評議員会で選任され（社会福祉法43条1項）、その評議員は、定款の定めるところにより選任される（社会福祉法39条）。

なお、社会福祉法人において、役員とは、理事及び監事をいい（社会福祉法31条1項6号）、機関として登記されるのは、代表権を有する者のみである（組合等令2条2項4号）ので、理事長の氏名、住所及び資格のみが登記される。

2．社会福祉法人の役員の任期

社会福祉法人の役員（理事及び監事）の任期について、社会福祉法45条は「役員の任期は、選任後2年以内に終了する会計年度のうち最終のものに関する定時評議員会の終結の時までとする。ただし、定款によって、その任期

を短縮することを妨げない。」と規定し、同法45条の23第２項は「社会福祉法人の会計年度は、４月１日に始まり、翌年３月31日に終わるものとする。」と規定している。

　なお、定時評議員会は、「毎会計年度の終了後一定の時期に招集しなければならない」(社会福祉法45条の９第１項)とされているが、「社会福祉法人は、毎会計年度終了後３月以内に、厚生労働省令で定めるところにより、各会計年度に係る計算書類（貸借対照表及び収支計算書をいう。以下この款において同じ。）及び事業報告並びにこれらの附属明細書を作成しなければならない。」とされ（社会福祉法45条の27第２項)、これら計算書類等について、監事等の監査を受け、理事会の承認を得て（社会福祉法45条の28)、定時評議員会の承認を受けなければならないとされている（社会福祉法45条の30)ところから、厚生労働省の「社会福祉法人定款例」では、定時評議員会は、毎年６月30日までに開催することとされている（定款例11条)。

3．設立当初の役員の任期に関する定款の定め

　社会福祉法人の設立当初の役員は、設立者が定款で定めることとされている（社会福祉法31条３項)が、社会福祉法人の設立当初の役員の任期については、法律に特段の規定は設けられていない。ただし、厚生労働省の「社会福祉法人定款例」の附則では、「この法人の設立当初の役員、評議員〈、会計監査人を置くときは、会計監査人〉は、次のとおりとする。ただし、この法人の成立後遅滞なく、この定款に基づき、役員の選任を行うものとする。」と定めているので、ほぼ100％の社会福祉法人が定款にこの定めを設けており、これは、改正社会福祉法施行前の「社会福祉法人定款準則」の時代も同じであった。

4．厚生労働省の定める「社会福祉法人定款例」の位置づけ

　厚生労働省の「社会福祉法人定款例」は、その冒頭の〈説明〉において、「〇　各法人の定款に記載されることが一般的に多いと思われる事項について、定款の定め方の一例を記載している。〇　各法人の定款の記載内容については、当該定款例の文言に拘束されるものではないが、定款において定めることが必要な事項が入っているか、その内容が法令に沿ったものであるこ

とが必要である。」と述べているので、必ずしも当該定款例の文言に拘束されるものではないが、定款を認可する所轄庁の多くが市長であることを考えれば、当該定款例の文言と異なる文言を用いている場合には、認可に時間を要することが想定されるので、現実に作成される定款（設立の場合も、定款変更の場合も）のほとんどが、厚生労働省の「社会福祉法人定款例」のとおりと思われる。

　ところで、厚生労働省が、「社会福祉法人定款例」を市長等に示す根拠は、次のとおりである。

　地方公共団体の事務には、自治事務（地方自治法2条8項）と法定受託事務（地方自治法2条9項）があり、法定受託事務については、自治事務に比べ強力な国の関与が認められている（地方自治法245条の4、245条の9）。法定受託事務には、第1号法定受託事務と第2号法定受託事務があるが、社会福祉法に基づく事務は、第1号法定受託事務とされ、「各大臣は、その所管する法律又はこれに基づく政令に係る都道府県の法定受託事務の処理について、都道府県が当該法定受託事務を処理するに当たりよるべき基準を定めることができる。」とされ（地方自治法245条の9第1項）、あるいは「各大臣は、特に必要があると認めるときは、その所管する法律又はこれに基づく政令に係る市町村の第1号法定受託事務の処理について、市町村が当該第1号法定受託事務を処理するに当たりよるべき基準を定めることができる。」とされている（地方自治法245条の9第3項）。この「社会福祉法人定款例」は、厚生労働大臣が、地方自治法245条の9第1項及び第3項の規定に基づき、都道府県又は市（特別区を含む。）が法定受託事務を処理するに当たりよるべき基準として発出したものである。

2　社会福祉法人の設立当初の役員の任期

（質問）

　社会福祉法人の設立当初の役員は定款で定めることとされ（社会福祉法31条3項）、実務上は、厚生労働省の作成した「社会福祉法人定款

例」では、定款の附則に定められています。この方法は、平成29年改正前の社会福祉法のもとにおける「社会福祉法人定款準則」においても同様でした。

　ところで、社会福祉法45条が役員の任期について「役員の任期は、選任後2年以内に終了する会計年度のうち最終のものに関する定時評議員会の終結の時までとする。ただし、定款によって、その任期を短縮することを妨げない。」と規定し、厚生労働省の作成した「社会福祉法人定款例」19条1項でも「理事又は監事の任期は、選任後2年以内に終了する会計年度のうち最終のものに関する定時評議員会の終結の時までとし、再任を妨げない。」と規定しています。ところが、厚生労働省の「社会福祉法人定款例」附則ただし書で「ただし、この法人の成立後遅滞なく、この定款に基づき、役員の選任を行うものとする。」と定めていますが、これはどのような趣旨でしょうか。このことについては、平成29年2月23日付け民商29号商事課長通知にも記述がありませんので質問します。

　なお、雑誌「登記研究」273号の質疑応答4844号の取扱いは、現在も維持されているのでしょうか。併せて質問します。

　(回答)

　私見では、厚生労働省の「社会福祉法人定款例」附則のただし書は、社会福祉法45条のただし書「定款によって、その任期を短縮することを妨げない。」を受けたもので、設立登記後に遅滞なく評議員会の決議によって役員の選任をすると、定款で定めた役員は任期満了により退任することになる(登記研究273号74頁「質疑応答4844」)。この取扱いは、現在も維持されており、実務において、この取扱いは、既に確立されているものであるから、公知の事実として、29号商事課長通知では記述しなかったものと考える。

　(解説)

1．社会福祉法人の役員の任期

　社会福祉法人の役員(理事及び監事)の任期について、社会福祉法45条

は、「役員の任期は、選任後2年以内に終了する会計年度のうち最終のものに関する定時評議員会の終結の時までとする。ただし、定款によって、その任期を短縮することを妨げない。」と規定し、設立当初の役員について、特段の規定は設けられていない。

2．設立当初の役員の定め方

社会福祉法人の設立当初の役員は、設立者が定款で定めることとされ（社会福祉法31条3項）、「社会福祉法人定款例」では、これを附則で定めている。

3．厚生労働省の定める「社会福祉法人定款例」の位置づけ

地方公共団体の事務には、自治事務（地方自治法2条8項）と法定受託事務（地方自治法2条9項）があり、法定受託事務には、第1号法定受託事務と第2号法定受託事務があるが、社会福祉法に基づく事務は、第1号法定受託事務で、「各大臣は、その所管する法律又はこれに基づく政令に係る都道府県の法定受託事務の処理について、都道府県が当該法定受託事務を処理するに当たりよるべき基準を定めることができる。」とされ（地方自治法245条の9第1項）、あるいは「各大臣は、特に必要があると認めるときは、その所管する法律又はこれに基づく政令に係る市町村の第1号法定受託事務の処理について、市町村が当該第1号法定受託事務を処理するに当たりよるべき基準を定めることができる。」とされている（地方自治法245条の9第3項）。この「社会福祉法人定款例」は、厚生労働大臣が、地方自治法245条の9第1項及び第3項の規定に基づき、都道府県又は市（特別区を含む。）が法定受託事務を処理するに当たりよるべき基準として発出したものである。

4．設立当初の役員の任期

「社会福祉法人定款例」の附則では、「この法人の設立当初の役員、評議員〈、会計監査人〉は、次のとおりとする。ただし、この法人の成立後遅滞なく、この定款に基づき、役員の選任を行うものとする。」と定めているので、ほぼ100％の社会福祉法人が定款にこの定めを設けていると考える。

5．「社会福祉法人定款例」附則のただし書の趣旨

厚生労働省の「社会福祉法人定款例」附則のただし書「ただし、この法人

の成立後遅滞なく、この定款に基づき、役員の選任を行うものとする。」との趣旨は、社会福祉法45条ただし書の「ただし、定款によって、その任期を短縮することを妨げない。」を受けたもので、このただし書の趣旨は、設立当初の役員は、社会福祉法人の設立者が設立に際し適宜定款に定めたものであり、その主たる職務は、設立手続を進めることにあるので、設立登記が終わり次第、評議員が評議員会で、遅滞なく役員の改選をすべきであるということであろう。すなわち、定款の附則ただし書の定めは、定款による「任期短縮」の定めというわけである。この取扱いは、登記実務でも、古くから肯定され、登記研究273号の「質疑応答4833」にも次のようなものがある。

(問) 定款の附則に「この法人の設立当初の役員は、次のとおりとする。ただし、この法人の成立後遅滞なく、この定款に基づき役員の選任を行うものとする。」と規定のある社会福祉法人が法人成立後3か月目に役員の改選をしたが、前役員の退任の事由は任期満了とすべきでしょうか。なお、役員の任期は2年である旨の定款の定めがあります。

(答) ご意見のとおりと考えます。

この質疑応答は、昭和45年のものであるが、この見解は、質疑応答の実質的な回答者が民事局第四課（現商事課）の職員であるから、当時の法務省の見解ということになろう。この取扱いは、平成29年2月23日民商29号商事課長通知では、何らの記述もなされていないが、これは、昭和45年の前記登記研究の質疑応答以後は、登記官に周知のものとして実務において確立されているためと思われる。

3　社会福祉法人の設立直後における理事長選定の時期と登記の添付書類

(質問)
社会福祉法人の設立登記直後における理事長の変更の登記について質問します。

1．厚生労働省が作成し、社会福祉法人の所轄庁である市長を通じて公開している「社会福祉法人定款例」の附則では、「ただし、この法人の成立後遅滞なく、この定款に基づき、役員の選任を行うものとする」と定めています。
　そこで、次の2点について質問です。
(1) 遅滞なくの期間は、どの程度か。
　私見は、遅滞なくの相当期間は、3～4か月と理解していますが、いかがでしょうか。
(2) 添付書類
　理事長Aの重任の登記を申請する場合の添付書類は、次の取扱いで差支えないでしょうか。
① 定　款
② 評議員会議事録
③ 理事長たる理事の就任の承諾を証する書面
④ 理事会議事録
⑤ 理事長の就任の承諾を証する書面
2．参　考
(1) 平成30年4月1日社会福祉法人の設立登記完了。
(2) 定款附則の定め
　「この法人の設立当初の役員、評議員は次のとおりとする。ただし、この法人の成立後遅滞なく、この定款に基づき役員の選任を行うものとする。
　理事長A、理事B、理事C、理事D、理事E。
　監事F、監事G。
　評議員H、評議員I、評議員J、評議員K、評議員L、評議員M。」
(3) 定款に定める評議員選任の方法
　第○条　評議員の選任は、評議員選任委員会を置き、評議員選任委員会において行う。

(回答)

ご質問の件、私見は、次のとおりである。

(1)について

当職が照会を受けた事例の中には、設立後1か月を経過した時点で、所轄庁から問い合わせがあったというものから、4か月を経過した時点で問い合わせがあったというものまであるが、当職は、正当な事由がない限り、1か月以内に理事長等の選定をした方が、無難と考える。

なお、前述のように、所轄庁によって、若干取扱いが異なるようなので、まず、所轄庁に確認されることをおすすめする。

(2)について

ご意見のとおりと考える(平成29年2月29日民商29号商事課長通知参照)。

(解説)

1．社会福祉法に規定する社会福祉法人の設立当初の役員の任期に関する規定

社会福祉法45条は、社会福祉法人の役員の任期について、「役員の任期は、選任後2年以内に終了する会計年度のうち最終のものに関する定時評議員会の終結の時までとする。ただし、定款によって、その任期を短縮することを妨げない。」と規定し、設立当初の役員について、特段の規定は設けていない。ところが、厚生労働省の定める「社会福祉法人定款例」では、その附則において、「この法人の設立当初の役員、評議員〈、会計監査人〉は、次のとおりとする。ただし、この法人の成立後遅滞なく、この定款に基づき、役員の選任を行うものとする。」と定めている。そこで、厚生労働省の定める「社会福祉法人定款例」の位置づけと附則の趣旨が問題になる。

2．厚生労働省の定める「社会福祉法人定款例」の位置づけ

「社会福祉法人定款例」は、厚生労働大臣が、地方自治法245条の9第1項及び第3項の規定に基づき、都道府県又は市(特別区を含む。)が法定受託事務を処理するに当たりよるべき基準として発出したものである。しかし、知事や市長は、必ずしも当該定款例の文言に拘束されるものではないが、定款を認可する所轄庁の多くが市長であることを考えれば、当該定款例の文言

と異なる文言を用いている場合には、認可に時間を要することが想定される。そこで、現実に作成される定款のほとんどが、厚生労働省の「社会福祉法人定款例」のとおりと思われる。

3．社会福祉法人の設立当初の役員の任期と定款の定め

社会福祉法人の設立当初の役員（理事及び監事）は、設立者が定款で定めることとされ（社会福祉法31条3項）、社会福祉法人定款例では、これを附則で定めている。

ところで、社会福祉法人定款例の附則では、「この法人の設立当初の役員、評議員〈、会計監査人〉は、次のとおりとする。ただし、この法人の成立後遅滞なく、この定款に基づき、役員の選任を行うものとする。」と定めているので、ほぼ100％の社会福祉法人が定款にこの定めを設けている。

そこで、社会福祉法人定款例の附則のただし書の趣旨が問題になるが、その趣旨は、社会福祉法45条ただし書の「ただし、定款によって、その任期を短縮することを妨げない。」を受けたもので、設立当初の役員は、社会福祉法人の設立者が設立に際し適宜定款に定めたものであり、その主たる職務は、設立手続を進めることにあるので、設立登記が終わり次第、評議員が評議員会で、遅滞なく役員の改選をすべきであるということであろう。すなわち、定款の附則ただし書の定めは、定款による「任期短縮」の定めである。この取扱いは、登記実務でも、古くから肯定され、「登記研究273号の質疑応答4833」でもこれを肯定している。

4．附則ただし書の「遅滞なく」の意義

設立登記等が完了すると、市長に対し、「社会福祉法人設立登記及び財産移転完了報告書」を提出することになるが、報告書提出後、そのまま数か月放置しておくと、市役所によっては、担当者から、「役員の改選は、どうなっていますか？」という問い合わせがくるようである。そこで、「遅滞なく」の意義が問題になるが、これについては、「直ちに」、「速やかに」と比べ、時間的即時性は求められるものの、その度合いが弱く、正当な理由又は合理的な理由に基づく遅れは許されるということのようである。このことについては、会社法34条1項の規定が参考になる。同項は「発起人は、設立時

発行株式の引受け後遅滞なく、その引き受けた設立時発行株式につき、その出資に係る金銭の全額を払い込み、又はその出資に係る金銭以外の財産の全部を給付しなければならない。ただし、発起人全員の同意があるときは、登記、登録その他権利の設定又は移転を第三者に対抗するために必要な行為は、株式会社の成立後にすることを妨げない。」と規定しているので、この規定の解釈が参考になる。これについて、『会社法コンメンタール』第2巻38頁は「ここで「遅滞なく」払い込まなければならないとされているが、払い込む期日・期限については特段の定めはないので、発起人の過半数により合理的な日を決定すればよい。」と解説している。したがって、これらのこと等から判断して、事情の許す限り速やかに評議員会を開催して理事及び監事を選任し、理事会を開催して理事長を選定すべきものと考えるが、合理的な理由又は正当な理由があればある程度の遅滞は許されるものと考える。

5．理事長の変更の登記の添付書類

社会福祉法人の理事長の変更の登記の添付書類は、次のとおりである（組合等令17条1項、25条、商登法18条、各種法登規5条、商登規61条6項3号）。

なお、社会福祉法人の理事長の選任手続を時系列で述べれば、①評議員の選任（評議員は、定款の定めるところにより選任することとされているが、設立当初の評議員は、本件ご質問の事例のように、定款の附則に定めるのが、通例であり、評議員の任期については、補欠選任者の場合を除き、任期の短縮はできない。したがって、本件の場合は、定款に記載された評議員が、現に評議員ということになる。）、②評議員会による役員（理事及び監事）の選任、③理事会による理事長の選定ということになる。

(1) 定　款

設立当初の評議員は、定款に定められている。

(2) 評議員会議事録

理事を選任した評議員会議事録である。

(3) 理事長たる理事の就任の承諾を証する書面

なお、登記事項でない理事、しかも理事会に出席し自己を理事長に選定

していることが、添付書面上明らかな理事の就任の承諾を証する書面がなぜ必要か、筆者には説明できないが、平成29年2月23日民商29号商事課長通知第5の2イが必要としているので、掲記した。

(4) 理事会議事録

理事長を選定した理事会議事録である。この議事録には、商登規61条6項3号が準用されていることに留意する必要がある。

(5) 理事長が就任の承諾をしたことを証する書面

第3節　医療法人の理事長の重任の登記等に関する相談

1　医療法人の理事長の重任の登記の可否

(質問)

理事長の重任登記ができるかどうかご教授下さい。

理事A・B・C　平成28年10月6日予選（全員再選）、即時就任承諾。同日理事長予選、即時就任承諾（再選）により「理事長Aが平成28年10月12日重任」という登記がされている法人ですが、平成29年12月10日に理事Dを増員として選任（即時就任承諾）しました。

理事ABCは、平成30年10月11日の夜中12時に任期が満了しますので、平成30年10月6日に予選をする予定にしておりますが、理事Dは任期合わせをするため、当該社員総会終結をもって理事を辞任する旨の辞任届を提出し、ABCとともに同総会において理事に選任され、即時就任をした場合、12日開催の理事会においてABCDが理事長を選定（即時就任承諾）し、平成30年10月12日理事長A重任の登記ができますか。

(回答)

「重任」の取扱いが変更になった（登記研究838号「質疑応答7990」）ので、ご質問の場合、登記は受理されると考える。

（解説）
1．医療法人の理事長が重任の登記にこだわる背景

　平成29年3月31日現在、医療法人の数は全国で53,000法人、うち1人医師医療法人が44,020法人で、実に83％が1人医師医療法人である。そして、この1人医師医療法人においては、特段の事情がない限り、当該1人医師が法人設立以来理事長を続けていると思われる。そうすると、例えば、理事A（理事長）・B・Cの任期が10月11日に満了する場合に、10月6日にその後任としてA・B・Dを予選した場合には、理事長としてAを選任する理事会は10月12日しか開催できない。そこで、「理事長A10月11日退任、12日就任」と登記するのが従来の取扱いであったが、このように登記すると、理事長として現実には退任していないにもかかわらず「退任、就任」の登記がなされることになり、この取扱いに理事長として極めて強い違和感があり、登記の実務に対する不満になっていたところである。

2．「重任」の取扱いの拡大について
(1)　登記研究「質疑応答」の位置づけ

　登記研究の「質疑応答」の回答は、商事課と調整がなされている（筆者が、商事課の前身の民事局第四課勤務当時もそうであったので、現在も同様と思われる。）ので、「質疑応答」の回答は、商事課の見解と解しても差し支えないと考える。

(2)　登記研究「質疑応答」における「重任」の取扱いの変遷

　「質疑応答」における「重任」の取扱いは、まず、①登記研究416号（昭和57年8月号）の「質疑応答6119」では、「株式会社の取締役全員が任期満了前に再選され、重任した場合において、その翌日以降の取締役会において従前の代表取締役が再選され就任したときの登記の記載は、取締役全員の重任並びに代表取締役の退任及び就任である。」というものであったが、②登記研究453号（昭和60年10月号）の「質疑応答6617」では、「午前中の定時総会で再選され重任した取締役が、同日午後の取締役会で代表取締役として再選され就任した場合における代表取締役の変更登記の登記原因は、「退任・就任」でも「重任」でも差し支えない。」と変更になった。

(3) 登記研究832号「質疑応答」における「重任」の取扱いの拡大

登記研究832号（平成29年6月号）の「質疑応答7986」では、(2)②の取扱いを拡大し、「平成29年3月31日任期満了する取締役甲、乙、丙の後任として、①29年3月6日開催の株主総会において、甲、乙及び丁を予選し、②4月1日開催の取締役会において代表取締役に前代表取締役甲を選定した場合、代表取締役甲の変更登記の原因及び年月日を「4月1日重任」として差し支えない。」と拡大した。

(4) 登記研究838号「質疑応答」は、(3)の取扱いを医療法人等の登記へ拡大

登記研究838号の「質疑応答7990」は、「質疑応答7986」の取扱いを、医療法人、社会福祉法人その他の法人の理事長等の場合にも拡大した。

したがって、司法書士の役割は、法律的に許される範囲内において、依頼者のニーズに対応した登記を実現することであるから、本件のような事例の場合は、登記研究838号の「質疑応答」(注)の取り扱いにしたがって処理すべきと考える。

(**注**) 登記研究838号133頁「質疑応答7990」
  問 質疑応答【7986】（登記研究832号175頁）では、株式会社において、取締役の重任の日と同日に開催した取締役会で従前の代表取締役たる取締役が代表取締役として選定され就任したときは、代表取締役の変更登記の登記原因を「重任」としても差し支えないとされています。これを踏まえ、各種法人（医療法人、社会福祉法人、一般社団（財団）法人等）における取扱いについて、以下のとおりと考えますが、いかがでしょうか。
  (1) 各種法人において、理事の重任の日と同日に開催した理事会で従前の理事長たる理事が理事長として選定され就任したときは、株式会社における取扱いと同様に、理事長の変更登記の登記原因を「重任」として差し支えない。
  (2) (1)の取扱いの前提として、理事長たる理事については重任している必要があることから、任期調整のため期限付辞任（他の理事の任期満了の日をもって辞任する等）の申出をしている理事長たる理事が理事として予選（再任）され、その就任の日と同日に開催された理事会において、従前の理事長たる理事が理事長に選定され就任した場合には、理事長の変更登記の登記原因は「退任」及び「就任」となる（株式会社についても同様である。）。

答 いずれも御意見のとおりと考えます。

2 平成19年改正医療法施行時から在任する医療法人の役員の任期等

（質問）

　設立当初から理事長の変更が一切されていない医療法人において、平成28年9月1日改正医療法施行後、理事長の変更（現在理事である者を理事長にし、理事長は平理事になります。）及び理事のメンバーの一部と監事を変更することになりました。

　当該医療法人の概要等は、以下のとおりです。

1. 法人成立の年月日　平成10年7月13日
2. 任期に関する定款の規定

　（任期）

　第○○条　役員の任期は、2年とする。ただし、再任を妨げない。

　　2　補欠により就任した役員の任期は、前任者の任期の残任期間とする。

　　3　役員は任期満了後といえども、後任者が就任するまでは、その職務を行うものする。

　ところで、平成19年4月1日改正医療法施行時から在任する医療法人の役員の任期について、管轄法務局に相談をしたところ、登記官の見解は、これまでの2回の医療法改正でも従前の例によるということになっているので、任期伸長規定が生きており、役員は、退任していないということでした。

　そこで、以下の事項について、質問です。

1　今回は、理事と監事の一部が変更することに伴い、理事と監事全員を改選するという形で選任決議をし（改選後理事会において理事長選定）、登記手続を行いたいと思っておりますが、旧理事と監事は、改めて改選が行われたときに（任期伸長規定により）任期が満了するという考え方でよろしいでしょうか。

2 また、今回のケースでは理事の一部の方が変わるだけですので、改めて全員改選をせず、一部の理事だけを選任する決議にした場合、設立当初から残っているメンバーについては、理事長の変更にかかわらず、任期伸長規定が働き、次回の改選まで任期が伸び続けるという考え方になるのでしょうか。

（回答）
　私見では、1及び2とも、ご意見のとおりと考える。
（解説）
1．平成19年改正医療法施行前の医療法人の役員の任期等について
　⑴　平成19年改正医療法施行前の医療法人の役員の任期
　平成19年4月1日改正前の医療法には、役員（理事及び監事）の任期に関する規定はなかったが、医療法人の設立認可権を有する都道府県知事の定めた医療法人のモデル定款例（これは、厚生労働大臣が、地方自治法245条の4第1項の規定に基づく技術的助言として作成したもので、都道府県知事に対する厚生労働省医政局長通知では、医療法人の設立認可又は定款変更の認可に際しては、このモデル定款例に従うこととされている。）では、役員の任期は、次のように定められていた。

　第○○条　役員の任期は、2年とする。ただし、再任を妨げない。
　2　補欠により就任した役員の任期は、前任者の任期の残任期間とする。
　3　役員は任期満了後といえども、後任者が就任するまでは、その職務を行うものとする。

　ところで、定款例3項の「役員は任期満了後といえども、後任者が就任するまでは、その職務を行うものとする。」という定めの趣旨について、登記実務は、「任期伸長」の趣旨と解している（昭和33年3月11日民事甲478号回答参照）。

　なお、「役員は任期満了後といえども、後任者が就任するまでは、なお役員としての権利義務を有する。」という場合は、任期伸長の趣旨とは解されていない。

(2) 医療法人と理事長の任期

　医療法人の理事長については、医療法に任期に関する規定はない。しかし、理事長は、理事の中から選出されるので、前提資格である理事を退任すれば、理事長も当然退任することになる。

　なお、医療法人においては、役員である理事及び監事は登記事項とされておらず、代表権を有する理事長のみが登記事項とされている（組合等令2条2項4号、医療法46条の6の2第1項）。

2．平成19年改正医療法と役員の任期等について

(1) 平成19年改正医療法と役員の任期

　平成19年4月1日施行の改正医療法では、役員の任期について、46条の2第3項は「役員の任期は、2年を超えることができない。ただし、再任を妨げない。」と規定していたが、モデル定款例は、改正前とほぼ同様の規定になっていた。

(2) 役員の任期に関する経過措置

　平成19年改正医療法施行時に在任する役員の任期が問題になるが、これについて、平成19年改正医療法附則11条は、次のように規定していた。

　第11条　この法律の施行の際現に医療法人の役員である者の任期は、新医療法第46条の2第3項の規定にかかわらず、この法律の施行の際におけるその者の役員としての残任期間と同一の期間とする。

　ところで、この規定の趣旨であるが、改正法施行時に在任している役員の任期は、その者の役員としての残任期間、すなわち後任者が就任するまでということになり、後任者が就任するまでエンドレスということになる。

3．平成28年改正医療法と役員の任期等について

(1) 平成28年改正医療法と役員の任期

　平成28年9月1日施行の改正医療法では、役員の任期について、46条の5第9項は「役員の任期は、2年を超えることができない。ただし、再任を妨げない。」と改正前と同様に規定し、モデル定款例は、次のように定めた。

　第29条　役員の任期は、2年とする。ただし、再任を妨げない。
　2　補欠により就任した役員の任期は、前任者の残任期間とする。

3　役員は、第26条に定める員数が欠けた場合には、任期の満了又は辞任により退任した後も、新たに選任された者が就任するまで、なお役員としての権利義務を有する。

(2)　**役員の任期に関する経過措置**

平成28年改正医療法施行時に在任する役員の任期が問題になるが、これについて、平成28年改正医療法附則3条は、次のように規定している。

第3条　附則第1条第2号に掲げる規定の施行の際現に医療法人の役員である者の任期については、なお従前の例による。

したがって、平成19年改正医療法施行時前から在任する役員の任期については、後任者が選任されない限り、なおエンドレスであり、平成19年改正医療法施行後に就任した役員の任期については、就任後2年が経過した時に満了するということになる。

4．ご質問の場合の役員の任期について

ご質問の場合の役員の任期については、次のとおりである。

・ご質問1について

平成19年改正医療法附則11条及び平成28年改正医療法附則3条の規定により、現在の役員は、ご意見のとおり後任者就任の時に退任することになる。

・ご質問2について

ご質問2については、理事長が退任する以上、任期伸長の規定は適用されないとする見解も考えられるが、私見は、医療法に規定する医療法人の役員は、理事及び監事であり、医療法に規定する任期も、理事及び監事に関するものであるところから、平成19年改正医療法附則11条及び平成28年改正医療法附則3条の適用は、理事及び監事について判断すべきものと考え、質問者の見解で差し支えないと考える。

第4節　学校法人の理事長の登記

1　学校法人の理事長の任期等

（質問）

学校法人の理事長の任期及び重任の考え方について、アドバイスをお願いします。

1．寄附行為の主な規定は以下のとおりです。
   - 役員の任期は4年とする。
   - 役員はその任期満了の後でも、後任者が選任されるまでは、なおその職務を行う。
2．現在の理事及び理事長の任期は、平成30年6月30日までです。
3．今回、平成30年6月8日に予選による理事の選任決議を行い、就任承諾書も予めもらう予定です。
4．現理事長たる理事は重任で、任期は平成26年7月1日から平成30年6月30日までです。
5．平成30年7月5日に理事会で理事長が選任（重任）されて、同日就任承諾書をもらいますが、理事長が選任されるまでの7月1日から7月5日まで、間が空いてしまいます。

そこで、質問です。

「理事長」の任期も寄附行為の任期伸長規定の適用があり、7月5日重任との登記になるかと考えておりますが、間違いないでしょうか。そもそも、寄附行為の「役員」には「理事」「監事」だけではなく「理事長」も含まれるのかどうか疑義があります。もし、含まれないのであれば、6月30日任期満了による退任、7月5日就任になってしまうのではないかと思い、「理事長」にそもそも任期があるのかどうか疑問に感じております。

(回答)

本件については、①学校長たる理事（私立学校法38条1項1号）を除いて、理事長たる理事を含む理事全員が6月30日に任期満了し、後任者は、7月1日就任又は重任する。②寄附行為に定める理事長の選任の方法（私立学校法35条2項）は、理事会の決議であり、7月5日に理事会を開催し、理事長を選任したという前提で、私見は、次のとおりである。なお、念のため、登記官の見解もご確認いただきたい。

理事長は、平成30年6月30日退任、7月5日就任と考える。

なお、学校法人の役員は、理事及び監事であり（私立学校法35条1項）、「役員の定数、任期、選任及び解任の方法その他役員に関する規定」は、寄附行為の絶対的記載事項とされ（私立学校法30条1項5号）、私立学校法には、理事長の任期に関する規定はない。これは、一般社団法人等の代表理事、医療法人の理事長及び株式会社の代表取締役と同様である。ただし、理事長は、理事であることを前提としている（私立学校法35条2項）ので、理事を退任すれば、理事長も退任することになり、理事長の任期は、理事の任期と連動することになるが、理事長の任期を、別途、寄附行為で定めることは可能と考える。

また、本件の場合、「役員はその任期満了の後でも、後任者が選任されるまでは、なおその職務を行う。」とする寄附行為の規定があるが、本件の場合は、理事の後任者は既に選任され、就任の承諾をしているので、この規定が適用される余地はないと考える。

(解説)

1．学校法人の役員

学校法人の役員とは、理事及び監事をいい（私立学校法35条1項）、その定数、任期及び選任の方法等は、寄附行為の絶対的記載事項とされている（私立学校法30条1項5号）。したがって、法律上は、理事長は、役員ではないことになる。

2．学校法人の役員の選任方法

私立学校法38条は、役員の選任について、次のように規定している。

第38条 理事となる者は、次の各号に掲げる者とする。
　一　当該学校法人の設置する私立学校の校長（学長及び園長を含む。以下同じ。）
　二　当該学校法人の評議員のうちから、寄附行為の定めるところにより選任された者（寄附行為をもつて定められた者を含む。次号及び第44条第1項において同じ。）
　三　前二号に規定する者のほか、寄附行為の定めるところにより選任された者
2　学校法人が私立学校を2以上設置する場合には、前項第1号の規定にかかわらず、寄附行為の定めるところにより、校長のうち、1人又は数人を理事とすることができる。
3　第1項第1号及び第2号に規定する理事は、校長又は評議員の職を退いたときは、理事の職を失うものとする。
4　監事は、評議員会の同意を得て、理事長が選任する。
5　理事又は監事には、それぞれその選任の際現に当該学校法人の役員又は職員でない者が含まれるようにしなければならない。
6　役員が再任される場合において、当該役員がその最初の選任の際現に当該学校法人の役員又は職員でなかつたときの前項の規定の適用については、その再任の際現に当該学校法人の役員又は職員でない者とみなす。
7　役員のうちには、各役員について、その配偶者又は3親等以内の親族が1人を超えて含まれることになつてはならない。
8　次に掲げる者は、役員となることができない。
　一　学校教育法第9条各号のいずれかに該当する者
　二　心身の故障のため役員の職務の適正な執行ができない者として文部科学省令で定めるもの

3．学校法人の役員の任期

学校法人の役員の任期は、寄附行為の定めるところによる（私立学校法30条1項5号）ので、寄附行為で、別途、理事長の任期を設けることは可能と

考える。現に学校法人早稲田大学が総長（理事長）の任期を設けている。
4．学校法人の登記事項と代表権を有する者
(1) 登記事項
学校法人の登記事項は、次のとおりである（組合等令2条2項）。

① 目的及び業務
② 名　称
③ 事務所の所在場所
④ 代表権を有する者の氏名、住所及び資格
⑤ 存続期間又は解散の事由を定めたときは、その期間又は事由
⑥ 代表権の範囲又は制限に関する定めがあるときは、その定め
⑦ 資産の総額
⑧ 設置する私立学校、私立専修学校又は私立各種学校の名称

(2) 代表権を有する者
学校法人の代表権を有する者は、理事長である（私立学校法37条1項）。

なお、理事（理事長を除く。）は、寄附行為の定めるところにより、学校法人を代表し、理事長を補佐して学校法人の業務を掌理し、理事長に事故があるときはその職務を代理し、理事長が欠けたときはその職務を行うとされている（私立学校法37条2項）が、「代表権の範囲又は制限に関する定めがあるときは、その定め」が登記事項とされている。

5．登記官の見解
本件の場合、登記官の見解も「理事長は、平成30年6月30日退任、7月5日就任」であった。

第5節　特定非営利活動法人に関する平成24年改正及び平成28年改正のポイント

特定非営利活動促進法（以下「ＮＰＯ法」という。）が平成23年（施行日平成24年4月1日）及び平成28年（施行日平成29年4月1日及び平成30年10月1日）に改正されたが、登記に関係する主な個所は、以下のとおりであ

る。

1 平成24年改正

(1) NPO法2条の別表に記載されている17の活動分野に新たに3の分野(「観光の振興を図る活動」、「農山漁村又は中山間地域の振興を図る活動」ほか1分野)が追加された。

(2) 所轄庁が政令指定都市の市長まで拡大された(NPO法9条)。

(3) 社員総会の決議省略の制度が新設された(NPO法14条の9第1項)。

(4) 理事の代表権に関する制限の登記が設けられた。改正前は、理事は各自代表権を有するが、これを制限することができるとされていた。ただし、理事の代表権に加えた制限は、これを善意の第三者に対抗することができないとされていたため(改正前NPO法16条2項)、登記事項とされていなかったが、改正前NPO法16条2項が削除され、組合等登記令別表が改正され、「代表権の範囲又は制限に関する定めがあるときは、その定め」が登記事項として追加された。これに伴い、次のような経過措置が設けられたので、要注意である。

(組合等登記令の一部改正に伴う経過措置)

第3条 この政令の施行の際現に代表権の範囲又は制限に関する定めがある特定非営利活動法人は、この政令の施行の日から6月以内に、当該定めに関する事項の登記をしなければならない。

2 前項の特定非営利活動法人は、同項に定める事項の登記をするまでに他の登記をするときは、当該他の登記と同時に、同項に定める事項の登記をしなければならない。

3 第1項に定める事項の登記をするまでに同項に定める事項に変更を生じたときは、遅滞なく、当該変更に係る登記と同時に、変更前の事項の登記をしなければならない。

---

(5) 定款変更の際の届け出のみで足りる事項の拡大(NPO法25条6項)。

(6) 解散公告の簡素化

解散時における債権者への債権申出の公告が3回から1回に簡素化された（ＮＰＯ法31条の10第1項）。

(7) 認証後未登記団体の認証の取消し

設立の認証を受けた者が設立の認証があった日から6月を経過しても設立の登記をしないときは、設立の認証を取り消すことができることになった（合併についても同様である。ＮＰＯ法13条3項、39条2項）。

(8) 認定特定非営利活動法人制度の創設（ＮＰＯ法44条1項）

2　平成28年改正

資産の総額が登記事項から削除され、貸借対照表の公告が必要となった（ＮＰＯ法28条の2）。この改正は、平成30年10月1日から施行された。

第3編　法人登記に関する最近の主要先例

1　森林法等の一部を改正する法律等の施行に伴う法人登記事務の取扱いについて

(平成29年3月23日法務省民商第45号通知)

(通知)　森林法等の一部を改正する法律(平成28年法律第44号。以下「改正法」という。)が平成28年5月20日に，森林法等の一部を改正する法律の施行に伴う関係政令の整備に関する政令(平成28年政令第396号。以下「整備政令」という。)が同年12月26日に，森林法等の一部を改正する法律の施行に伴う農林水産省関係省令の整備に関する省令(平成29年農林水産省令第13号。以下「整備省令」という。)が本月9日に，森林組合法の規定による認可地縁団体への組織変更に関する省令(平成29年総務省令・農林水産省令第1号。以下「共同省令」という。)が本月23日にそれぞれ公布され，改正法(同法附則第2条から第4条まで及び附則第15条並びに附則第28条の規定を除く。)，整備政令，整備省令及び共同省令は，いずれも本年4月1日から施行されることとなったので，これに伴う法人登記事務の取扱いについては，下記の点に留意し，事務処理に遺憾のないよう，貴管下登記官に周知方取り計らい願います。

なお，本通知中，「法」とあるのは改正法による改正後の森林組合法(昭和53年法律第36号)を，「組登令」とあるのは整備政令による改正後の組合等登記令(昭和39年政令第29号)を，「施行規則」とあるのは整備省令による改正後の森林組合法施行規則(平成18年農林水産省令第46号)を，「商登法」とあるのは商業登記法(昭和38年法律第125号)をいい，法，組登令及び施行規則について引用する条文は，全て改正後のものです。

記

第1　森林組合法の一部改正

1　生産森林組合の組織変更制度の新設

生産森林組合（以下「組合」という。）は，その組織を変更し，株式会社，合同会社又は認可地縁団体（地方自治法（昭和22年法律第67号）第260条の２第７項に規定する認可地縁団体をいう。以下同じ。）になることができるとされた（法第100条の２，第100条の14及び第100条の19）。

なお，認可地縁団体に組織変更をする組合については，市町村の区域を超える区域を地区とするものを除くとされた（法第100条の19）。

(1) 株式会社への組織変更

　ア　組織変更計画の承認

　　　組合は，株式会社に組織変更をするには，組織変更計画を作成して，総会の議決により，その承認を受けなければならないとされた（法第100条の３第１項）。

　　　なお，当該議決をする場合には，法第100条第２項において準用する法第63条（第４号に係る部分を除く。）の規定による議決（総組合員（准組合員を除く。）の半数（これを上回る割合を定款で定めた場合にあっては，その割合）以上が出席し，出席者の議決権の３分の２（これを上回る割合を定款で定めた場合にあっては，その割合）以上の多数による議決）によらなければならないとされた（法第100条の３第２項）。

　イ　組織変更計画に定める事項

　　　組織変更計画には，次の事項を定めなければならないとされた（法第100条の３第４項，施行規則第105条）。

　　(ｱ)　組織変更後の株式会社の目的，商号，本店の所在地及び発行可能株式総数

　　(ｲ)　(ｱ)で掲げるもののほか，組織変更後の株式会社の定款で定める事項

　　(ｳ)　組織変更後の株式会社の取締役の氏名（組織変更後の株式会社が監査等委員会設置会社である場合には，監査等委員である取締役とそれ以外の取締役とを区別して定めなければならない（法第

100条の3第5項)。)
(エ) 次のaからcまでに掲げる場合の区分に応じ，当該aからcまでに定める事項

 a　組織変更後の株式会社が会計参与設置会社である場合　組織変更後の株式会社の会計参与の氏名又は名称

 b　組織変更後の株式会社が監査役設置会社（監査役の監査の範囲を会計に関するものに限定する旨の定款の定めがある株式会社を含む。）である場合　組織変更後の株式会社の監査役の氏名

 c　組織変更後の株式会社が会計監査人設置会社である場合　組織変更後の株式会社の会計監査人の氏名又は名称

(オ) 組織変更をする組合の組合員が組織変更に際して取得する組織変更後の株式会社の株式の数（種類株式発行会社にあっては，株式の種類及び種類ごとの数）又はその数の算定方法

(カ) 組織変更をする組合の組合員に対する(オ)の株式の割当てに関する事項

(キ) 組織変更後の株式会社が組織変更に際して組織変更をする組合の組合員に対してその持分に代わる金銭を支払うときは，その額又はその算定方法

(ク) 組織変更をする組合の組合員に対する(キ)の金銭の割当てに関する事項

(ケ) 組織変更後の株式会社の資本金及び準備金に関する事項

(コ) 組織変更がその効力を生ずべき日

(サ) 組織変更後の株式会社の所有する森林の経営に関する事項

(シ) 株式の譲渡の制限に関する方法

 ウ　債権者保護手続

  組合は，組織変更計画の承認に係る総会の議決の日から2週間以内に財産目録及び貸借対照表を作成し，かつ，組合の債権者の閲覧に供するため，これらを主たる事務所に備えて置かなければならな

いとされ（法第100条の3第6項において読み替えて準用する法第66条第1項），当該期間内に，債権者に対して，組織変更をする旨，当該財産目録及び貸借対照表を主たる事務所に備え置いている旨及び債権者が一定の期間（1月を下ることができない。）内に異議を述べることができる旨を官報に公告し，かつ，知れている債権者には，各別にこれを催告しなければならないとされた（同条第2項，施行規則第93条）。ただし，当該公告については，官報のほか，定款の定めに従い，時事に関する事項を掲載する日刊新聞紙に掲載する方法又は電子公告のいずれかの方法によりするときは，知れている債権者に対する各別の催告は，することを要しないとされた（同条第3項）。

　また，債権者が当該一定の期間内に異議を述べなかったときは，組織変更を承認したものとみなされるが（法第100条の3第6項において読み替えて準用する法第67条第1項），債権者が異議を述べたときは，組織変更をしてもその債権者を害するおそれがないときを除き，組合は，当該債権者に対し，弁済し，若しくは相当の担保を供し，又はその債権者に弁済を受けさせることを目的として信託会社等に相当の財産を信託しなければならないとされた（同条第2項）。

エ　組織変更の認可

　組織変更は，行政庁の認可を受けなければ，その効力を生じないとされた（法第100条の8第1項）。

オ　組織変更の効力

　組織変更をする組合は，イ㋙の組織変更がその効力を生ずべき日（法第100条の3第4項第10号）又はエの組織変更の認可を受けた日（法第100条の8第1項）のいずれか遅い日（以下この項目において「効力発生日」という。）に，株式会社となるとされた（法第100条の9第1項）。

　また，組織変更をする組合は，効力発生日に，法第100条の3第

4項第1号及び第2号に掲げる事項（前記イ(ア)及び(イ)参照）についての定めに従い，当該事項に係る定款の変更をしたものとみなすとされ（法第100条の9第2項），組織変更をする組合の組合員は，効力発生日に，法第100条の3第4項第6号に掲げる事項（前記イ(カ)参照）についての定めに従い，同項第5号（前記イ(オ)参照）の株式の株主となるとされた（法第100条の9第3項）。

　　カ　組織変更の登記

　　　　組合が組織変更をしたときは，政令で定めるところにより，登記をしなければならないとされ（法第100条の10第1項），登記を必要とする事項は，登記の後でなければ，これをもって第三者に対抗することができないとされた（同条第2項）。

　　キ　組織変更の無効の訴え

　　　　会社法（平成17年法律第86号）第828条第1項（第6号に係る部分に限る。）及び第2項（第6号に係る部分に限る。），第834条（第6号に係る部分に限る。），第835条第1項，第836条から第839条まで並びに第846条の規定は，組織変更の無効の訴えについて準用するとされた（法第100条の12）。

(2)　合同会社への組織変更

　　ア　組織変更計画の承認

　　　　組合は，合同会社に組織変更をするには，組織変更計画を作成して，総会の議決により，その承認を受けなければならないとされた（法第100条の15第1項）。

　　　　なお，当該議決をする場合には，法第100条第2項において準用する法第63条（第4号に係る部分を除く。）の規定による議決（総組合員（准組合員を除く。）の半数（これを上回る割合を定款で定めた場合にあっては，その割合）以上が出席し，出席者の議決権の3分の2（これを上回る割合を定款で定めた場合にあっては，その割合）以上の多数による議決）によらなければならないとされた（法第100条の18において読み替えて準用する法第100条の3第2項）。

イ　組織変更計画に定める事項

　　組織変更計画には，次の事項を定めなければならないとされた（法第100条の15第２項，施行規則第105条の４）。

　㈠　組織変更後の合同会社の目的，商号及び本店の所在地
　㈡　組織変更後の合同会社の社員についての次に掲げる事項
　　　a　当該社員の氏名及び住所
　　　b　当該社員の全部を有限責任社員とする旨
　　　c　当該社員の出資の価額
　㈢　㈠及び㈡で掲げるもののほか，組織変更後の合同会社の定款で定める事項
　㈣　組織変更後の合同会社が組織変更に際して組織変更をする組合の組合員に対してその持分に代わる金銭を支払うときは，その額又はその算定方法
　㈤　組織変更をする組合の組合員に対する㈣の金銭の割当てに関する事項
　㈥　組織変更後の合同会社の資本金に関する事項
　㈦　組織変更がその効力を生ずべき日
　㈧　組織変更後の合同会社の所有する森林の経営に関する事項

ウ　債権者保護手続

　　前記(1)ウと同様である（法第100条の18において読み替えて準用する法第66条並びに第67条第１項及び第２項，施行規則第93条）。

エ　組織変更の認可

　　組織変更は，行政庁の認可を受けなければ，その効力を生じないとされた（法第100条の16）。

オ　組織変更の効力

　　組織変更をする組合は，イ㈦の組織変更がその効力を生ずべき日（法第100条の15第２項第７号）又はエの組織変更の認可を受けた日（法第100条の16）のいずれか遅い日（以下この項において「効力発生日」という。）に，合同会社となるとされた（法第100条の17第

1項)。

　また，組織変更をする組合は，効力発生日に，法第100条の15第2項第1号から第3号までに掲げる事項（前記イ(ア)から(ウ)まで参照）についての定めに従い，当該事項に係る定款の変更をしたものとみなすとされ（法第100条の17第2項），組織変更をする組合の組合員は，効力発生日に，法第100条の15第2項第2号に掲げる事項（前記イ(イ)参照）についての定めに従い，組織変更後の合同会社の社員となるとされた（法第100条の17第3項）。

　カ　組織変更の登記

　　前記(1)カと同様である（法第100条の18において準用する法第100条の10）。

　キ　組織変更の無効の訴え

　　前記(1)キと同様である（法第100条の18において準用する法第100条の12）。

(3)　認可地縁団体への組織変更

　ア　組織変更計画の承認

　　組合は，認可地縁団体に組織変更をするには，組織変更計画を作成して，総会の議決により，その承認を受けなければならないとされた（法第100条の20第1項）。

　　なお，当該議決をする場合には，法第100条第2項において準用する法第63条（第4号に係る部分を除く。）の規定による議決（総組合員（准組合員を除く。）の半数（これを上回る割合を定款で定めた場合にあっては，その割合）以上が出席し，出席者の議決権の3分の2（これを上回る割合を定款で定めた場合にあっては，その割合）以上の多数による議決）によらなければならないとされた（法第100条の24において読み替えて準用する法第100条の3第2項）。

　イ　組織変更計画に定める事項

　　組織変更計画には，次の事項を定めなければならないとされた（法第100条の20第2項，共同省令第1条）。

　　　　(ア)　組織変更後の認可地縁団体の規約で定める事項
　　　　(イ)　組織変更後の認可地縁団体の構成員の氏名及び住所
　　　　(ウ)　組織変更後の認可地縁団体の代表者の氏名
　　　　(エ)　組織変更後の認可地縁団体に監事を置くときは，監事の氏名
　　　　(オ)　組織変更後の認可地縁団体が組織変更に際して組織変更をする組合の組合員に対してその持分に代わる金銭を支払うときは，その額又はその算定方法
　　　　(カ)　組織変更をする組合の組合員に対する(オ)の金銭の割当てに関する事項
　　　　(キ)　組織変更がその効力を生ずべき日
　　　　(ク)　組織変更後の認可地縁団体の所有する森林の維持管理に関する事項
　　ウ　債権者保護手続
　　　前記(1)ウと同様である（法第100条の24において読み替えて準用する法第66条並びに第67条第1項及び第2項，共同省令第3条）。
　　エ　組織変更の認可
　　　　(ア)　組織変更は，都道府県知事の認可を受けなければ，その効力を生じないとされた（法第100条の22第1項）。
　　　　(イ)　都道府県知事は，当該認可をしようとするときは，組織変更計画に定められた組織変更後の認可地縁団体に関する事項について，当該組織変更後の認可地縁団体の区域をその区域の全部又は一部とする市町村の長の同意を得なければならないとされた。この場合において，当該市町村の長は，当該組織変更が次に掲げる基準に適合していると認めるときは，同意をしなければならないとされた（同条第2項）。
　　　　　a　組織変更後の認可地縁団体が，地方自治法第260条の2第2項第1号から第3号までに掲げる要件に該当していること。
　　　　　b　組織変更計画において，法第100条の20第2項第1号に掲げる事項（前記イ(ア)参照）として，地方自治法第260条の2第3

項各号に掲げる事項が定められていること。

(ウ) 都道府県知事は、(ア)の認可をしたときは、(イ)の同意をした市町村の長に当該認可をした旨の通知をしなければならないとされた（法第100条の22第3項）。

(エ) 市町村の長は、(ウ)の通知があったときは、総務省令で定めるところにより、これを告示しなければならないとされ、告示した事項に変更があったときも、また同様とするとされた（同条第4項、地方自治法第260条の2第10項）。

オ　組織変更の効力

　組織変更をする組合は、イ(キ)の組織変更がその効力を生ずべき日（法第100条の20第2項第7号）又はエ(ア)の組織変更の認可を受けた日（法第100条の22第1項）のいずれか遅い日（以下この項目において「効力発生日」という。）に、認可地縁団体となるとされた（法第100条の23第1項）。

　また、組織変更をする組合は、効力発生日に、法第100条の20第2項第1号に掲げる事項（前記イ(ア)参照）についての定めに従い、当該事項に係る定款の変更をしたものとみなすとされ、この場合においては、当該定款を組織変更後の認可地縁団体の規約とみなすとされた（法第100条の23第2項）。

　さらに、組織変更をする組合の組合員は、効力発生日に、法第100条の20第2項第2号に掲げる事項（前記イ(イ)参照）についての定めに従い、組織変更後の認可地縁団体の構成員となるとされた（法第100条の23第3項）。

カ　組織変更の登記

　前記(1)カと同様である（法第100条の24において準用する法第100条の10）。

キ　組織変更の無効の訴え

　前記(1)キと同様である（法第100条の24において準用する法第100条の12）。

2　組合の組織変更に係る登記
　(1)　株式会社又は合同会社への組織変更に係る登記
　　　組合が株式会社又は合同会社に組織変更をしたときは，法第100条の9第1項又は法第100条の17第1項に規定する効力発生日（前記1(1)オ及び1(2)オ参照）から，その主たる事務所又は本店の所在地においては2週間以内に，その従たる事務所又は支店の所在地においては3週間以内に，組織変更前の組合については解散の登記をし，組織変更後の株式会社又は合同会社については設立の登記をしなければならないとされた（組登令第26条第11項）。
　　ア　登記すべき事項
　　　　組織変更後の株式会社又は合同会社についてする設立の登記においては，組織変更前の組合の成立の年月日，名称並びに組織変更をした旨及びその年月日をも登記しなければならないとされた（組登令第26条第13項において準用する商登法第76条）。また，組織変更前の組合についてする解散の登記において登記すべき事項は，解散の旨並びにその事由及び年月日である（組登令第25条において準用する商登法第71条第1項）。
　　イ　登記の申請
　　　　組織変更前の組合についてする解散の登記の申請と組織変更後の株式会社又は合同会社についてする設立の登記の申請とは，同時にしなければならないとされた（組登令第26条第13項において準用する商登法第78条第1項）。
　　ウ　添付書面
　　　(ｱ)　組織変更後の株式会社についてする設立の登記の申請書の添付書面
　　　　　組織変更後の株式会社についてする設立の登記の申請書には，商登法第18条，第19条及び第46条に規定する書面のほか，次の書面を添付しなければならないとされた（組登令第26条第14項並びに同条第18項において準用する同令第20条第2項及び第3項）。

a　組織変更計画書

　　b　定款

　　c　株主名簿管理人を置いたときは，その者との契約を証する書面

　　d　生産森林組合の総会の議事録

　　e　組織変更後の株式会社の取締役（組織変更後の株式会社が監査役設置会社である場合にあっては取締役及び監査役，組織変更後の株式会社が監査等委員会設置会社である場合にあっては監査等委員である取締役及びそれ以外の取締役）が就任を承諾したことを証する書面

　　f　組織変更後の株式会社の会計参与又は会計監査人を定めたときは，商登法第54条第2項各号に掲げる書面

　　g　債権者に対し異議があれば異議を述べるべき旨の公告及び催告をしたこと並びに異議を述べた債権者があるときは，当該債権者に対し弁済し，若しくは相当の担保を提供し，若しくは当該債権者に弁済を受けさせることを目的として相当の財産を信託したこと又は組織変更をしても当該債権者を害するおそれがないことを証する書面

　　h　gの公告を官報のほか定款に定めた時事に関する事項を掲載する日刊新聞紙又は電子公告によってすることができる組合がこれらの方法による公告をしたときは，gの公告及び催告をしたことを証する書面に代えて，これらの方法による公告をしたことを証する書面（以下，gの書面と併せて「債権者保護手続関係書面」という。）

　(ｲ)　組織変更後の合同会社についてする設立の登記の申請書の添付書面

　　　組織変更後の合同会社についてする設立の登記の申請書には，商登法第18条及び第19条並びに同法第118条において準用する同法第93条に規定する書面のほか，次の書面を添付しなければなら

ないとされた（組登令第26条第15項並びに同条第18項において準用する同令第20条第2項及び第3項）。
　　　　a　組織変更計画書
　　　　b　定款
　　　　c　生産森林組合の総会の議事録
　　　　d　債権者保護手続関係書面
　　(ｳ)　組織変更前の組合についてする解散の登記の申請書の添付書面
　　　　申請書の添付書面に関する規定は，組織変更前の組合についてする解散の登記の申請については，適用しないとされた（組登令第26条第13項において準用する商登法第78条第2項）ことから，当該申請については，添付書面を要しない。
　エ　登記の審査
　　登記官は，組織変更前の組合についてする解散の登記の申請と組織変更後の株式会社又は合同会社についてする設立の登記の申請のいずれかにつき商登法第24条各号のいずれかに掲げる事由があるときは，これらの申請を共に却下しなければならないとされた（組登令第26条第13項において準用する商登法第78条第3項）。
　オ　組織変更の無効の訴えに係る請求を認容する判決が確定した場合の登記の嘱託
　　株式会社又は合同会社への組織変更の無効の訴えに係る請求を認容する判決が確定した場合には，裁判所書記官は，職権で，遅滞なく，組織変更後の株式会社又は合同会社の本店の所在地を管轄する登記所に，組織変更により解散する組合については回復の登記を嘱託し，組織変更により設立する株式会社又は合同会社については解散の登記を嘱託しなければならないとされ（組登令第26条第13項において準用する同令第14条第2項），当該訴えに係る請求の目的に係る組織変更により組登令第11条第2項各号に掲げる事項についての登記がされているときは，組織変更後の株式会社又は合同会社の支店の所在地を管轄する登記所にも同令第14条第2項に規定する登

記を嘱託しなければならないとされた（同条第3項）。

(2) 認可地縁団体への組織変更に係る登記

　組合が認可地縁団体に組織変更をしたときは，法第100条の23第1項に規定する効力発生日（前記1(3)オ参照）から，その主たる事務所の所在地においては2週間以内に，その従たる事務所の所在地においては3週間以内に，組織変更前の組合について解散の登記をしなければならないとされた（組登令第26条第12項）。

　なお，組織変更後の認可地縁団体については，設立の登記を要しない。

ア　登記すべき事項

　組織変更前の組合についてする解散の登記において登記すべき事項は，解散の旨並びにその事由及び年月日である（組登令第25条において準用する商登法第71条第1項）。

イ　登記の申請

　組織変更前の組合についてする解散の登記は，組織変更後の認可地縁団体の代表者の申請によってするとされ，この場合においては，組登令第25条において準用する商登法第20条第1項及び第2項の規定にかかわらず，その印鑑を登記所に提出することを要しないとされた（組登令第26条第16項）。

ウ　添付書面

　組織変更前の組合についてする解散の登記の申請書には，組登令第25条において準用する商登法第18条及び第19条に規定する書面のほか，次の書面を添付しなければならないとされた（組登令第26条第17項並びに同条第18項において準用する同令第20条第2項及び第3項）。

　(ｱ)　組織変更計画書
　(ｲ)　組織変更後の認可地縁団体の代表権を有する者の資格を証する書面
　(ｳ)　当該登記の申請書又は委任による代理人の権限を証する書面に

記名押印した者（委任による代理人を除く。）の印鑑に関する証明書（住所地の市町村長（特別区の区長を含むものとし，地方自治法第252条の19第１項の指定都市にあっては，市長又は区長若しくは総合区長とする。）が作成するものであって，作成後３月以内のものに限る。）

　(エ)　債権者保護手続関係書面
　エ　組織変更の無効の訴えに係る請求を認容する判決が確定した場合の登記の嘱託
　　認可地縁団体への組織変更の無効の訴えに係る請求を認容する判決が確定した場合には，裁判所書記官は，職権で，遅滞なく，組織変更前の組合の主たる事務所の所在地を管轄する登記所に，組織変更により解散する組合について回復の登記を嘱託しなければならないとされ（組登令第26条第13項において準用する同令第14条第２項），当該訴えに係る請求の目的に係る組織変更により組登令第11条第２項各号に掲げる事項についての登記がされているときは，組織変更前の組合の従たる事務所の所在地を管轄する登記所にも同令第14条第２項に規定する登記を嘱託しなければならないとされた（同条第３項）。

(3)　登記の記録
　　組合の組織変更に係る登記の記録は，別紙記録例による。

(4)　登録免許税
　　登録免許税法施行令（昭和42年政令第146号）第10条が改正され，登録免許税法（昭和42年法律第35号）第17条の２に規定する政令で定める者として，組合が加えられた（整備政令第10条）。
　　これにより，組織変更後の株式会社又は合同会社についてする設立の登記に係る登録免許税の額は，資本金の額に税率を1000分の７として計算した金額（株式会社の設立の場合において当該金額が15万円に満たないときは15万円とし，合同会社の設立の場合において当該金額が６万円に満たないときは６万円とする。）とされた。

なお，組織変更前の組合についてする解散の登記については，登録免許税は課されない。
第2　国立研究開発法人森林総合研究所法の一部改正
　　国立研究開発法人森林総合研究所法（平成11年法律第198号）の一部が改正され，同法に規定する法人の名称が国立研究開発法人森林総合研究所から国立研究開発法人森林研究・整備機構に改称された（改正法第5条）。
　　当該改正に伴い，独立行政法人等登記令（昭和39年政令第28号）第19条第2項中「国立研究開発法人森林総合研究所」が「国立研究開発法人森林研究・整備機構」に改められた（整備政令第8条第5号）。

260　第3編　法人登記に関する最近の主要先例

〔別紙記録例〕
1　組織変更の登記
　(1)　株式会社への組織変更
　　　ア　株式会社についてする設立の登記

会社法人等番号	○○○○-○○-○○○○○○
商　号	何何株式会社
本　店	東京都千代田区霞が関一丁目1番1号
公告をする方法	官報に掲載してする
会社成立の年月日	平成○○年○○月○○日
目　的	1　何何 2　何何
発行可能株式総数	400株
発行済株式の総数 並びに種類及び数	発行済株式の総数 　　　200株
資本金の額	金400万円
株式の譲渡制限に関する規定	当会社の株式を譲渡により取得するには、当会社の承認を要する。
役員に関する事項	取締役　　　　甲野　太　郎
	東京都千代田区霞が関一丁目1番1号 代表取締役　　　甲野　太　郎
登記記録に関する事項	平成○○年○○月○○日何何生産森林組合を組織変更し設立 　　　　　　　　　　　　　　　　　平成○○年○○月○○日登記

※　法第100条の2，組登令第26条第11項

イ 生産森林組合についてする解散の登記

| 登記記録に関する事項 | 平成○○年○○月○○日東京都千代田区霞が関一丁目1番1号何何株式会社に組織変更し解散
　　　　　　　　　　　　　　　　　　　　　　平成○○年○○月○○日登記
　　　　　　　　　　　　　　　　　　　　　　平成○○年○○月○○日閉鎖 |

※ 組登令第26条第11項，第25条において準用する商登法第71条第1項，法登規第5条において準用する商登規第80条

ウ 組織変更無効の判決が確定した場合
　(ｱ) 株式会社についてする解散の登記

| 登記記録に関する事項 | 平成○○年○○月○○日東京地方裁判所の組織変更無効の判決確定により解散
　　　　　　　　　　　　　　　　　　　　　　平成○○年○○月○○日登記
　　　　　　　　　　　　　　　　　　　　　　平成○○年○○月○○日閉鎖 |

　(ｲ) 生産森林組合についてする回復の登記

登記記録に関する事項	<u>平成○○年○○月○○日東京都千代田区霞が関一丁目1番1号何何株式会社に組織変更し解散</u> 　　　　　　　　　　　　　　　　　　　　　　平成○○年○○月○○日登記 　　　　　　　　　　　　　　　　　　　　　　<u>平成○○年○○月○○日閉鎖</u>
	平成○○年○○月○○日復活
	平成○○年○○月○○日東京地方裁判所の組織変更無効の判決確定により回復 　　　　　　　　　　　　　　　　　　　　　　平成○○年○○月○○日登記

※ 法第100条の12，組登令第26条第13項において準用する同令第14条第2項及び第3項，法登規第5条において準用する商登規第45条及び第80条

(2) 合同会社への組織変更
　　ア　合同会社についてする設立の登記

会社法人等番号	○○○○-○○-○○○○○○
商　号	何何合同会社
本　店	東京都千代田区霞が関一丁目1番1号
公告をする方法	官報に掲載してする
会社成立の年月日	平成○○年○○月○○日
（略）	（略）
登記記録に関する事項	平成○○年○○月○○日何何生産森林組合を組織変更し設立 　　　　　　　　　　　　　　　　平成○○年○○月○○日登記

※　法第100条の14，組登令第26条第11項

　　イ　生産森林組合についてする解散の登記

登記記録に関する事項	平成○○年○○月○○日東京都千代田区霞が関一丁目1番1号何何合同会社に組織変更し解散 　　　　　　　　　　　　　　　　平成○○年○○月○○日登記 　　　　　　　　　　　　　　　　平成○○年○○月○○日閉鎖

※　組登令第26条第11項，第25条において準用する商登法第71条第1項，法登規第5条において準用する商登規第80条

　　ウ　組織変更無効の判決が確定した場合
　　　　上記(1)ウと同じ。
※　法第100条の18において準用する同法第100条の12

(3) 認可地縁団体への組織変更
　　ア　生産森林組合についてする解散の登記

登記記録に関する事項	平成〇〇年〇〇月〇〇日東京都千代田区霞が関一丁目1番1号何何自治会に組織変更し解散
	平成〇〇年〇〇月〇〇日登記
	平成〇〇年〇〇月〇〇日閉鎖

※　法第100条の19，組登令第26条第12項，第25条において準用する商登法第71条第1項，法登規第5条において準用する商登規第80条。なお，組織変更後の認可地縁団体については，設立の登記を要しない。

　　イ　組織変更無効の判決が確定した場合
　　　　上記(1)ウ(イ)と同じ。
※　法第100条の24において準用する同法第100条の12

2 農業災害補償法の一部を改正する法律等の施行に伴う法人登記事務の取扱いについて

(平成30年2月19日法務省民商第22号通知)

(通知) 農業災害補償法の一部を改正する法律(平成29年法律第74号。以下「改正法」という。)が平成29年6月23日に,農業災害補償法の一部を改正する法律の施行に伴う関係政令の整備に関する政令(平成29年政令第264号。以下「整備政令」という。)が同年10月25日にそれぞれ公布され,改正法(同法附則第1条各号に掲げる規定を除く。)及び整備政令(同政令附則ただし書に規定する改正規定を除く。)は,いずれも本年4月1日から施行されることとなりましたので,これに伴う法人登記事務の取扱いについては,下記の点に留意し,事務処理に遺憾のないよう,貴管下登記官に周知方お取り計らい願います。

なお,本通知中「法」とあるのは改正法による改正後の農業保険法(昭和22年法律第185号。改正法により,農業災害補償法の題名が改められたもの)を,「旧法」とあるのは改正法による改正前の農業災害補償法を,「組登令」とあるのは整備政令による改正後の組合等登記令(昭和39年政令第29号)を,「商登法」とあるのは商業登記法(昭和38年法律第125号)をいいます。

記

第1 農業共済団体の登記の根拠規定の改正

　農業共済団体(農業共済組合及び農業共済組合連合会をいう。以下同じ。)の登記は,旧法第2章第5節の規定に基づいていたところ,改正法によりこれらの規定は削除され,農業共済団体は,政令で定めるところにより,登記をしなければならないとされた(法第7条第1項)。この政令への委任を受けて,農業共済団体の登記については,他の法令に別段の定めがある場合を除き,組登令の定めるところによるとされた(組登令別表に農業共済組合及び農業共済組合連合会の項を追加。整備政令第7条)。

　なお,農業共済団体が登記すべき事項は,登記の後でなければ,第三者に対抗することができず(法第7条第2項),また,農業共済団体

は，主たる事務所の所在地において，設立の登記をすることによって成立すること（法第34条）については，従前と同様である。
第2 農業共済団体の登記手続
1 総論
(1) 設立の登記
ア 設立の登記の登記事項は次のとおりであり，従前と同様である（旧法第59条第2項，組登令第2条第2項及び別表）。
(ア) 目的
(イ) 名称
(ウ) 事務所の所在場所
(エ) 代表権を有する者の氏名，住所及び資格
(オ) 区域
(カ) 公告の方法

なお，農業共済団体が定款において存続期間又は解散の事由を定めることは予定されておらず（法第35条第1項，第65条第1項参照），組登令第2条第2項第5号の適用はない。

また，農業共済組合の区域は，特別の事由があるときを除き，法第73条第4項に規定する特定組合以外の農業共済組合にあっては1又は2以上の市町村の区域，同項に規定する特定組合にあっては1又は2以上の都道府県の区域によるところ（法第5条第1項），農業共済組合連合会の区域については，都道府県又は全国の区域によるとされた（同条第2項。以下，全国の区域をその区域とする農業共済組合連合会を「全国連合会」という。）。

イ ア以外の設立の登記手続についても，従前と同様である（旧法第59条第1項，第71条，第77条において準用する商登法第19条，組登令第2条第1項，第16条，第25条において準用する商登法第19条）。
(2) 変更の登記等

次の登記についても，旧法と組登令の規定の内容に差異はなく，その登記手続は，従前と同様である。

ア　変更の登記（旧法第60条，第72条，組登令第3条第1項，第17条第1項）

イ　他の登記所の管轄区域内への主たる事務所の移転の登記（旧法第61条，第72条，組登令第4条，第17条第1項）

ウ　職務執行停止の仮処分等の登記（旧法第62条，第72条，組登令第5条，第17条第1項）

エ　参事の登記（旧法第63条，第77条において準用する商登法第45条，組登令第6条第1項及び第3項，第18条第1項及び第3項）

オ　合併の登記（旧法第64条，第72条から第73条の2まで，組登令第8条第1項，第17条第1項，第20条，第21条）

カ　解散（合併による解散を除く。）の登記（旧法第65条，第73条の3第1項，組登令第7条，第19条等）

キ　清算結了の登記（旧法第66条，第74条，組登令第10条，第23条）

ク　従たる事務所の所在地における登記（旧法第67条から第69条まで，第77条において準用する商登法第48条，組登令第11条から第13条まで，第25条において準用する商登法第48条）

(3)　登記に関する経過措置

改正法の施行前にした旧法の規定による登記に係る処分，手続その他の行為は，法第7条第1項の規定に基づく政令（組登令）の相当規定によりしたものとみなすとされた（改正法附則第2条第1項）。

また，旧法第70条の規定による登記簿は，法第7条第1項の規定に基づく政令の相当規定による登記簿（組登令第15条に規定する組合等登記簿）とみなすとされた（改正法附則第2条第2項）。

2　農業共済団体による権利義務の承継の登記の新設

(1)　権利義務の承継制度の概要

都道府県連合会（全国連合会以外の農業共済組合連合会をいう。以下同じ。）の組合員たる一の農業共済組合のほかに当該都道府県連合会の組合員がなくなったとき，又は都道府県連合会の組合員たる組合等の区域の全てを合わせた区域をその区域とする農業共済組合が成立

したときは，当該農業共済組合は，農業保険法施行規則（平成29年農林水産省令第63号）第37条の規定により，農林水産大臣に，当該都道府県連合会の権利義務（当該都道府県連合会がその行う事業に関し，行政庁の許可，認可その他の処分に基づいて有する権利義務を含む。）を承継することについて，認可を申請しなければならず（法第73条第1項），当該認可があったときは，当該都道府県連合会の権利義務は，その時において当該認可の申請に係る農業共済組合に承継され，当該都道府県連合会は，その時において解散する（同条第2項）。

農業共済団体による権利義務の承継制度の実質的な内容は従前と同様であるが（旧法第53条の2参照），旧法において，その登記についての規定がなかったのに対し，組登令においては，(2)のとおり，その権利義務の承継の登記をしなければならないとされた。

(2) 権利義務の承継の登記

農業共済組合が都道府県連合会の権利義務を承継するときは，当該承継の認可その他承継に必要な手続が終了した日から，主たる事務所の所在地においては2週間以内に，従たる事務所の所在地においては3週間以内に，都道府県連合会については解散の登記をし，農業共済組合（以下，都道府県連合会の権利義務を承継した農業共済組合を「特定組合」という。法第73条第4項参照）については変更の登記をしなければならないとされた（組登令第8条第2項において準用する同条第1項，第13条）。

なお，特定組合についての従たる事務所の所在地における変更の登記は，組登令第11条第2項各号に掲げる事項に変更が生じた場合に限り，するものとされた（同令第13条ただし書）。

ア 登記すべき事項

特定組合がする承継による変更の登記においては，承継をした旨並びに承継により解散する都道府県連合会の名称及び主たる事務所をも登記しなければならないとされた（組登令第25条において読み替えて準用する商登法第79条）。

他方，都道府県連合会がする承継による解散の登記において登記すべき事項は，解散の旨並びにその事由及び年月日とするとされた（組登令第25条において準用する商登法第71条第1項）。

イ　登記の申請

　主たる事務所の所在地における都道府県連合会がする承継による解散の登記の申請は，当該登記所の管轄区域内に特定組合の主たる事務所がないときは，その主たる事務所の所在地を管轄する登記所を経由してしなければならず，当該解散の登記の申請と，特定組合がする承継による変更の登記の申請とは，同時にしなければならないとされた（組登令第25条において準用する商登法第82条第2項及び第3項）。

ウ　添付書面

　主たる事務所の所在地における特定組合がする承継による変更の登記の申請書には，次の書面を添付しなければならないとされた。

　(ア)　承継により解散する都道府県連合会（当該登記所の管轄区域内にその主たる事務所があるものを除く。）の登記事項証明書（組登令第20条第1項）

　(イ)　農林水産大臣の認可書又はその認証がある謄本（組登令第25条において準用する商登法第19条）

　他方，主たる事務所の所在地における都道府県連合会がする承継による解散の登記の申請については，添付書面を要しないとされた（組登令第25条において準用する商登法第82条第4項）。

エ　登記の審査

　特定組合の主たる事務所の所在地を管轄する登記所においては，都道府県連合会がする承継による解散の登記の申請及び特定組合がする承継による変更の登記の申請のいずれかにつき商登法第24条各号（第16号を除く。）のいずれかに掲げる事由があるときは，これらの申請を共に却下しなければならないとされ，組登令第25条において準用する商登法第82条第2項の場合（前記イ参照）において，

承継による変更の登記をしたときは、遅滞なく、その登記の日を都道府県連合会がする承継による解散の登記の申請書に記載し、これを都道府県連合会の主たる事務所の所在地を管轄する登記所に送付しなければならないとされた（組登令第25条において準用する商登法第83条）。

オ　登記の記録

農業共済団体による権利義務の承継に係る登記の記録は、別紙記録例1による。

3　農業共済団体による特定合併制度の新設

(1)　特定合併制度の概要

ア　特定合併

全国連合会と特定組合とは、合併を行うことができるとされ（法第91条第1項）、また、全国連合会と都道府県連合会及びその組合員たる全ての農業共済組合とは、合併を行うことができるとされた（同条第2項。以下、これらの合併を「特定合併」という。）。

なお、特定合併において、合併後存続する法人は、全国連合会とするとされた（同条第3項）。

イ　特定合併の手続

(ｱ)　総会の特別の議決

農業共済団体が特定合併をしようとするときは、総会（農業共済団体の定款で定めるところにより総代会を設けている場合にあっては、総代会。法第61条参照）において、その議決（総組合員の半数以上が出席し、その議決権の3分の2以上の多数による議決）をしなければならないとされた（法第93条において読み替えて準用する法第60条第3号及び第67条第1項）。

(ｲ)　債権者保護手続

農業共済団体は、(ｱ)の議決の日から2週間以内に、債権者に対して、異議があれば一定の期間（1月を下ってはならない。）内にこれを述べるべき旨を公告し、かつ、知れている債権者には、

各別にこれを催告しなければならず，債権者が当該一定の期間内に異議を述べなかったときは，特定合併を承認したものとみなされ，また，債権者が異議を述べたときは，特定合併をしてもその債権者を害するおそれがないときを除き，農業共済団体は，弁済し，若しくは相当の担保を供し，又はその債権者に弁済を受けさせることを目的として信託会社等に相当の財産を信託しなければならないとされた（法第93条において読み替えて準用する法第68条及び第69条）。

(ウ) 行政庁の認可

特定合併は，行政庁の認可を受けなければ，その効力を生じないとされた（法第93条において準用する法第67条第2項）。

ウ 特定合併の効力

特定合併は，全国連合会の主たる事務所の所在地において，登記をすることによってその効力を生ずるとされた（法第93条において読み替えて準用する法第71条）。

また，全国連合会は，合併によって消滅した農業共済団体（以下「特定合併消滅農業共済団体」という。）の権利義務（当該農業共済団体がその行う事業に関し，行政庁の許可，認可その他の処分に基づいて有する権利義務を含む。）を承継するとされた（法第93条において読み替えて準用する法第72条）。

(2) 特定合併の登記

農業共済団体が特定合併をするときは，合併の認可その他合併に必要な手続が終了した日から，主たる事務所の所在地においては2週間以内に，従たる事務所の所在地においては3週間以内に，特定合併消滅農業共済団体については解散の登記をし，全国連合会については変更の登記をしなければならないとされた（組登令第8条第1項及び第13条）。

なお，全国連合会についての従たる事務所の所在地における変更の登記は，組登令第11条第2項各号に掲げる事項に変更が生じた場合に

限り，するものとされた（同令第13条ただし書)。
ア　登記すべき事項

　　全国連合会がする合併による変更の登記においては，合併をした旨並びに特定合併消滅農業共済団体の名称及び主たる事務所をも登記しなければならないとされた（組登令第25条において読み替えて準用する商登法第79条)。

　　他方，特定合併消滅農業共済団体がする合併による解散の登記において登記すべき事項は，解散の旨並びにその事由及び年月日とするとされた(組登令第25条において準用する商登法第71条第1項)。

イ　登記の申請

　　主たる事務所の所在地における特定合併消滅農業共済団体がする合併による解散の登記の申請は，当該登記所の管轄区域内に全国連合会の主たる事務所がないときは，その主たる事務所の所在地を管轄する登記所を経由してしなければならず，当該解散の登記の申請と，全国連合会がする合併による変更の登記の申請とは，同時にしなければならないとされた（組登令第25条において準用する商登法第82条第2項及び第3項)。

ウ　添付書面

　　主たる事務所の所在地における全国連合会がする合併による変更の登記の申請書には，次の書面を添付しなければならないとされた。

(ｱ)　合併契約書並びに全国連合会及び特定合併消滅農業共済団体における合併に係る総会（又は総代会）の議決があったことを証する書面（総会（又は総代会）の議事録）（組登令第17条第1項）

(ｲ)　債権者に対し異議があれば異議を述べるべき旨の公告及び催告をしたこと並びに異議を述べた債権者があるときは，当該債権者に対し弁済し，若しくは相当の担保を提供し，若しくは当該債権者に弁済を受けさせることを目的として相当の財産を信託したこと又は特定合併をしても当該債権者を害するおそれがないことを

証する書面（組登令第20条第2項）
(ウ) 特定合併消滅農業共済団体（当該登記所の管轄区域内にその主たる事務所があるものを除く。）の登記事項証明書（同条第1項）
(エ) 行政庁の認可書又はその認証がある謄本（組登令第25条において準用する商登法第19条）

他方，主たる事務所の所在地における特定合併消滅農業共済団体がする合併による解散の登記の申請については，添付書面を要しないとされた（組登令第25条において準用する商登法第82条第4項）。

エ　登記の審査

全国連合会の主たる事務所の所在地を管轄する登記所においては，特定合併消滅農業共済団体がする合併による解散の登記の申請及び全国連合会がする合併による変更の登記の申請のいずれかにつき商登法第24条各号（第16号を除く。）のいずれかに掲げる事由があるときは，これらの申請を共に却下しなければならないとされ，組登令第25条において準用する商登法第82条第2項の場合（前記イ参照）において，合併による変更の登記をしたときは，遅滞なく，その登記の日を特定合併消滅農業共済団体がする合併による解散の登記の申請書に記載し，これを特定合併消滅農業共済団体の主たる事務所の所在地を管轄する登記所に送付しなければならないとされた（組登令第25条において準用する商登法第83条）。

オ　登記の記録

農業共済団体による特定合併に係る登記の記録は，別紙記録例2による。

〔別紙記録例〕
 1 権利義務の承継の登記
  (1) 特定組合の変更の登記

権利義務の承継	平成30年5月30日東京都中央区日本橋三丁目1番1号東京都農業共済組合連合会の権利義務の承継 　　　　　　　　　　　　　　　　　　　　　　　平成30年　6月　1日登記

　※　組登令第8条第2項において準用する同条第1項，組登令第25条において読み替えて準用する商登法第79条
　※　農林水産大臣の認可があったときに権利義務が承継されることから（法第73条第2項），権利義務の承継の年月日は，当該農林水産大臣の認可書の到達の日を記録する。

  (2) 都道府県連合会の解散の登記

登記記録に関する事項	平成30年5月30日東京都千代田区霞が関一丁目1番1号千代田区農業共済組合に権利義務を承継し解散 　　　　　　　　　　　　　　　　　　　　　　　平成30年　6月　7日登記 　　　　　　　　　　　　　　　　　　　　　　　平成30年　6月　7日閉鎖

　※　組登令第8条第2項において準用する同条第1項，組登令第25条において準用する商登法第71条第1項
　※　解散の年月日は，上記(1)の権利義務の承継の年月日を記録する。

 2 特定合併の登記
  (1) 全国連合会の変更の登記

吸収合併	東京都中央区日本橋二丁目3番1号中央区農業共済組合（又は農業共済組合連合会）を合併 　　　　　　　　　　　　　　　　　　　　　　　平成30年　6月　1日登記

　※　組登令第8条第1項，組登令第25条において読み替えて準用する商登法第79条
　※　特定合併は，全国連合会の主たる事務所の所在地において，登記をすることによってその効力を生ずることから（法第93条において読み替えて準用する法第71条），合併の年月日の記録は不要である。

  (2) 特定合併消滅農業共済団体の解散の登記

登記記録に関する事項	平成30年6月1日東京都千代田区霞が関一丁目2番3号全国農業共済組合連合会に合併し解散 　　　　　　　　　　　　　　　　　　　　　　　平成30年　6月　7日登記 　　　　　　　　　　　　　　　　　　　　　　　平成30年　6月　7日閉鎖

　※　組登令第8条第1項，組登令第25条において準用する商登法第71条第1項
　※　解散の年月日は，上記(1)の変更の登記年月日を記録する。

3　特定非営利活動促進法の一部を改正する法律等の施行に伴う法人登記事務の取扱いについて

(平成30年9月27日法務省民商第110号通知)

(通知) 特定非営利活動促進法の一部を改正する法律（平成28年法律第70号。以下「改正法」という。）が平成28年6月7日に，組合等登記令の一部を改正する政令（平成30年政令第270号。以下「改正政令」という。）が本日公布され，改正法附則第1条第2号に掲げる規定及び改正政令は，本年10月1日（以下「施行日」という。）から施行されますが，これに伴う法人登記事務の取扱いについては，下記の点に留意し，事務処理に遺憾のないよう，貴管下登記官に周知方お取り計らい願います。

なお，本通知中，「法」とあるのは特定非営利活動促進法（平成10年法律第7号）を，「組登令」とあるのは組合等登記令（昭和39年政令第29号）をいい，特に「旧」の文字を冠する場合を除き，いずれも改正後のものです。

記

1　「資産の総額」の登記事項からの削除

　　特定非営利活動法人は法第28条第1項の規定による前事業年度の貸借対照表の作成後遅滞なく，定款で定める方法により，当該貸借対照表を公告しなければならないとされた（法第28条の2）。これに伴い，「資産の総額」が登記事項から削られた（旧組登令別表特定非営利活動法人の項登記事項欄中「資産の総額」の削除）。

2　罰則に関する経過措置

　　施行日前にした行為に対する罰則の適用については，なお従前の例によるものとされた（改正政令附則第2項）。

3　「資産の総額」の登記事項からの削除に伴う登記事務の取扱い

　　「資産の総額」が登記事項でなくなったことから，施行の際に現にされている「資産の総額」の登記は，登記官が職権で抹消するものとする（別添実施要領参照）。

特定非営利活動促進法の一部を改正する法律等の施行に伴う職権抹消作業の実施要領

第1 目的

　本要領は，特定非営利活動促進法の一部を改正する法律（平成28年法律第70号）の一部改正部分が本年10月１日（以下「施行日」という。）に施行されることに伴い，組合等登記令（昭和39年政令第29号）の一部を改正し，特定非営利活動法人（以下「ＮＰＯ法人」という。）の登記事項から「資産の総額」が削除されることから，当該「資産の総額」を職権で抹消することを目的とする。

　また，本要領による作業の実施細則は，必要に応じて，各法務局・各地方法務局（以下「各庁」という。）において，適宜定めて差し支えない。

第2 作業内容

１ 作業の概要

　本作業は，ＮＰＯ法人の主たる事務所の所在地を管轄する登記所（以下「主たる事務所登記所」という。）において，施行日以降，職権により，主たる事務所登記所のＮＰＯ法人の登記簿に記録されている「資産の総額」の登記に抹消する記号を記録するための作業（以下「職権抹消作業」という。）である。

　なお，職権抹消作業については，商業登記等事務取扱手続準則（平成17年３月２日付け法務省民商第500号通達）第42条の規定による立件簿への記録を要しないものとする。

２ 作業の実施時期

　職権抹消作業は，施行日後できる限り速やかに行う。

３ 作業の実施等

⑴ システムによる職権抹消記録の記入及び確認票の印刷

　職権抹消作業の対象となるＮＰＯ法人に係る「資産の総額」の登記についての職権抹消記録の記入及び確認票（様式１）の印刷は，識別

が設定されたNPO法人について一括して実施される。

システム上で記入の指示を行うことにより,自動的に記入の処理(下線処理)がされ,確認票の印刷の指示を行うことにより,確認票が印刷される。システムによる記入ができない法人は,一括更新処理結果リストにその旨記載される。

なお,確認票には,NPO法人の名称及び主たる事務所のほか,職権抹消により変更された登記事項が印刷される。

(2) 校合

確認票に基づき,職権登記の内容を確認の上,登記官が校合を行う。

(3) システムによる記入ができない法人として一括更新処理結果リストにその旨記載された法人についての処理

上記(1)のシステムによる記入ができない法人として一括更新処理結果リストにその旨記載された法人については,職権抹消作業が未了の扱いとなるため,先行する甲号事件が存在する場合等,当該エラーを処理した上で,改めて上記作業による職権抹消記録の記入,確認票の印刷及び校合の処理を行う(この場合も立件簿への記録を要しない。)。

(4) 職権抹消作業簿の取扱い

職権抹消作業に当たっては,作業の進行状況等を管理するため,職権抹消作業簿を設けるものとする。職権抹消作業簿は,作業対象のNPO法人について,適宜の様式で作成した管理票(参考様式)を表紙とし,これに印刷した確認票を編てつしたものとする。

職権抹消作業簿は,各種法人等登記規則(昭和39年法務省令第46号)第5条において準用する商業登記規則(昭和39年法務省令第23号)第34条第1項第17号に掲げる雑書つづり込み帳につづり込むものとする。

4 報告

各庁は,施行日後に管内の全ての登記所において,NPO法人の登記事項から「資産の総額」を職権抹消する作業が終了したときは,速やか

に当局商事課に対し，その旨の報告をするものとする。

第3　その他
1　登記懈怠通知
　　前記第2による職権抹消に際しては，各種法人登記規則第5条において準用する商業登記規則第118条の規定による過料事件の通知を要しないものとする。
2　施行日後の対応について
　　施行日後に職権抹消作業が終了していないＮＰＯ法人について登記の申請があった場合には，当該法人について職権抹消作業を行った上で，当該申請に係る登記を行う。また，職権抹消作業が未了のＮＰＯ法人について施行後の登記内容による登記事項証明書等の交付の請求があった場合には，可能な限り，職権抹消作業を終了した上でそれらを発行するものとする。
3　個別の抹消について
　　前記第2の作業実施後,「資産の総額」が抹消されていないＮＰＯ法人が確認された場合や施行日以降に閉鎖されたＮＰＯ法人の登記記録を復活する場合など,「資産の総額」の抹消が必要となった場合には，個別に立件事件として立件簿に記録し，下線処理を記入して「資産の総額」を抹消する。
4　登記情報参照及び登記情報提供サービスの取扱い
　　施行日後，職権抹消作業が終了していないＮＰＯ法人の登記記録について，一括更新処理中の登記簿を参照した場合，登記情報参照については職権登記処理中のメッセージが表示されるほか，登記情報提供サービスについては同サービスによる提供の対象外となる。

登記事項確認票（移行作業用）	
会社法人等番号　4700-05-001865　種別　その他	
名　　称	1 特定非営利活動法人桜会
主たる事務所	1 香川県高松市本町一丁目1番1号
● 資産の総額	1 <u>金1億円</u>

管理票

平成　年　月　日実施(　分の　)

記入	印刷	校合
月　日	月　日	月　日

エラーリスト会社法人等番号(初回印刷時)

誤記入会社法人等番号(確認時)

※各処理が終了するごとに担当者が押印するものとする。

4 漁業法等の一部を改正する等の法律の施行に伴う法人登記事務の取扱いについて

(平成31年3月20日法務省民商第24号通知)

(**通知**) 漁業法等の一部を改正する等の法律(平成30年法律第95号。以下「改正法」という。)が平成30年12月14日に,水産業協同組合法施行令の一部を改正する政令(平成31年政令第44号。以下「改正政令」という。)及び水産業協同組合法施行規則の一部を改正する省令(平成31年農林水産省令第17号。以下「改正省令」という。)が本日公布され,改正法(同法附則第1条第2号の規定に限る。),改正政令及び改正省令は,いずれも本年4月1日(以下「施行日」という。)から施行されることとなったので,これに伴う法人登記事務の取扱いについては,下記の点に留意し,事務処理に遺憾のないよう,貴管下登記官に周知方取り計らい願います。

なお,本通知中,「法」とあるのは改正法による改正後の水産業協同組合法(昭和23年法律第242号)を,「施行規則」とあるのは改正省令による改正後の水産業協同組合法施行規則(平成20年農林水産省令第10号)を,「商登法」とあるのは商業登記法(昭和38年法律第125号)をいい,法及び施行規則について引用する条文は,全て改正後のものです。

記

第1 漁業生産組合に関する改正

1 設立に関する改正

(1) 設立に必要とされる発起人

従前,漁業生産組合(以下「組合」ともいう。)の設立には7人以上の漁民が発起人となることが必要とされていたが,改正法により,3人以上の漁民が発起人となることを必要とするとされた(法第85条の2第1項)。

(2) 設立準備会及び創立総会の廃止

従前,組合の発起人は,設立準備会及び創立総会を開かなければならないとされていたが,改正法により,発起人は,共同して,定款を作成し,役員を選任し,その他設立に必要な行為をしなければならな

いとされ，組合の設立について設立準備会及び創立総会を開くことを要しないものとされた（法第85条の2第2項）。
2　役員に関する改正
　(1)　役員の員数
　　　従前，組合の役員の定数は，理事は3人以上，監事は2人以上とされていたが，改正法により，理事の定数は1人以上とされるとともに，定款で定めるところにより，監事を置くことができるとして，監事の設置は任意のものとされた（法第83条の2第1項及び第2項）。
　　　なお，組合の理事は，その組合員でなければならないこと，監事と兼ねてはならないことについては，従前と同様である（同条第3項及び第4項）。
　(2)　設立当時の役員の任期
　　　従前，設立当時の役員の任期は，1年以内の期間で創立総会で定める期間とされていたが，改正法により，3年以内において定款で定める期間（ただし，定款によって，その任期を任期中の最終の事業年度に関する通常総会の終結の時まで伸長することを妨げない。）とされた（法第86条第2項において準用する法第35条第1項）。
　(3)　設立当時の役員の選任
　　　従前，設立当時の役員は，定款で定めるところにより，組合員が創立総会においてこれを選挙又は選任するものとされていたが，発起人が共同して役員を選任するものとされた（法第85条の2第2項）。
　　　なお，設立当時以外の役員について，定款で定めるところにより，組合員が総会においてこれを選挙又は選任することについては，従前と同様である。
3　総会の特別決議に関する改正
　　　従前，組合の総会の特別決議は，組合の総組合員数の半数（これを上回る割合を定款で定めた場合にあっては，その割合）以上が出席し，その議決権の3分の2（これを上回る割合を定款を定めた場合にあっては，その割合）以上の多数による議決を必要とするとされていたが，改

正法により，組合の総組合員の3分の2以上の多数による決議を必要とするとされた（法第84条の8）。

なお，特別決議を要する事項は，次のとおりである。

(1) 定款の変更
(2) 組合の解散及び合併
(3) 組合員の除名
(4) 事業の全部の譲渡
(5) 役員の組合に対する損害賠償責任の免除
(6) 組織変更計画の承認（法第86条の3第2項）

4 解散に関する改正

従前，組合員が7人未満になったことにより解散するものとされていたが，改正法により，組合員が3人未満になり，そのなった日から引き続き6か月間その組合員が3人以上にならなかった場合に解散するものとされた（法第85条の4第1項）。

なお，次の事由により解散することについては，従前と同様である（法第86条第4項において準用する法第68条第1項各号）。

(1) 総会の決議
(2) 組合の合併
(3) 組合についての破産手続開始の決定
(4) 存立時期の満了
(5) 行政庁による解散の命令

5 行政庁の認可

(1) 組合に対する行政庁の認可の廃止

従前，組合の設立，定款の変更，解散の決議及び合併については，行政庁の認可が必要とされていたが，改正法により，当該事由が生じた日から2週間以内に行政庁に届け出るものとされた（法第84条の7第2項，第85条の2第4項，第85条の4第2項及び第85条の5第3項）。

したがって，これらについての行政庁の認可は不要となる。

(2) 定款の変更に関する行政庁への認可の申請の経過措置

施行日において現にされている定款の変更に関する行政庁への認可の申請は，第1の5(1)の届出とみなすものとされた（改正法附則第17条第2項）。

6 設立等に係る登記
(1) 設立の登記
ア 登記期間

組合は，組合員に出資をさせる出資組合であるところ（法第82条第1項），出資組合にあっては，出資の第1回の払込みがあった日から2週間以内に，主たる事務所の所在地において，設立の登記をしなければならないことについては，従前と同様である（法第101条第1項）。

イ 登記すべき事項

従前と同様である（同条第2項）。

ウ 添付書面

代表権を有する者の資格を証する書面について，従前は，創立総会議事録及び理事の就任承諾書がこの書面に該当していたが，第1の2(3)のとおり，改正法により，発起人が共同して役員を選任することとなったことから，代表権を有する者の資格を証する書面としては，理事の選任に関して発起人による理事選任書及び当該理事の就任承諾書がこの書面に該当する。

また，第1の5のとおり，設立に関して行政庁の認可が不要となったことから，それに関する法第120条において準用する商登法第19条に規定する書面は不要である。

その他の添付書面については，従前と同様である。

エ 登記の記録

従前と同様である。

(2) 設立の登記以外の登記
ア 登記すべき事項

従前と同様である（法第102条等）。
　　イ　添付書面
　　　　第1の5のとおり，定款の変更，解散の決議及び合併について，行政庁の認可が不要となったことから，それらに関する法第120条において準用する商登法第19条に規定する書面は不要である。
　　　　その他の添付書面については，従前と同様である。
　　ウ　登記の記録
　　　　従前と同様である。
第2　漁業生産組合の株式会社への組織変更制度の新設
　1　株式会社への組織変更
　　　組合は，その組織を変更し，株式会社になることができるとされた（法第86条の2）。
　　(1)　組織変更計画の承認
　　　　組合は，株式会社に組織変更をするには，組織変更計画を作成して，総会の決議により，その承認を受けなければならないとされた（法第86条の3第1項）。
　　　　なお，前記第1の3記載のとおり，当該決議をする場合には，法第84条の8の規定による決議（総組合員の3分の2以上の多数による決議）によらなければならないとされた（法第86条の3第2項）。
　　(2)　組織変更計画に定める事項
　　　　組織変更計画には，次の事項を定めなければならないとされた（法第86条の3第4項，施行規則第216条の2の2）。
　　　ア　組織変更後の株式会社の目的，商号，本店の所在地及び発行可能株式総数
　　　イ　アに掲げるもののほか，組織変更後の株式会社の定款で定める事項
　　　ウ　組織変更後の株式会社の取締役の氏名（組織変更後の株式会社が監査等委員会設置会社である場合には，監査等委員である取締役とそれ以外の取締役とを区別して定めなければならない（法第86条の

3第5項)。)
　エ　次の(ア)から(ウ)までに掲げる場合の区分に応じ，当該(ア)から(ウ)までに定める事項
　　(ア)　組織変更後の株式会社が会計参与設置会社である場合　組織変更後の株式会社の会計参与の氏名又は名称
　　(イ)　組織変更後の株式会社が監査役設置会社（監査役の監査の範囲を会計に関するものに限定する旨の定款の定めがある株式会社を含む。）である場合　組織変更後の株式会社の監査役の氏名
　　(ウ)　組織変更後の株式会社が会計監査人設置会社である場合　組織変更後の株式会社の会計監査人の氏名又は名称
　オ　組織変更をする組合の組合員が組織変更に際して取得する組織変更後の株式会社の株式の数（種類株式発行会社にあっては，株式の種類及び種類ごとの数）又はその数の算定方法
　カ　組織変更をする組合の組合員に対するオの株式の割当てに関する事項
　キ　組織変更後の株式会社が組織変更に際して組織変更をする組合の組合員に対してその持分に代わる金銭を支払うときは，その額又はその算定方法
　ク　組織変更をする組合の組合員に対するキの金銭の割当てに関する事項
　ケ　組織変更後の株式会社の資本金及び準備金に関する事項
　コ　組織変更がその効力を生ずる日（以下「組織変更効力発生日」という。）
　サ　株式の譲渡の制限に関する方法
(3)　債権者保護手続
　　組合は，組織変更計画の承認に係る総会の議決の日から2週間以内に財産目録及び貸借対照表を作成し，かつ，組合の債権者の閲覧に供するため，これらを主たる事務所に備えて置かなければならないとされ（法第86条の3第6項において準用する法第53条第1項），当該期

間内に，債権者に対して，組織変更をする旨，当該財産目録及び貸借対照表を主たる事務所に備え置いている旨及び債権者が一定の期間（1か月を下ることができない。）内に異議を述べることができる旨を官報に公告し，かつ，知れている債権者には，各別にこれを催告しなければならないとされた（法第86条の3第6項において読み替えて準用する法第53条第2項，施行規則第183条）。ただし，当該公告については，官報のほか，定款の定めに従い，時事に関する事項を掲載する日刊新聞紙に掲載する方法又は電子公告のいずれかの方法によりするときは，知れている債権者に対する各別の催告は，することを要しないとされた(法第86条の3第6項において準用する法第53条第3項)。

　また，債権者が当該一定の期間内に異議を述べなかったときは，組織変更を承認したものとみなされるが（法第86条の3第6項において準用する法第54条第1項），債権者が異議を述べたときは，組織変更をしてもその債権者を害するおそれがないときを除き，組合は，当該債権者に対し，弁済し，若しくは相当の担保を供し，又はその債権者に弁済を受けさせることを目的として信託会社等に相当の財産を信託しなければならないとされた（法第86条の3第6項において準用する法第54条第2項）。

(4) 反対組合員の持分払戻請求

　組織変更に反対する組合員は，持分の払戻請求権を有し（法第86条の4第1項），定款の定めにかかわらず，その持分の全部の払戻しを請求することができるとされた（同条第4項）。

(5) 質権の所在及び知れている質権者への各別の通知

　組合の持分を目的とする質権は，組合員が組織変更により受けるべき株式又は金銭の上に存在するものとされ（法第86条の7第1項），組織変更をする組合は，組織変更の決議を行ったときは，当該決議の日から2週間以内に，その旨を組合の持分を目的とする質権を有する者で知れているものに各別に通知しなければならないとされた（同条第2項）。

(6) 組織変更の効力発生

組織変更をする組合は，組織変更効力発生日に，株式会社となり（法第86条の8第1項），同日に，法第86条の3第4項第1号及び第2号に掲げる事項の定めに従い，定款の変更をしたものとみなされ（法第86条の8第2項），組合員は，同日に，第86条の3第4項第6号に掲げる事項についての定めに従い，同項第5号の株主となるものとされた（法第86条の8第3項）。

また，組織変更効力発生日の変更については，会社法（平成17年法律第86号）第780条の規定を準用するとされた（法第86条の8第5項）。

(7) 行政庁への届出

組合は，組織変更をしたときは，遅滞なく，その旨を行政庁に届け出なければならず，届出書に組織変更計画，組織変更を承認した総会の議事録及び組織変更に係る登記事項証明書を添付して提出しなければならないものとされた（法第86条の9，施行規則第216条の2の5）。

したがって，組合の組織変更について行政庁の認可は不要である。

(8) 組織変更の無効の訴え

会社法第828条第1項（第6号に係る部分に限る。）及び第2項（第6号に係る部分に限る。），第834条（第6号に係る部分に限る。），第835条第1項，第836条から第839条まで並びに第846条の規定は，組織変更の無効の訴えについて準用するとされた（法第86条の11）。

2 組合の株式会社への組織変更に係る登記

組合が株式会社に組織変更をしたときは，組織変更効力発生日から，その主たる事務所又は本店の所在地においては2週間以内に，その従たる事務所又は支店の所在地においては3週間以内に，組織変更前の組合については解散の登記をし，組織変更後の株式会社については設立の登記をしなければならないとされた（法第109条）。

(1) 登記すべき事項

組織変更後の株式会社についてする設立の登記においては，組織変更前の組合の成立の年月日，名称並びに組織変更をした旨及びその年

月日をも登記しなければならないとされた（法第120条において準用する商登法第76条）。また，組織変更前の組合についてする解散の登記において登記すべき事項は，解散の旨並びにその事由及び年月日である（法第120条において準用する商登法第71条第1項）。

(2) 登記の申請

　組織変更前の組合についてする解散の登記の申請と組織変更後の株式会社についてする設立の登記の申請とは，同時にしなければならないとされた（法第120条において準用する商登法第78条第1項）。

(3) 添付書面

　組織変更後の株式会社についてする設立の登記の申請書には，商登法第18条及び第46条に規定する書面のほか，次の書面を添付しなければならないとされた（法第118条の2）。

ア　組織変更計画書

イ　定款

ウ　漁業生産組合の総会議事録

エ　組織変更後の株式会社の取締役（組織変更後の株式会社が監査役設置会社である場合にあっては取締役及び監査役，組織変更後の株式会社が監査等委員会設置会社である場合にあって監査等委員である取締役及びそれ以外の取締役）が就任を承諾したことを証する書面

オ　組織変更後の株式会社の会計参与又は会計監査人を定めたときは，商登法第54条第2項各号に掲げる書面

カ　株式名簿管理人を置いたときは，その者との契約を証する書面

キ　債権者に対し異議があれば異議を述べるべき旨の公告及び催告をしたこと並びに異議を述べた債権者があるときは，当該債権者に対し弁済し，若しくは相当の担保を提供し，若しくは当該債権者に弁済を受けさせることを目的として相当の財産を信託したこと又は組織変更をしても当該債権者を害するおそれがないことを証する書面

ク　キの公告を官報のほか定款に定めた時事に関する事項を掲載する

日刊新聞紙又は電子公告によってすることができる組合がこれらの方法による公告をしたときは，キの公告及び催告をしたことを証する書面に代えて，これらの方法による公告をしたことを証する書面

(4) 登記の審査

登記官は，組織変更前の組合についてする解散の登記の申請と組織変更後の株式会社についてする設立の登記の申請のいずれかにつき商登法第24条各号のいずれかに掲げる事由があるときは，これらの申請を共に却下しなければならないとされた（法第120条において準用する商登法第78条第3項）。

(5) 組織変更の無効の訴えに係る請求を認容する判決が確定した場合の登記の嘱託

株式会社への組織変更の無効の訴えに係る請求を認容する判決が確定した場合には，裁判所書記官は，職権で，遅滞なく，組織変更後の株式会社の本店の所在地を管轄する登記所に，組織変更により解散する組合については回復の登記を嘱託し，組織変更により設立する株式会社については解散の登記を嘱託しなければならないとされ（法第114条第4項において準用する会社法第937条第3項），当該訴えに係る請求の目的に係る組織変更により会社法第930条第2項各号についての登記がされているときは，組織変更後の株式会社の支店の所在地を管轄する登記所にも同法第937条第3項に規定する登記を嘱託しなければならないとされた（法第114条第4項において準用する会社法第937条第4項）。

(6) 登記の記録

組合の組織変更に係る登記の記録は，別紙記録例による。

(7) 登録免許税

登録免許税法施行令（昭和42年政令第146号）第10条が改正され，登録免許税法（昭和42年法律第35号）第17条の2に規定する政令で定める者として，組合が加えられた。

これにより，組織変更後の株式会社についてする設立の登記に係る

登録免許税の額は，資本金の額に税率を1000分の7として計算した金額（当該金額が15万円に満たないときは15万円とする。）とされた。

　なお，組織変更前の組合についてする解散の登記については，登録免許税は課されない。

〔別紙記録例〕
1　株式会社への組織変更の登記
　(1)　株式会社についてする設立の登記

会社法人等番号	○○○○-○○-○○○○○○
商　号	何何株式会社
本　店	東京都千代田区霞が関一丁目1番1号
公告をする方法	官報に掲載してする
会社成立の年月日	平成○○年○○月○○日
目　的	1　何何 2　何何
発行可能株式総数	400株
発行済株式の総数 並びに種類及び数	発行済株式の総数 　　　200株
資本金の額	金400万円
株式の譲渡制限に関する規定	当会社の株式を譲渡により取得するには、当会社の承認を要する。
役員に関する事項	取締役　　　　甲　野　太　郎
	東京都千代田区霞が関一丁目1番1号 代表取締役　　　甲　野　太　郎
登記記録に関する事項	平成○○年○○月○○日何何漁業生産組合を組織変更し設立 　　　　　　　　　　　　　　　　　平成○○年○○月○○日登記

※　法第109条，第120条において準用する商登法第76条

(2) 漁業生産組合についてする解散の登記

登記記録に関する事項	平成○○年○○月○○日東京都千代田区霞が関一丁目1番1号何何株式会社に組織変更し解散 　　　　　　　　　　　　　　　　　　　　　　　　　平成○○年○○月○○日登記 　　　　　　　　　　　　　　　　　　　　　　　　　平成○○年○○月○○日閉鎖

※　法第109条，第120条において準用する商登法第71条第1項，商登規第80条

(3) 組織変更無効の判決が確定した場合
　ア　株式会社についてする解散の登記

登記記録に関する事項	平成○○年○○月○○日東京地方裁判所の組織変更無効の判決確定により解散 　　　　　　　　　　　　　　　　　　　　　　　　　平成○○年○○月○○日登記 　　　　　　　　　　　　　　　　　　　　　　　　　平成○○年○○月○○日閉鎖

　イ　漁業生産組合についてする回復の登記

登記記録に関する事項	<u>平成○○年○○月○○日東京都千代田区霞が関一丁目1番1号何何株式会社に組織変更し解散</u> 　　　　　　　　　　　　　　　　　　　　　　　　　平成○○年○○月○○日登記 　　　　　　　　　　　　　　　　　　　　　　　　　<u>平成○○年○○月○○日閉鎖</u>
	平成○○年○○月○○日復活
	平成○○年○○月○○日東京地方裁判所の組織変更無効の判決確定により回復 　　　　　　　　　　　　　　　　　　　　　　　　　平成○○年○○月○○日登記

※　法第114条第4項において準用する会社法第937条第3項，商登規第45条及び第80条

5　学校教育法等の一部を改正する法律の施行に伴う法人登記事務の取扱いについて

(令和2年3月25日法務省民商第68号通知)

(通知)　学校教育法等の一部を改正する法律(令和元年法律第11号。以下「改正法」という。)が令和元年5月24日に公布され，本年4月1日から施行されますが，これに伴う法人登記事務の取扱いについては，下記の点に留意するよう，貴管下登記官に周知方お取り計らい願います。

なお，本通知中，「法」とあるのは改正法による改正後の国立大学法人法(平成15年法律第112号)を，「旧法」とあるのは改正法による改正前の国立大学法人法を，「通則法」とあるのは独立行政法人通則法(平成11年法律第103号)を，「独登令」とあるのは独立行政法人等登記令(昭和39年政令第28号)をいいます。

記

1　国立大学法人法の一部改正

　　旧法においては，各国立大学法人に，役員として，その長である学長を置くとともに，学長が，国立大学法人を代表し，その業務を総理するものとされていた(旧法第10条第1項，第11条第1項)。

　　法においては，一法人が複数の大学を設置することができる一法人複数大学制度を導入するとともに，国立大学法人が二以上の国立大学を設置する場合その他その管理運営体制の強化を図る特別の事情がある場合には，学長選考会議の定めるところにより，当該国立大学法人に，その設置する国立大学の全部又は一部に係る大学の長としての職務を行う理事(以下「大学総括理事」という。)を置くことができるとされた(法第10条第3項)。

　　そして，当該国立大学法人が設置する国立大学の全部について大学総括理事を置く場合にあっては，役員としてその長である理事長を置くこととされ(法第10条第1項)，この場合には，理事長が，国立大学法人を代表し，その業務を総理することとされた(法第11条第2項)。

　　この理事長の任命については，学長と同様，国立大学法人の申出に基づ

いて，文部科学大臣が行うとされ（法第10条第1項，第12条第1項），その任期は，2年以上6年を超えない範囲内において，学長選考会議（法第12条第2項参照）の議を経て，各国立大学法人の規則で定めるとされた（法第15条第1項）。

なお，学長と同様，文部科学大臣は，理事長が法第16条第1項に規定する欠格条項に該当するに至ったときは，理事長を解任しなければならず，また，法第17条第2項及び第3項に規定する場合には，理事長を解任することができるとされた（法第17条）。

2 改正に伴う登記事務の取扱い
(1) 登記すべき事項（代表権を有する者の氏名，住所及び資格）

前記1のとおり，国立大学法人は学長又は理事長が国立大学法人を代表するため（法第11条第1項，第2項），学長又は理事長の氏名等を登記することとなる（独登令第2条第2項第3号）。

(2) 添付書面

国立大学法人の設立の登記の申請書には，代表権を有する者の資格を証する書面を添付しなければならず（独登令第13条第2項），また，代表権を有する者の変更の登記の申請書には，登記事項の変更を証する書面として，新たに代表権を有する者の資格を証する書面を添付しなければならない（独登令第2条第2項第3号，第14条本文）。

国立大学法人が設置する国立大学の全部について大学総括理事を置く場合の国立大学法人の設立に当たっては，文部科学大臣は，国立大学法人の理事長となるべき者を指名するとされ，当該指名された国立大学法人の理事長となるべき者が，国立大学法人の成立の時において，法の規定により，国立大学法人の理事長に任命されたものとされるため（法第35条において読み替えて準用する通則法第14条第1項，第2項），国立大学法人の設立の登記の申請書に添付すべき代表権を有する者の資格を証する書面としては，文部科学大臣が国立大学法人の理事長となるべき者を指名したことを証する書面及び理事長となるべき者として指名された者が就任を承諾したことを証する書面がこれに該当する。

また，国立大学法人の理事長の任命は，文部科学大臣が行うとされている（前記1参照）ため，国立大学法人の理事長が変更したことによる国立大学法人の代表権を有する者の変更の登記の申請書に添付すべき代表権を有する者の資格を証する書面としては，文部科学大臣が理事長に任命したことを証する書面及び理事長となるべき者として指名された者が就任を承諾したことを証する書面がこれに該当する。

6 司法書士法及び土地家屋調査士法の一部を改正する法律の施行に伴う法人登記事務の取扱いについて

(令和2年7月10日法務省民商第108号通知)

(通知) 司法書士法及び土地家屋調査士法の一部を改正する法律(令和元年法律第29号。以下「改正法」という。)が昨年6月12日に公布され,本年8月1日から施行されますが,これに伴う法人登記事務の取扱いについては,下記の点に留意し,事務処理に遺漏のないよう,貴管下登記官に周知方お取り計らい願います。

なお,本通知中,特に改正法による改正前の法律を引用するときは,「旧」の文字を冠することとします。

記

第1 司法書士法人関係
 1 社員が一人の司法書士法人の許容
　　司法書士法人の設立には二人以上の社員が必要であったが,社員が一人の司法書士法人の設立が可能とされた(司法書士法(昭和25年法律第197号)第32条第1項)。

　　また,司法書士法人は,社員が一人になり,そのなった日から引き続き6月間その社員が二人以上にならなかった場合には,その6月を経過した時に解散するとされていた(旧司法書士法第44条第2項)が,社員が一人の司法書士法人の設立が可能とされたことに伴い,同項が削られ,司法書士法人の解散事由として,「社員の欠亡」が定められた(司法書士法第44条第1項第7号)。

　　したがって,司法書士法人において,社員が欠けたときは,当該司法書士法人は解散することとなる。

 2 継続の登記(司法書士法第44条の2関係)及び社員の入社の登記
　　司法書士法人は,社員の欠亡(司法書士法第44条第1項第7号)によって解散するが,社員の死亡により欠亡に至った場合に限り,当該社員の相続人の同意を得て,新たに社員を加入させて司法書士法人を継続することができることとされた(司法書士法第44条の2)。この場合に

おいて，継続の登記の申請書には，「組合等が継続したことを証する書面」を添付しなければならない（組合等登記令（昭和39年政令第29号。以下「組登令」という。）第19条の２）。

　ここでいう「組合等が継続したことを証する書面」とは，司法書士法第44条の２に規定する死亡した社員の相続人（司法書士法第46条第３項において準用する会社法（平成17年法律第86号）第675条において準用する同法第608条第５項の規定により社員の権利を行使する者が定められている場合にはその者）の同意があったことを証する書面及び新たな社員が入社の承諾をしたことを証する書面である。

　これらの書面は，継続に際して新たに入社した社員についての社員の入社の登記の申請書に添付すべき社員の変更を証する書面（組登令第17条第１項）にも該当する。これに加えて，当該申請書には，当該社員が司法書士であることを証する書面も添付しなければならない（司法書士法第28条第１項参照）。

３　経過措置規定による継続の登記（改正法附則第２条関係）

　改正法の施行日前に旧司法書士法第44条第２項の規定により解散した司法書士法人は，施行日以後その清算が結了するまで（解散した後３年以内に限る。）の間に，その社員が当該司法書士法人を継続する旨を，その主たる事務所の所在地を管轄する法務局又は地方法務局の管轄区域内に設立された司法書士会及び日本司法書士会連合会に届け出ることにより，当該司法書士法人を継続することができることとされた（改正法附則第２条）。この場合において，継続の登記の申請書には，「組合等が継続したことを証する書面」を添付しなければならない（組登令第19条の２）。

　ここでいう「組合等が継続したことを証する書面」には，日本司法書士会連合会会長が発行する司法書士法人を継続する旨を届け出たことの証明書（別紙１）が該当する。

第２　土地家屋調査士法人関係

１　社員が一人の土地家屋調査士法人の許容

土地家屋調査士法人の設立には二人以上の社員が必要であったが，社員が一人の土地家屋調査士法人の設立が可能とされた（土地家屋調査士法第31条第1項）。

　また，土地家屋調査士法人は，社員が一人になり，そのなった日から引き続き6月間その社員が二人以上にならなかった場合には，その6月を経過した時に解散するとされていた（旧土地家屋調査士法第39条第2項）が，社員が一人の土地家屋調査士法人の設立が可能とされたことに伴い，同項が削られ，土地家屋調査士法人の解散事由として，「社員の欠亡」が定められた（土地家屋調査士法第39条第1項第7号）。

　したがって，土地家屋調査士法人において，社員が欠けたときは，当該土地家屋調査士法人は解散することとなる。

2　継続の登記（土地家屋調査士法第39条の2関係）及び社員の入社の登記

　土地家屋調査士法人は，社員の欠亡（土地家屋調査士法第39条第1項第7号）によって解散するが，社員の死亡により欠亡に至った場合に限り，当該社員の相続人の同意を得て，新たに社員を加入させて土地家屋調査士法人を継続することができることとされた（土地家屋調査士法第39条の2）。この場合において，継続の登記の申請書には，「組合等が継続したことを証する書面」を添付しなければならない（組登令第19条の2）。

　ここでいう「組合等が継続したことを証する書面」とは，土地家屋調査士法第39条の2に規定する死亡した社員の相続人（土地家屋調査士法第41条第3項において準用する会社法第675条において準用する同法第608条第5項の規定により社員の権利を行使する者が定められている場合にはその者）の同意があったことを証する書面及び新たな社員が入社の承諾をしたことを証する書面である。

　これらの書面は，継続に際して新たに入社した社員についての社員の入社の登記の申請書に添付すべき社員の変更を証する書面（組登令第17条第1項）にも該当する。これに加えて，当該申請書には，当該社員が

土地家屋調査士であることを証する書面も添付しなければならない（土地家屋調査士法第28条第1項参照）。

3　経過措置規定による継続の登記（改正法附則第6条関係）

　改正法の施行日前に旧土地家屋調査士法第39条第2項の規定により解散した土地家屋調査士法人は、施行日以後その清算が結了するまで（解散した後3年以内に限る。）の間に、その社員が当該土地家屋調査士法人を継続する旨を、その主たる事務所の所在地を管轄する法務局又は地方法務局の管轄区域内に設立された土地家屋調査士会及び日本土地家屋調査士会連合会に届け出ることにより、当該土地家屋調査士法人を継続することができることとされた（改正法附則第6条）。この場合において、継続の登記の申請書には、「組合等が継続したことを証する書面」を添付しなければならない（組登令第19条の2）。

　ここでいう「組合等が継続したことを証する書面」には、日本土地家屋調査士会連合会会長が発行する土地家屋調査士法人を継続する旨を届け出たことの証明書（別紙2）が該当する。

別紙1

司法書士法人を継続する旨を届け出たことの証明書

(所属する司法書士会)　　　　　司法書士会
(司法書士法人名)　　　　　　　第　　　号
(主たる事務所の所在地)
(会社法人等番号　　　　―　　　　　)
(旧司法書士法第44条第2項の規定による解散の年月日)

(届け出た社員の氏名 (職務上の氏名))
(届け出た社員の住所)
(継続する旨を届け出た日)

　上記の司法書士法人の社員が，司法書士法及び土地家屋調査士法の一部を改正する法律（令和元年法律第29号）附則第2条に基づき，その主たる事務所の所在地を管轄する法務局又は地方法務局の管轄区域内に設立された司法書士会及び日本司法書士会連合会に当該司法書士法人を継続する旨を届け出たことを証明する。

　　　年　月　日

　　　　　　　　　　　　　　　　　　　　　　日本司法書士会連合会

　　　　　　　　　　　　　　　　　　　　　　　　会長　　　　職印

別紙2

土地家屋調査士法人を継続する旨を届け出たことの証明書

(所属する土地家屋調査士会)　　　　　土地家屋調査士会
(土地家屋調査士法人名)　　　　　　　第　　　号
(主たる事務所の所在地)
(会社法人等番号　　　　　―　　　　)
(旧土地家屋調査士法第39条第2項の規定による解散の年月日)

(届け出た社員の氏名(職名))
(届け出た社員の住所)
(継続する旨を届け出た日)

　上記の土地家屋調査士法人の社員が，司法書士法及び土地家屋調査士法の一部を改正する法律(令和元年法律第29号)附則第6条に基づき，その主たる事務所の所在地を管轄する法務局又は地方法務局の管轄区域内に設立された土地家屋調査士会及び日本土地家屋調査士会連合会に当該土地家屋調査士法人を継続する旨を届け出たことを証明する。

　　　年　月　日

　　　　　　　　　　　　　　　　　　　　　　　日本土地家屋調査士会連合会

　　　　　　　　　　　　　　　　　　　　　　　　　会長　　　　職印

7 特許法等の一部を改正する法律の施行に伴う法人登記事務の取扱いについて

(令和4年2月22日法務省民商第68号通知)

(通知) 特許法等の一部を改正する法律(令和3年法律第42号。以下「改正法」という。)が昨年5月21日に公布され,本年4月1日から施行されますが,これに伴う法人登記事務の取扱いについては,下記の点に留意し,事務処理に遺漏のないよう,貴管下登記官に周知方お取り計らい願います。

なお,本通知中,特に改正法による改正前の法律を引用するときは,「旧」の文字を冠することとします。

記

第1 法人の名称の変更

1 概要

これまで,弁理士は「特許業務法人」を設立することができるとされてきたところ,改正法による弁理士法(平成12年法律第49号)の一部改正により,その法人種別を示す名称が「弁理士法人」に改められることとされた。本改正により,弁理士が設立する法人は,その名称中に「弁理士法人」という文字を使用しなければならないこととなる(弁理士法第38条)。

2 経過措置規定

改正法施行の際現に存する特許業務法人については,改正後の弁理士法における弁理士法人として存続するものとされ(改正法附則第7条第3項),既存の特許業務法人に対する新名称(「弁理士法人」)の使用義務は,同条第10項の規定により名称を変更するまでは課されないこととされた(同条第5項及び第6項)。

なお,既存の特許業務法人は,改正法施行日から起算して1年を経過する日までの間にその名称中に「弁理士法人」という文字を用いる名称の変更をすることができるとされ(同条第10項),この期間内に名称の変更をしなかった場合にはその日を経過した時に解散したものとみなされることとされた(同条第11項)。

おって，このみなし解散の登記は登記官が職権で行うこととされた（同条第13項において準用する商業登記法（昭和38年法律第125号）第72条）。当該登記の取扱いについては別途連絡する。
3　経過措置規定による名称の変更の登記
　既存の特許業務法人が，改正法附則第7条第11項の規定に基づいてその名称を変更するには，総社員の同意によって，定款を変更する必要があるところ（弁理士法第43条第2項第2号及び第47条），名称の変更の登記の申請書には，定款の変更に係る総社員の同意があったことを証する書面を添付しなければならない（弁理士法第42条，組合等登記令（昭和39年政令第29号）第17条第1項）。

第2　社員が一人の弁理士法人の許容
1　概要
　特許業務法人の設立には二人以上の社員が必要であったが，改正法による弁理士法の一部改正により，社員が一人の弁理士法人（改正法附則第7条第5項の規定によりその名称中に特許業務法人という文字を用いているものを含む。以下同じ。）の設立が可能とされた（弁理士法第43条第1項）。
　また，特許業務法人は，社員が一人になり，そのなった日から引き続き6月間その社員が二人以上にならなかった場合には，その6月を経過した時に解散するとされていた（旧弁理士法第52条第2項）が，社員が一人の弁理士法人の設立が可能とされたことに伴い，同項が削られ，弁理士法人の解散事由として，社員の欠亡が定められた（弁理士法第52条第1項第7号）。
　したがって，弁理士法人において，社員が欠けたときは，当該弁理士法人は解散することとなる。
2　継続の登記
　弁理士法人は，社員の欠亡（弁理士法第52条第1項第7号）によって解散するが，社員の死亡により欠亡に該当するに至った場合に限り，当

該社員の相続人の同意を得て，新たに社員を加入させて弁理士法人を継続することができることとされた（弁理士法第52条の２）。この場合において，継続の登記の申請書には，「組合等が継続したことを証する書面」を添付しなければならない（組合等登記令第19条の２）。

　当該書面としては，弁理士法第52条の２に規定する死亡した社員の相続人（弁理士法第55条第２項において準用する会社法（平成17年法律第86号）第675条において準用する同法第608条第５項の規定により社員の権利を行使する者が定められている場合にはその者）の同意があったことを証する書面及び新たな社員が入社の承諾をしたことを証する書面が該当する。

　これらの書面は，継続の登記と併せてされる新たに入社した社員についての社員の入社の登記の申請に係る申請書に添付すべき社員の変更を証する書面（組合等登記令第17条第１項）にも該当する。これに加えて，当該申請に係る申請書には，当該社員が弁理士であることを証する書面も添付しなければならない（弁理士法第39条第１項参照）。

3　経過措置規定による継続の登記（改正法附則第７条関係）

　改正法の施行日前に旧弁理士法第52条第２項の規定により解散した特許業務法人は，施行日以後その清算が結了するまで（解散した後３年以内に限る。）の間に，その社員が当該特許業務法人を継続する旨を，日本弁理士会に届け出ることにより，当該特許業務法人を継続することができることとされた（改正法附則第７条第２項）。

　この場合において，継続の登記の申請書には，「組合等が継続したことを証する書面」を添付しなければならない（組合等登記令第19条の２）。

　当該書面としては，日本弁理士会が発行する特許業務法人を継続する旨を届け出たことの証明書（別紙）が該当する。

別紙

特許業務法人を継続する旨を届け出たことの証明書

（特許業務法人名）　　　　　　　　　　第　　　号
（主たる事務所の所在地）
（会社法人等番号　　　　　－　　　　　）
（旧弁理士法第５２条第２項の規定による解散の年月日）

（届け出た社員の氏名（職務上の氏名））
（届け出た社員の住所）
（継続する旨を届け出た日）

　上記の特許業務法人の社員が、特許法等の一部を改正する法律附則第７条第２項の規定に基づき、日本弁理士会に当該特許業務法人を継続する旨を届け出たことを証明する。

　　　年　　月　　日

　　　　　　　　　　　　　　　　　　　　　日本弁理士会
　　　　　　　　　　　　　　　　　　　　　　会長　　　　　　　職印

8 地域共生社会の実現のための社会福祉法等の一部を改正する法律等の施行に伴う法人登記事務の取扱いについて

(令和4年3月1日法務省民商第75号通知)

(**通知**) 地域共生社会の実現のための社会福祉法等の一部を改正する法律(令和2年法律第52号。以下「改正法」という。)が令和2年6月12日に,社会福祉法施行令等の一部を改正する政令(令和3年政令第302号。以下「改正政令」という。)が令和3年10月29日に,社会福祉法施行規則及び社会福祉法人会計基準の一部を改正する省令(令和3年厚生労働省令第176号。以下「改正省令」という。)が令和3年11月12日にそれぞれ公布され,改正法(附則第1条第2号に掲げる規定に限る。),改正政令及び改正省令は,いずれも本年4月1日(以下「施行日」という。)から施行されることとなったので,これに伴う法人登記事務の取扱いについては,下記の点に留意し,事務処理に遺憾のないよう,貴管下登記官に周知方取り計らい願います。

なお,本通知中,「法」とあるのは改正法による改正後の社会福祉法(昭和26年法律第45号)を,「施行令」とあるのは改正政令による改正後の社会福祉法施行令(昭和33年政令第185号)を,「施行規則」とあるのは改正省令による改正後の社会福祉法施行規則(昭和26年厚生省令第28号)を,「商登法」とあるのは商業登記法(昭和38年法律第125号)を,「一般法人法」とあるのは一般社団法人及び一般財団法人に関する法律(平成18年法律第48号)を,「公益認定法」とあるのは公益社団法人及び公益財団法人の認定等に関する法律(平成18年法律第49号)をいい,法,施行令及び施行規則について引用する条文は,全て改正後のものです。

記

第1 社会福祉連携推進法人制度の新設
 1 社会福祉連携推進認定
  (1) 認定を受けることができる者
     次に掲げる業務(以下「社会福祉連携推進業務」という。)を行おうとする一般社団法人は,法第127条各号に掲げる基準に適合する一般社団法人であることについての所轄庁の認定(以下「社会福祉連携

推進認定という。）を受けることができるとされた（法第125条）。
　ア　地域福祉の推進に係る取組を社員が共同して行うための支援
　イ　災害が発生した場合における社員が提供する福祉サービスの利用者の安全を社員が共同して確保するための支援
　ウ　社員が経営する社会福祉事業の経営方法に関する知識の共有を図るための支援
　エ　資金の貸付けその他の社員（社会福祉法人に限る。）が社会福祉事業に係る業務を行うのに必要な資金を調達するための支援として施行規則第38条で定めるもの
　オ　社員が経営する社会福祉事業の従事者の確保のための支援及びその資質の向上を図るための研修
　カ　社員が経営する社会福祉事業に必要な設備又は物資の供給
(2)　申請及び認定
　　社会福祉連携推進認定を受けようとする一般社団法人は，施行規則第39条第１項で定める事項を記載した申請書に定款，社会福祉連携推進方針その他施行規則第39条第２項で定める書類を添えて，所轄庁に申請をしなければならないとされた（法第126条第１項）。認定手続を担う所轄庁は原則として，主たる事務所の所在地の都道府県知事であるが，市域において業務を行う場合は市長，主たる事務所が指定都市にあって同一都道府県内で市域をまたがって業務を行う場合は指定都市の長，全国規模で行われる場合は厚生労働大臣が担うことになる（法第131条において読み替えて準用する法第30条）。
　　また，所轄庁は，社会福祉連携推進認定の申請をした一般社団法人が法第127条各号の基準に適合すると認めるときは，当該一般社団法人について社会福祉連携推進認定をすることができるとされた（同条柱書）。
　　なお，所轄庁は，社会福祉連携推進認定をしたときは，インターネットの利用その他の適切な方法により，その旨を公示しなければならないとされた（法第129条，施行規則第40条の３）。

(3) 社会福祉連携推進認定を受けた一般社団法人の名称等

　社会福祉連携推進認定を受けた一般社団法人（以下「社会福祉連携推進法人」という。）は，その名称中に社会福祉連携推進法人という文字を用いなければならないとされた（法第130条第1項）。

　また，社会福祉連携推進法人でない者は，その名称又は商号中に，社会福祉連携推進法人であると誤認されるおそれのある文字を用いてはならないとされ（同条第3項），社会福祉連携推進法人は，不正の目的をもって，他の社会福祉連携推進法人であると誤認されるおそれのある名称又は商号を使用してはならないとされた（同条第4項）。

　なお，法第147条の規定により，社会福祉連携推進法人については，一般社団法人の名称について規定する一般法人法第5条第1項の適用が除外されている（後記2(5)参照）ことから，一般社団法人たる社会福祉連携推進法人は，その名称中に「一般社団法人」という文字を用いる必要はないが，公益社団法人たる社会福祉連携推進法人については，法において，公益社団法人の名称について規定する公益認定法第9条第3項の適用が除外されていないことから，その名称中に「公益社団法人」という文字に加え，「社会福祉連携推進法人」という文字を用いなければならない。

(4) 社会福祉連携推進認定の取消し

　ア　取消しの処分

　　(ア)　社会福祉連携推進認定をした所轄庁（以下「認定所轄庁」という。）は，社会福祉連携推進法人が，次のいずれかに該当する場合においては，その社会福祉連携推進認定を取り消さなければならないとされた（法第145条第1項）。

　　　a　法第128条第1号又は第3号に該当するに至ったとき
　　　b　偽りその他不正の手段により社会福祉連携推進認定を受けたとき

　　(イ)　認定所轄庁は，社会福祉連携推進法人が，次のいずれかに該当する場合においては，その社会福祉連携推進認定を取り消すこと

ができるとされた（法第145条第2項）。
　　　　a　法第127条各号（第5号を除く。）に掲げる基準のいずれかに適合しなくなったとき
　　　　b　社会福祉連携推進法人から社会福祉連携推進認定の取消しの申請があったとき
　　　　c　法若しくは法に基づく命令又はこれらに基づく処分に違反したとき
　　　(ｳ)　認定所轄庁は，(ｱ)又は(ｲ)により社会福祉連携推進認定を取り消したときは，インターネットの利用その他の適切な方法により，その旨を公示しなければならないとされた（法第145条第3項，施行規則第40条の3）。
　　イ　定款の変更
　　　ア(ｱ)又は(ｲ)による社会福祉連携推進認定の取消しの処分を受けた社会福祉連携推進法人は，その名称中の社会福祉連携推進法人という文字を一般社団法人と変更する定款の変更をしたものとみなすとされた（法第145条第4項）。
　　　なお，公益社団法人たる社会福祉連携推進法人が，ア(ｱ)又は(ｲ)による社会福祉連携推進認定の取消しの処分を受けた場合には，同項の規定は適用しないとされた（施行規則第40条の21第2項）ことから，当該公益社団法人は，社員総会の決議により，名称の変更に係る定款の変更を要するが（一般法人法第146条），当該定款の変更の時点において，既に当該取消しの処分の効力が発生しており，社会福祉連携推進法人ではないことから，法第39条第1項に規定する定款の変更に係る認定所轄庁の認可（後記2(1)イ参照）を要しない。
2　社会福祉連携推進法人
(1)　定款
　ア　定款で定めなければならない事項
　　　一般法人法第11条第1項各号の事項のほか，社会福祉連携推進法人は，その定款において，次の事項を定めなければならないとされ

た（法第127条第5号）。
- (ア) 社員が社員総会において行使できる議決権の数，議決権を行使することができる事項，議決権の行使の条件その他施行規則第40条第2項に掲げる事項
- (イ) 役員に関する事項
- (ウ) 代表理事を一人置く旨
- (エ) 理事会を置く旨及びその理事会に関する事項
- (オ) 事業の規模が政令第33条で定める基準を超える一般社団法人である場合には会計監査人を置く旨等
- (カ) 社会福祉連携推進評議会を置く旨並びにその構成員の選任及び解任の方法
- (キ) 社会福祉事業に係る業務を行うのに必要な資金を調達するための支援を受ける社会福祉法人である社員が当該社会福祉法人の予算の決定又は変更その他施行規則第39条第8項で定める事項を決定するに当たっては，あらかじめ，当該一般社団法人の承認を受けなければならないこととする旨
- (ク) 資産に関する事項
- (ケ) 会計に関する事項
- (コ) 解散に関する事項
- (サ) 社会福祉連携推進認定の取消しの処分を受けた場合において，社会福祉連携推進目的取得財産残額があるときは，これに相当する額の財産を当該社会福祉連携推進認定の取消しの処分の日から一月以内に国等に贈与する旨
- (シ) 清算をする場合において残余財産を国等に帰属させる旨
- (ス) 定款の変更に関する事項

イ　定款の変更の認可

　社会福祉連携推進法人の定款の変更（事務所の所在地に関する事項，社会福祉連携推進認定による法人の名称及び公告方法に関する事項に係るものを除く。）は，社会福祉連携推進認定をした所轄庁

の認可を受けなければ，その効力を生じないとされた（法第139条第１項，施行規則第40条の13第３項）。

(2) 代表理事の選定及び解職

社会福祉連携推進法人の代表理事の選定及び解職は，認定所轄庁の認可を受けなければ，その効力を生じないとされた（法第142条）。

(3) 役員の任期等

社会福祉連携推進法人の役員（理事及び監事）の任期は，選任後２年以内に終了する会計年度のうち最終のものに関する定時社員総会の終結のときまで（ただし，再任を妨げない。）とされ，また，役員のうち，その員数の３分の１を超える者が欠けたときは，遅滞なく補充しなければならないとされた（法第143条において準用する法第45条及び第45条の７）。

さらに，役員に欠員を生じた場合の措置として，任期満了又は辞任により退任した役員は，新たに選任された役員が就任するまで，なお役員としての権利義務を有するとされ（一般法人法第75条第１項），また，役員に欠員が生じた場合において，事務が遅滞することにより損害を生ずるおそれがあるときは，所轄庁は，利害関係人の請求等により，一時役員の職務を行うべき者を選任することができることとされた（法第143条において準用する法第45条の６第２項）。

(4) 解散及び清算

法第46条第３項，第46条の２，第46条の６第４項及び第５項並びに第47条の４から第47条の６までの規定は，社会福祉連携推進法人の解散及び清算について準用するとされた（法第141条）。

(5) 一般法人法の適用除外

社会福祉連携推進法人については，一般法人法第５条第１項（名称），第67条第１項及び第３項（監事の任期），第128条（貸借対照表等の公告）並びに第５章（合併。第242条から第260条まで）の規定は，適用しないとされた（法第147条）。

第２　社会福祉連携推進認定に係る名称の変更の登記

1　社会福祉連携推進認定を受けた場合の登記の手続

(1)　登記の申請

　　社会福祉連携推進法人は，その名称中に社会福祉連携推進法人という文字を用いなければならないことから，当該社会福祉連携推進法人は，認定所轄庁の認定書が到達した日から2週間以内に，その主たる事務所の所在地において，名称の変更の登記をしなければならない（一般法人法第303条，第300条）。

　　なお，当該社会福祉連携推進法人に従たる事務所が設置されている場合には，当該認定書が到達した日から3週間以内に，当該従たる事務所の所在地において，名称の変更の登記をしなければならない（一般法人法第312条第4項）。

(2)　添付書面

　　社会福祉連携推進認定を受けたことによる名称の変更の登記の申請書には，社会福祉連携推進認定を受けたことを証する書面を添付しなければならないとされた（法第130条第2項）ところ，当該書面として，認定所轄庁の認定書が該当する。

　　また，社会福祉連携推進法人については，社員総会決議により，名称の変更に係る定款の変更（一般法人法第146条）をする必要があることから，名称の変更に係る定款の変更を決議した社員総会の議事録（一般法人法第317条第2項）を添付する必要がある。なお，定款の変更は，認定所轄庁の認可を受ける必要があるところ（法第139条第1項），社会福祉連携推進認定による法人の名称の変更に係る定款の変更においては認可は不要とされた（施行規則第40条の13第3項第2号）ため，当該変更について認可を受けたことを証する書面の添付は不要である。

　　また，従たる事務所の所在地においてする名称の変更の登記の申請書には，主たる事務所の所在地においてした登記を証する書面を添付しなければならず，この場合においては，他の書面の添付を要しない（一般法人法第329条）。

(3) 登録免許税

　一般社団法人が社会福祉連携推進認定を受けた場合には，主たる事務所の所在地においてする名称の変更の登記については３万円，従たる事務所の所在地においてする当該登記については，申請１件につき9,000円である（登録免許税法（昭和42年法律第35号）別表第一第24号㈠ツ，㈡イ）。

　公益社団法人が社会福祉連携推進認定を受けた場合の名称の変更の登記については登録免許税は課されない（登録免許税法別表第一第24号柱書）。

2　社会福祉連携推進認定の取消しの処分を受けた場合の登記の手続
(1) 一般社団法人たる社会福祉連携推進法人が社会福祉連携推進認定の取消しの処分を受けた場合

　ア　登記の嘱託

　　認定所轄庁は，法第145条第１項又は第２項の規定による社会福祉連携推進認定の取消しをしたときは，遅滞なく，当該社会福祉連携推進法人の主たる事務所及び従たる事務所の所在地を管轄する登記所に当該社会福祉連携推進法人の名称の変更の登記を嘱託しなければならないとされた（同条第５項において読み替えて準用する公益認定法第29条第６項）。

　イ　添付書面

　　法第145条第５項において読み替えて準用する公益認定法第29条第６項の規定による名称の変更の登記の嘱託書には，当該登記の原因となる事由に係る処分を行ったことを証する書面を添付しなければならないとされた（同条第７項）ところ，当該書面として，認定所轄庁の認証がある認定取消書の謄本がこれに該当する。

　　また，当該謄本に加え，取消しの処分の効力が発生したことを証する書面として，社会福祉連携推進認定を取り消したことが当該社会福祉連携推進法人に告知されたことを確認することができる書面（配達証明書又は受領証の写し等）をも添付しなければならない

(平成26年5月16日付け法務省民商第44号当職依命通知参照)。

　なお，従たる事務所の所在地においてする名称の変更の登記の嘱託書には，同項の規定にかかわらず，主たる事務所の所在地においてした登記を証する書面を添付すれば足りる(一般法人法第329条)。

ウ　登録免許税

　前記1(3)前段の一般社団法人に関する規定と同様である。

(2)　公益社団法人たる社会福祉連携推進法人が社会福祉連携推進認定の取消しの処分を受けた場合

ア　登記の申請

　公益社団法人たる社会福祉連携推進法人が，法第145条第1項又は第2項の規定による社会福祉連携推進認定の取消しの処分を受けた場合には，同条第4項（定款のみなし変更）及び第5項（登記の嘱託）の規定は適用されないことから（施行規則第40条の21第2項），当該公益社団法人は，社員総会の決議により，名称中に含まれる社会福祉連携推進法人という文字を除く名称の変更に係る定款の変更をした上で（前記第1の1(4)イ参照），当該社員総会の決議の日から2週間以内に，その主たる事務所の所在地において，当該名称の変更の登記の申請をしなければならない（一般法人法第303条）。

　なお，当該公益社団法人に従たる事務所が設置されている場合には，当該決議の日から3週間以内に，当該従たる事務所の所在地において，名称の変更の登記をしなければならない（一般法人法第312条第4項）。

イ　添付書面

　名称中に含まれる社会福祉連携推進法人という文字を除く名称の変更の登記の申請書には，当該名称の変更に係る定款の変更を決議した社員総会の議事録を添付しなければならない（一般法人法第317条第2項）。

　なお，従たる事務所の所在地においてする当該名称の変更の登記

の申請書は，主たる事務所の所在地においてした登記を証する書面を添付しなければならない（一般法人法第329条）。

　　ウ　登録免許税

　　　登録免許税は課されない（登録免許税法別表第一第24号柱書）。

　3　登記の記録

　　社会福祉連携推進認定を受けた場合又は当該認定の取消しの処分を受けた場合の名称の変更に係る登記の記録は，別紙記録例による。

第3　認定所轄庁の認可を要する事項に係る登記

　　次の事項については，法において，いずれも認定所轄庁の認可を受けなければならないとされていることから，当該事項に係る登記の申請書には，認定所轄庁の認可書又はその認証がある謄本をも添付しなければならない（一般法人法第330条において準用する商登法第19条）。

　⑴　登記すべき事項に変更を生ずる定款の変更（主たる事務所の所在地に関する事項，社会福祉連携推進認定による法人の名称に関する事項及び公告方法に関する事項に係るものを除く。前記第1の2⑴イ参照）

　⑵　代表理事の選定又は解職（前記第1の2⑵参照）

316　第3編　法人登記に関する最近の主要先例

〔別紙記録例〕
1　名称の変更の登記（社会福祉連携推進認定を受けた場合）
(1)　一般社団法人が社会福祉連携推進認定を受けた場合

名　　称	一般社団法人○○会		
	社会福祉連携推進法人○○会	令和　3年　4月　1日変更	
		令和　3年　4月　3日登記	

　　※法第130条第1項、一般法人法第303条
　　※変更の年月日は、認定所轄庁の認定書が到達した日である。

(2)　公益社団法人が社会福祉連携推進認定を受けた場合

名　　称	一般社団法人○○会	
	公益社団法人○○会	令和　2年　4月　1日変更
		令和　2年　4月　3日登記
	公益社団法人社会福祉連携推進法人○○会	令和　3年　4月　1日変更
		令和　3年　4月　3日登記

　　※法第130条第1項、一般法人法第303条
　　※公益社団法人たる社会福祉連携推進法人は、その名称中に「公益社団法人」及び「社会福祉連携推進法人」という文字を用いなければならない。
　　※変更の年月日は、認定所轄庁の認定書が到達した日である。

2　名称の変更の登記（社会福祉連携推進認定の取消しの処分を受けた場合）
(1) 一般社団法人たる社会福祉連携推進法人が社会福祉連携推進認定の取消しの処分を受けた場合

名　　称	一般社団法人〇〇会	
	社会福祉連携推進法人〇〇会	令和　3年　4月　1日変更
		令和　3年　4月　3日登記
	一般社団法人〇〇会	令和　4年　4月　1日変更
		令和　4年　4月　3日登記

※法第145条第5項
※変更の年月日は、社会福祉連携推進認定を取り消すことが当該社会福祉連携推進法人に告知された日である。

(2) 公益社団法人たる社会福祉連携推進法人が社会福祉連携推進認定の取消しの処分を受けた場合

名　　称	一般社団法人〇〇会	
	公益社団法人〇〇会	令和　2年　4月　1日変更
		令和　2年　4月　3日登記
	公益社団法人社会福祉連携推進法人〇〇会	令和　3年　4月　1日変更
		令和　3年　4月　3日登記
	公益社団法人〇〇会	令和　4年　4月　1日変更
		令和　4年　4月　3日登記

※一般法人法第303条
※変更の年月日は、名称の変更に係る定款の変更の効力が発生した日である。

9　農水産業協同組合貯金保険法の一部を改正する法律等の施行に伴う法人登記事務の取扱いについて

（令和4年4月1日法務省民商第140号通知）

（通知） 標記について，当職から東京法務局民事行政部長宛て別添のとおり通知したので，参考までに通知します。

別添

法務省民商第１３９号
令和４年４月１日

東京法務局民事行政部長　殿

法務省民事局商事課長
（　公　印　省　略　）

　　　農水産業協同組合貯金保険法の一部を改正する法律等の施行に伴う法人
　　　登記事務の取扱いについて（通知）
　農水産業協同組合貯金保険法の一部を改正する法律（令和３年法律第５５号。以下「改正法」という。）が令和３年６月４日に、農水産業協同組合貯金保険法の一部を改正する法律の施行に伴う関係政令の整備に関する政令（令和４年政令第６５号。以下「改正政令」という。）が本年３月１６日にそれぞれ公布され、いずれも本年４月１日から施行されることとなったので、これに伴う貴局管轄区域内の農林中央金庫に関する登記事務の取扱いについては、下記の点に留意し、事務処理に遺憾のないよう、貴管下登記官に周知方取り計らい願います。
　なお、本通知中、「法」とあるのは改正法による改正後の農水産業協同組合貯金保険法（昭和４８年法律第５３号)を、「施行令」とあるのは改正政令による改正後の農水産業協同組合貯金保険法施行令（昭和４８年政令第２０１号）をいい、法及び施行令について引用する条文は、全て改正後のものです。

記

第１　農水産業協同組合貯金保険機構による農林中央金庫の役員の解任及び選任
　１　制度の概要
　　　主務大臣は、農林中央金庫について、農水産業協同組合貯金保険機構（以下「機構」という。）による特別監視及び資金の貸付け又は優先出資の引受け等の措置が講ぜられなければ金融システムの著しい混乱が生ずるおそ

れがあると認めるときは、金融危機対応会議の議を経て、当該措置を講ずる必要がある旨の認定を行うことができるとされ（法第１１０条の２）、主務大臣がこの認定を行ったときは、農林中央金庫を、その業務の遂行並びに財産の管理及び処分に関して、機構による特別監視が行われる者として指定するものとされた（法第１１０条の３）。

　農林中央金庫が上記指定を受けた場合、機構は、農林中央金庫法（平成１３年法律第９３号）の規定にかかわらず、裁判所の許可（以下「代替許可」という。）を得て、農林中央金庫の理事、経営管理委員会、監事又は会計監査人（以下「役員等」という。）の解任をすることができ（法第１１０条の７第１項）、これにより法律又は定款に定めた役員等の員数を欠くこととなるときは、代替許可を得て、役員等を選任することができることとされた（同条第２項）。また、代替許可があったときは、当該代替許可に係る事項について、役員等の解任等の手続をする場合に通常必要となる総会等の決議があったものとみなされることとされた（同条第４項）。

２　登記の手続

　農林中央金庫は、代表権を有する者の氏名等について登記をする必要があるとされており（組合等登記令（昭和３９年政令第２９号。以下「組登令」という。）第２条第２項第４号）、農林中央金庫において代表権を有する者は、代表理事とされている（農林中央金庫法第２２条第３項）。

　したがって、上記１による役員等の解任等のうち、登記の手続に関係するものは、理事の解任等の場合であって、当該理事が代表理事であるときとなる。

　代表理事の変更の登記については、その変更を証する書面を添付する必要があるとされているところ（組登令第１７条第１項）、上記１により、代表理事の解任等の代替許可があった場合において、代表理事の変更の登記を申請するときは、当該登記の申請書に、代替許可の決定書の謄本又は抄本を添付しなければならないとされた（法第１１０条の７第５項において準用する法第９５条）。

第２　農林中央金庫による農水産業協同組合貯金保険機構への優先出資

１　制度の概要

　農林中央金庫と機構が、農林中央金庫の財務内容の改善のために、機構による優先出資の引受け等の決定を主務大臣に求めた場合には、主務大臣

は、一定の要件に該当する場合に限り、機構が優先出資の引受け等を行うべき旨の決定をするものとされた（法第１１０条の１４第４項）。

　上記の決定に従い発行する優先出資は、協同組織金融機関の優先出資に関する法律第４条第２項の適用については、ないものとみなすとされたため（法第１１０条の１４第５項において準用する法第１０１条の２第１項）、普通出資の総口数の２分の１を超えて優先出資を発行することも可能となる。

2　登記の手続
　(1) 登記の記録

　　　上記優先出資の発行による変更の登記においては、その旨をも登記しなければならないとされた（法第１１０条の１４第５項において準用する法第１０１条の２第２項）。

　　　なお、この場合の登記の記録例は別紙による。

　(2) 添付書面

　　　上記優先出資の発行による変更の登記の申請書には、協同組織金融機関の優先出資に関する法律施行令（平成５年政令第３９８号。以下「優先出資法施行令」という。）第１４条に掲げる書面のほか、法第１１０条の１４第４項の決定に従った優先出資の発行であることを証する書面を添付しなければならないこととされた（法第１１０条の１４第５項において準用する法第１０１条の２第２項及び施行令第４０条で読み替えて適用する優先出資法施行令第１４条）。

　　　この書面には、優先出資の引受けの申込み及び払込みを証する書面に主務大臣が法第１１０条の１４第４項の規定による決定に従ったものである旨の認証をしたものが該当する。

〔別紙記録例〕
　優先出資の登記

発行済優先出資の総口数並びに種類及び種類ごとの口数	発行済優先出資の総口数　　１０万口 ①優先出資　　　　　　　　　４万口 ②農水産業協同組合貯金保険法（昭和４８年法律第５３号）第１１０条の１４第５項において準用する同法第１０１条の２第１項の適用を受ける優先出資　６万口 　　　　　　　令和〇〇年〇〇月〇〇日変更　　令和〇〇年〇〇月〇〇日登記

10　労働者協同組合法等の施行に伴う法人登記事務の取扱いについて

(令和4年9月21日法務省民商第439号通知)

(通知) 労働者協同組合法（令和2年法律第78号）が令和2年12月11日に，労働者協同組合法等の一部を改正する法律（令和4年法律第71号。以下「改正法」という。）が本年6月17日に，労働者協同組合法施行令（令和4年政令第209号。以下「施行令」という。）及び労働者協同組合法施行規則（令和4年厚生労働省令第89号。以下「施行規則」という。）が本年5月27日に，労働者協同組合法施行規則の一部を改正する省令（令和4年厚生労働省令第113号）が本年8月23日に，それぞれ公布され，いずれも本年10月1日から施行されますが，これらに伴う法人登記事務の取扱いについては，下記の点に留意し，事務処理に遺憾のないよう，貴管下登記官に周知方取り計らい願います。

なお，本通知中，「法」とあるのは改正法による改正後の労働者協同組合法を，「商登法」とあるのは商業登記法（昭和38年法律第125号）を，「組登令」とあるのは施行令による改正後の組合等登記令（昭和39年政令第29号）を，「商登規」とあるのは商業登記規則（昭和39年法務省令第23号）を，「法登規」とあるのは各種法人等登記規則（昭和39年法務省令第46号）をいいます。

記

第1　本通知の趣旨

　　本通知は，法等の施行に伴い，労働者協同組合，労働者協同組合連合会，特定労働者協同組合及び企業組合又は特定非営利活動法人から労働者協同組合への組織変更について，法人登記事務処理上留意すべき事項を明らかにしたものである。なお，法等の規定による登記に関する登記記録例は，別添のとおりである。

第2　労働者協同組合

1　設立

(1)　設立の主な手続

ア　定款の作成等

　労働者協同組合（以下「組合」という。）を設立するには，その組合員（組合の組合員たる資格を有する者は，定款で定める個人）になろうとする3人以上の者が発起人となり，定款を作成し，これを会議の日時及び場所とともに公告して，創立総会を開かなければならないとされた（法第22条，第23条）。

イ　定款の記載又は記録事項

　定款には，次に掲げる事項を記載し，又は記録しなければならないとされた（法第29条第1項）。

　なお，組合は労働者派遣事業を行うことはできないとされている（法第5条第2項，施行令第1条）。

(ア)　事業

(イ)　名称

(ウ)　事業を行う都道府県の区域

(エ)　事務所の所在地

(オ)　組合員たる資格に関する規定

(カ)　組合員の加入及び脱退に関する規定

(キ)　出資1口の金額及びその払込みの方法

(ク)　剰余金の処分及び損失の処理に関する規定

(ケ)　準備金の額及びその積立ての方法

(コ)　就労創出等積立金に関する規定

(サ)　教育繰越金に関する規定

(シ)　組合員の意見を反映させる方策に関する規定

(ス)　役員の定数及びその選挙又は選任に関する規定

(セ)　事業年度

(ソ)　公告方法（法又は他の法律の規定により官報に掲載する方法によりしなければならないものとされているものを除く。）

　また，上記(ア)から(ソ)までに掲げる事項のほか，組合は，組合の存続期間又は解散の事由を定めたときはその期間又はその事由を，現

物出資をする者を定めたときはその者の氏名，出資の目的たる財産及びその価格並びにこれに対して与える出資口数を，組合の成立後に譲り受けることを約した財産がある場合にはその財産，その価格及び譲渡人の氏名を記載し，又は記録しなければならないとされた（法第29条第2項）。

　さらに，上記(ｱ)から(ｿ)までに掲げる事項及び法第29条第2項の事項のほか，組合の定款には，法の規定により定款の定めがなければその効力を生じない事項及びその他の事項で法に違反しないものを記載し，又は記録することができるとされた（同条第7項）。

ウ　名称

　組合は，その名称中に労働者協同組合という文字を用いなければならず，また，組合でない者は，その名称中に労働者協同組合であると誤認されるおそれのある文字を用いてはならないとされた（法第4条第1項，同条第2項）。

エ　同一の所在場所における同一の名称の登記の禁止

　組合の登記は，その名称が他の組合の既に登記した名称と同一であり，かつ，その主たる事務所の所在場所が当該他の組合に係る主たる事務所の所在場所と同一であるときは，することができない（組登令第25条において準用する商登法第27条）。

オ　公告方法

　組合は，上記イ(ｿ)の公告方法として，①当該組合の事務所の店頭に掲示する方法のほか，②官報に掲載する方法，③時事に関する事項を掲載する日刊新聞紙に掲載する方法又は④電子公告による方法のいずれかの方法を定款に定めることができるとされた（法第29条第3項）。

　なお，④の方法により公告する場合の公告期間は法第29条第5項に定めるところによるとされた。

カ　創立総会の開催

　(ｱ)　定款の承認

発起人が作成した定款の承認は、創立総会の議決によらなければならないとされた（法第23条第3項）。

また、創立総会の議事は、組合員たる資格を有する者でその会日までに発起人に対し設立の同意を申し出たものの半数以上が出席して、その議決権の3分の2以上で決するとされた（法第23条第5項）。

(イ) 設立当時の役員の選挙等

組合には、役員として理事及び監事を置き、設立当時の役員は、創立総会において選挙するとされ（法第32条第1項、同条第3項ただし書）、ただし、定款で定めることにより、創立総会において選任することもできるとされた（同条第12項）。

理事の定数は3人以上と、監事の定数は1人以上とされ（法第32条第2項）、設立当時の理事は、組合員になろうとする者でなければならないとされた（同条第4項）。ただし、組合員の総数が20人を超えない組合には、定款で定めるところにより、監事に代えて、理事以外の全ての組合員をもって組織する組合員監査会を置くことができるとされた（法第54条第1項）。

設立当時の役員の任期は、創立総会において定める期間とされ、その期間は、1年を超えてはならないとされた（法第36条第3項）。

設立当時の役員の選挙は、創立総会において無記名投票によって行うとされ（法第32条第3項ただし書、同条第7項）、投票は、組合員たる資格を有する者でその会日までに発起人に対し設立の同意を申し出たもの1人につき1票とされた（法第23条第5項、第32条第3項ただし書、同条第8項）。

なお、出席者中に異議がないときは、指名推選の方法によって選挙を行うことができ、この場合においては、被指名人をもって当選人と定めるべきかどうかを創立総会に諮り、出席者の全員の同意があった者をもって当選人とするとされた（法第32条第9

項，同条第10項）。

　　(ウ)　創立総会の議事録
　　　　創立総会の議事については，以下の事項を内容とする議事録を作成しなければならないとされた（法第23条第7項，施行規則第4条第3項）。
　　　a　創立総会が開催された日時及び場所
　　　b　創立総会の議事の経過の要領及びその結果
　　　c　創立総会に出席した発起人又は設立当時の役員の氏名
　　　d　創立総会の議長の氏名
　　　e　議事録の作成に係る職務を行った発起人の氏名
　キ　理事への事務引継
　　　発起人は，設立当時の理事を選任したときは，遅滞なく，その事務を当該理事に引き渡さなければならないとされた（法第24条）。
　ク　出資の第1回の払込み
　　　設立当時の理事は，上記キによる事務の引渡しを受けたときは，遅滞なく，組合員となろうとする者に対し出資の第1回の払込み（出資1口につき，その金額の4分の1を下ることはできない。）をさせなければならないとされた（法第25条第1項，同条第2項）。
　　　なお，金銭出資だけでなく現物出資も可能であるが，現物出資者は，第1回の払込みの期日に，現物出資の目的である財産の全部を給付しなければならないとされた（法第25条第3項）。
　ケ　組合の成立
　　　組合は，主たる事務所の所在地において設立の登記をすることによって成立するとされた（法第26条）。
(2)　設立の登記の手続
　　　組合は，政令で定めるところにより，登記をしなければならないとされ（法第5条第1項），組合の登記については，組登令の定めるところによることとされた（組登令第1条，組登令別表。以下全ての登記の手続で同じ。）。

ア　登記期間

　　設立の登記は，組合の主たる事務所の所在地において，出資の払込みが終了した日から2週間以内にしなければならない（組登令第2条第1項）。

イ　登記すべき事項

　　組合の主たる事務所の所在地において登記すべき事項は，次のとおりである（組登令第2条第2項，組登令別表労働者協同組合の項登記事項の欄）。

　(ｱ)　目的及び業務

　　　具体的には，組合の行う事業を記載することになる。なお，上記(1)のイのとおり，組合は労働者派遣事業を行うことはできないとされている。

　(ｲ)　名称

　(ｳ)　事務所の所在場所

　(ｴ)　代表権を有する者の氏名，住所及び資格

　(ｵ)　存続期間又は解散の事由を定めたときは，その期間又は事由

　(ｶ)　出資1口の金額及びその払込みの方法

　(ｷ)　出資の総口数及び払い込んだ出資の総額

　(ｸ)　公告の方法

　(ｹ)　電子公告を公告の方法とする旨の定めがあるときは，電子公告関係事項

ウ　添付書面

　　登記の申請書には，代理人によって申請をする場合のその権限を証する書面（組登令第25条において準用する商登法第18条）のほか，次の書面を添付しなければならない（組登令第16条第2項，同条第3項）。

　(ｱ)　定款

　(ｲ)　組合を代表すべき者の資格を証する書面

　　　具体的には，理事会により設立当時の代表理事が選定される場

合は，設立当時の理事を選挙又は選任した創立総会の議事録，当該理事会の議事録並びに代表理事が理事及び代表理事の就任を承諾したことを証する書面がこれに該当する。

(ウ) 出資の総口数を証する書面

具体的には，組合員の出資引受書がこれに該当する。

(エ) 出資の第1回の払込み又は出資の全額の払込みのあったことを証する書面

具体的には，代表理事の交付した領収書の控え等がこれに該当する。

(オ) 現物出資のある場合，出資の目的たる財産の給付があったことを証する書面

具体的には，財産の引継書等がこれに該当する。

エ 印鑑届書の提出

設立の登記申請を書面申請で行う場合又は委任状が書面であるときは，登記の申請書に押印すべき者である設立当時の代表理事は，登記申請と共に，印鑑届書及び市区町村長作成の印鑑証明書を提出する方法により，その印鑑を登記所に提出しなければならない。

2 組合の機関

(1) 総論

組合には，総会のほか，3人以上の理事及び1人以上の監事を置かなければならないとされた（法第32条第2項）。ただし，組合員の総数が20人を超えない組合には，定款で定めるところにより，監事に代えて，組合員監査会を置くことができるとされた（法第54条第1項，同条第2項）。

また，組合には，理事会を置かなければならず（法第39条第1項），理事会は，理事の中から代表理事を選定しなければならないとされた（法第42条第1項）。

なお，登記すべき事項は，代表理事の氏名，住所及び資格であり（組登令第2条第2項第4号），それ以外の機関に関して登記すべき事

項はない。
(2) 総会
　ア　総会の権限
　　次に掲げる事項は，総会の議決を経なければならないとされた（法第63条第1項）。
　　(ア)　定款の変更
　　(イ)　規約の設定，変更又は廃止（ただし，軽微な事項等の変更を除く。）
　　(ウ)　毎事業年度の収支予算及び事業計画の設定又は変更
　　(エ)　組合の子会社の株式又は持分の全部又は一部の譲渡（法第63条第1項第4号イ及びロのいずれにも該当する場合における譲渡に限る。）
　　(オ)　労働者協同組合連合会への加入又は労働者協同組合連合会からの脱退
　　(カ)　その他定款で定める事項
　イ　議決権
　　組合員は，各1個の議決権を有するとされた（法第11条第1項）。
　ウ　決議要件
　　(ア)　普通決議
　　　総会の決議は，法又は定款若しくは規約に別段の定めがある場合を除き，出席者の議決権の過半数をもって行う（以下「普通決議」という。）とされた（法第64条第1項）。
　　(イ)　特別決議
　　　次に掲げる事項は，総組合員の半数以上が出席し，その議決権の3分の2以上の多数による議決（以下「特別決議」という。）が必要とされた（法第65条）。
　　　a　定款の変更
　　　b　組合の解散又は合併
　　　c　組合員の除名

　　　　　d　事業の全部の譲渡
　　　　　e　法第9条第3項ただし書の承諾
　　　　　f　法第45条第5項の規定による責任の免除
　　　エ　議事録
　　　　　総会の議事については，以下の事項を内容とする議事録を作成しなければならないとされた（法第69条第1項，施行規則第69条第3項）。
　　　　(ｱ)　総会が開催された日時及び場所（当該総会の場所を定めた場合に限り，当該場所に存しない役員又は組合員が当該総会に出席をした場合における当該出席の方法を含む。）又は方法（当該総会の場所を定めなかった場合に限る。）
　　　　(ｲ)　総会の議事の経過の要領及びその結果
　　　　(ｳ)　監事の選任若しくは解任又は辞任などに関する意見又は発言の内容の概要
　　　　(ｴ)　総会に出席した役員の氏名
　　　　(ｵ)　総会の議長の氏名
　　　　(ｶ)　議事録の作成に係る職務を行った理事の氏名
　　　オ　総代会の設置
　　　　　組合員の総数が200人を超える組合は，定款で定めるところにより，総会に代わるべき総代会を設けることができるとされた（法第71条第1項）。また，総会に関する規定は，総代会について準用するとされた（同条第6項）。
　(3)　役員
　　　ア　総論
　　　　(ｱ)　役員の種類
　　　　　　役員は，理事及び監事とされた（法第32条第1項）。
　　　　(ｲ)　役員の欠格事由
　　　　　　次に掲げる者は，役員となることができないとされた（法第35条，施行規則第8条）。

　　　　a　法人
　　　　b　精神の機能の障害により役員の職務を適正に執行するに当たって必要な認知，判断及び意思疎通を適切に行うことができない者
　　　　c　この法律等の法令に違反し，刑に処せられてから2年を経過していない者等
　　　　d　暴力団の構成員等
　　(ウ)　役員の選任
　　　　役員は，定款で定めるところにより，総会において選挙するが（法第32条第3項），定款で定めるところにより，総会において選任することもできるとされた（同条第12項）。
　　(エ)　役員の解任
　　　　役員は，定款又は規約に別段の定めがある場合を除き，総会の普通決議で，いつでも解任することができる。
　　(オ)　役員に欠員が生じた場合等の措置
　　　　理事又は監事のうち，その定数の3分の1を超えるものが欠けたときは，3月以内に補充しなければならないとされた（法第32条第6項）。また，法又は定款で定めた役員の員数が欠けた場合には，任期の満了又は辞任により退任した役員は，新たに選任された役員（一時役員としてその職務を行うべき者を含む。）が就任するまで，なお役員としての権利義務を有するとされた（法第37条第1項）。
　　　　法又は定款で定めた役員の員数が欠けた場合において，組合の主たる事務所の所在地を管轄する行政庁（法第90条第1項の場合を除いては，主たる事務所の所在地を管轄する都道府県知事をいう（法第132条）。以下第3を除き同じ。）は，事務が遅滞することにより損害を生ずるおそれがあるときは，組合員その他の利害関係人の請求により又は職権で，一時役員として役員の職務を行うべき者を選任することができるとされた（法第37条第2項）。

イ　理事に関する規律
　(ｱ)　理事の業務等
　　　理事は，法令，定款及び規約並びに総会の決議を遵守し，組合のため忠実にその職務を行わなければならないとされた（法第38条第1項）。また，理事は組合員でなければならないとされ，いわゆる外部理事は認められない（法第32条第4項）。
　(ｲ)　理事の任期
　　　理事の任期は，2年以内において定款で定める期間とされた（法第36条第1項）。
ウ　監事等に関する規律
　(ｱ)　監事の業務等
　　　監事は，理事の職務の執行を監査し，監査報告を作成しなければならないとされた（法第38条第2項）。
　　　また，監事は，理事又は組合の使用人と兼ねてはならないとされ（法第43条），事業年度の開始の時における組合員の総数が1000人を超える組合（施行令第2条第1項。例外について，同条第2項及び第3項参照）では，少なくとも1人のいわゆる外部監事を置くことが義務付けられた（法第32条第5項）。
　(ｲ)　監事の任期
　　　監事の任期は，4年以内において定款で定める期間とされた（法第36条第2項）。
　(ｳ)　組合員監査会の業務等
　　　組合員の総数が20人を超えない組合に限り，監事を置かない代わりに，理事以外の全ての組合員で組織する組合員監査会を設け，理事の職務執行を監査することができるとされた（法第54条第1項，同条第3項）。組合員監査会は，監査報告を作成しなければならないとされ（同条第3項），また，監査会での決議は，監査会員の過半数をもって行い，議事録を作成する義務があるとされた（法第55条第1項，同条第4項）。

(4) 理事会
　ア　理事会の権限

　　　組合では，全ての理事で組織される理事会が必置機関であり（法第39条第1項，同条第2項），組合の業務執行については，理事会で決定されるとされた（同条第3項）。また，理事会は，理事の中から代表理事を選定するとされた（法第42条第1項）。

　イ　決議要件

　　　理事会の決議は，議決に加わることができる理事の過半数（これを上回る割合を定款又は規約で定めた場合にあっては，その割合以上）が出席し，その過半数（これを上回る割合を定款又は規約で定めた場合にあっては，その割合以上）をもって行うとされた（法第40条第1項）。

　ウ　議事録

　　　理事会の議事については，以下の事項を内容とする議事録を書面又は電磁的記録によって作成しなければならないとされ，また，理事会に出席した理事及び監事は，理事会の議事録に署名し，又は記名押印しなければならないとされた（法第41条第1項，施行規則第11条第3項）。

　　(ｱ)　理事会が開催された日時及び場所（当該理事会の場所を定めた場合に限り，当該場所に存しない理事が当該理事会に出席をした場合における当該出席の方法を含む。）又は方法（当該理事会の場所を定めなかった場合に限る。）

　　(ｲ)　理事会が監事等の請求を受けて招集されたとき等は，その旨

　　(ｳ)　理事会の議事の経過の要領及びその結果

　　(ｴ)　決議を要する事項について特別の利害関係を有する理事があるときは，当該理事の氏名

　　(ｵ)　理事が競業取引に関してした報告その他理事会において述べられた一定の意見又は発言の内容の概要等

　　(ｶ)　理事会に出席した役員又は組合員の氏名

(キ)　理事会の議長の氏名
　エ　理事会の決議の省略
　　組合は，理事が理事会の決議の目的である事項について提案をした場合において，当該提案につき理事（当該事項について議決に加わることができるものに限る。）の全員が書面又は電磁的記録により同意の意思表示をしたとき（監事が当該提案について異議を述べたときを除く。）は，当該提案を可決する旨の理事会の決議があったものとみなす旨を定款で定めることができるとされた（法第40条第4項）。また，理事会の決議があったものとみなされた場合には，決議があったものとみなされた事項の内容等を内容とする議事録を書面又は電磁的記録によって作成しなければならないとされた（施行規則第11条第4項）。

(5)　代表理事
　ア　代表理事の業務等
　　代表理事は，組合の業務に関する一切の裁判上又は裁判外の行為をする権限を有するとされ，この権限に加えた制限は，善意の第三者に対抗することができないとされた（法第42条第2項，同条第3項）。
　イ　代表理事の選定
　　代表理事は，理事会により，理事の中から選定しなければならないとされた（法第42条第1項）。
　ウ　代表理事に欠員が生じた場合の措置
　　代表理事が欠けた場合又は定款で定めた代表理事の員数が欠けた場合には，任期の満了又は辞任により退任した代表理事は，新たに選任された代表理事（一時代表理事としてその職務を行うべき者を含む。）が就任するまで，なお代表理事としての権利義務を有するとされた（法第42条第5項，第37条第1項）。
　　代表理事が欠けた場合又は定款で定めた代表理事の員数が欠けた場合において，組合の主たる事務所の所在地を管轄する行政庁は，

事務が遅滞することにより損害を生ずるおそれがあるときは，組合員その他の利害関係人の請求により又は職権で，一時代表理事として代表理事の職務を行うべき者を選任することができるとされた（法第42条第5項，第37条第2項）。

なお，一時代表理事が選任された場合，仮代表理事として登記されることとなる（組登令第3条第1項）。

(6) 代表理事に関する登記の手続
　ア　代表理事の就任による変更の登記
　　(ア)　登記期間
　　　代表理事が就任した日から2週間以内に，その主たる事務所の所在地において変更の登記をしなければならない（組登令第3条第1項）。
　　(イ)　登記すべき事項
　　　登記すべき事項は，代表理事の氏名及び住所並びに就任年月日である。
　　(ウ)　添付書面
　　　登記の申請書には，代理人によって申請をする場合のその権限を証する書面（組登令第25条において準用する商登法第18条）のほか，次の書面を添付しなければならない。
　　　a　代表理事に選定された理事を選任した総会（総会に代わって総代会を設けている組合においては，総代会。以下同じ。）の議事録（組登令第17条第1項）
　　　b　代表理事を選定した理事会の議事録（組登令第17条第1項）
　　　c　代表理事が理事及び代表理事の就任を承諾したことを証する書面（組登令第17条第1項）
　　　d　変更前の代表理事が登記所に提出している印鑑が理事会の議事録に押印されている場合を除き，出席した理事及び監事が代表理事の選定に係る理事会の議事録に押印した印鑑に係る市区町村長作成の印鑑証明書（法登規第5条，商登規第61条第6項

第3号）
　㈒　印鑑届書の提出
　　　代表理事の変更の登記を書面申請で行う場合又は委任状が書面であるときは，登記の申請書に押印すべき者である新代表理事は，登記申請と共に，印鑑届書及び市区町村長作成の印鑑証明書を提出する方法により，その印鑑を登記所に提出しなければならない。
イ　代表理事の退任による変更の登記
㈦　登記期間
　　代表理事が退任した日から2週間以内に，その主たる事務所の所在地において変更の登記をしなければならない（組登令第3条第1項）。
㈧　登記すべき事項
　　登記すべき事項は，退任の旨（退任事由）及び退任年月日である。
㈨　添付書面
　　登記の申請書には，退任事由に応じ，次の書面を添付しなければならない（組登令第17条第1項）。
　　a　死亡の場合
　　　戸籍謄抄本，死亡診断書，住民票の写し，遺族等からの組合に対する死亡届出等
　　b　辞任の場合
　　　辞任届及び辞任する代表理事が登記所に提出している印鑑が辞任届に押印されている場合を除き，辞任届に押印した印鑑に係る市区町村長作成の印鑑証明書（法登規第5条，商登規第61条第8項）
　　c　解任の場合
　　　代表理事を解任した理事会の議事録
　　d　任期満了の場合

改選の際の総会の議事録（任期満了により退任した旨の記載があるものに限る。）
　　　e　資格喪失の場合
　　　　理事の資格喪失の事由を証する書面
　ウ　代表理事の氏名又は住所の変更の登記
　　(ｱ)　登記期間
　　　代表理事の氏名又は住所に変更があった日から２週間以内に，その主たる事務所の所在地において変更の登記をしなければならない（組登令第３条第１項）。
　　(ｲ)　登記すべき事項
　　　登記すべき事項は，変更後の氏名又は住所及び変更年月日である。
　　(ｳ)　添付書面
　　　代理人によって申請をする場合のその権限を証する書面（組登令第25条において準用する商登法第18条）のほか，添付書面を要しない。ただし，氏の変更の登記申請と同時に旧氏の記録の申出をする場合には，これを証する書面の添付が必要となる（法登規第５条において準用する商登規第81条の２第３項第１号）。
３　解散及び清算
　(1)　解散の事由
　　組合は，次の事由によって解散するとされた（法第80条）。
　　ア　総会の決議
　　イ　組合の合併（合併により当該組合が消滅する場合に限る。）
　　ウ　組合についての破産手続開始の決定
　　エ　定款で定める存続期間の満了又は解散事由の発生
　　オ　行政庁による解散の命令
　　カ　組合員が３人未満になり，そのなった日から引き続き６月間その組合員が３人以上にならなかった場合
　(2)　清算の主な手続

ア 清算組合の機関

　清算をする組合（以下「清算組合」という。）は，総会，3人以上の清算人，1人以上の監事（例外について，上記2の(1)）のほか，清算人会を置かなければならないとされた（法第32条第1項，第93条，第94条第2項において準用する法第39条）。

イ 清算人及び代表清算人

　(ア) 清算組合の代表及び業務執行

　　清算組合の代表及び業務執行は，代表清算人によるとされた（法第94条第2項において準用する法第42条第2項）。

　(イ) 清算人の選任

　　合併及び破産手続開始の決定による解散の場合を除いては，理事がその清算人になるとされ，ただし，総会において理事以外の者を選任することも可能とされた（法第93条）。

　　また，これらにより清算人となる者がないときは，利害関係人の申立てにより裁判所が選任するものとされた（法第94条第1項において準用する会社法（平成17年法律第86号）第478条第2項）。

　(ウ) 代表清算人の選定

　　解散する組合の理事が清算組合の清算人となる場合は，代表理事が代表清算人になるとされ（法第94条第1項において準用する会社法第483条第4項），解散する組合の理事以外の者が清算組合の清算人となる場合は，清算人会で選定された者が代表清算人になるとされた（法第94条第1項において準用する法第42条第1項）。

　　また，清算人が裁判所により選任されたときは，裁判所が代表清算人を定めることができるとされた（法第94条第1項において準用する会社法第483条第5項）。

　(エ) 任期

　　清算人及び代表清算人については，任期の上限はない。

　(オ) 解任

清算人にあっては定款又は規約に別段の定めがある場合を除き，総会の普通決議で，代表清算人にあっては清算人会の決議で，それぞれいつでも解任することができる。
　　(カ)　清算人及び代表清算人に欠員を生じた場合の措置
　　　清算人及び代表清算人に欠員が生じた場合の措置については，理事及び代表理事に欠員を生じた場合と同様である（法第94条第2項において準用する法第37条第1項，第42条第5項）。
　ウ　監事
　　解散前の監事が，清算手続中も監事となる。
　エ　清算人会
　　清算人会の議事録及び清算人会の決議の省略の制度については，理事会の場合と同様である（法第94条第2項において準用する法第41条第1項，第40条第4項）。
(3)　申請による解散及び代表清算人の就任による変更の登記の手続
　ア　登記期間等
　　　組合が解散したときは，上記(1)のイ，ウ又はオによる解散の場合を除き，2週間以内に，主たる事務所の所在地において，解散の登記をしなければならない（組登令第7条）。なお，組合が行政庁の解散命令により解散した場合は，当該行政庁から解散の登記の嘱託がされる（組登令第14条第4項）。
　　　代表清算人が就任したときは，2週間以内に，代表清算人の就任による変更の登記をしなければならない（組登令第2条第1項）。
　イ　登記すべき事項
　　　登記すべき事項は，次のとおりである。
　　(ア)　解散の旨並びにその事由及び年月日（組登令第25条において準用する商登法第71条第1項）
　　(イ)　代表清算人の氏名及び住所並びに就任年月日
　ウ　添付書面
　　　登記の申請書には，代理人によって申請をする場合のその権限を

証する書面（組登令第25条において準用する商登法第18条）のほか，次の書面を添付しなければならない。
  (ｱ) 解散の事由の発生を証する書面（組登令第19条）
    解散の事由に応じて，次の書面がこれに該当する。
      a 総会の特別決議による解散の場合には，当該決議をした総会の議事録
      b 定款で定めた解散の事由の発生による解散の場合には，当該事由の発生を証する書面
      c 組合員の減少による解散の場合には，組合員の減少を証する書面
  (ｲ) 代表清算人の就任を証する書面（組登令第17条第１項）
    就任根拠に応じて，次の書面がこれに該当する。
      a 解散する組合の代表理事が代表清算人となる場合には，特段書面の添付を要しない。
      b 総会において理事以外の者を清算人として選任した場合には，当該総会の議事録，清算人会の議事録及び就任を承諾したことを証する書面
      c 裁判所が選任した者が代表清算人となる場合には，その選任決定書
 エ 印鑑届書の提出
   解散の登記及び代表清算人の就任による変更の登記を書面申請で行う場合又は委任状が書面であるときは，印鑑提出者の資格が代表理事から代表清算人に変更になるため，登記の申請書に押印すべき者である代表清算人は，登記申請と共に，印鑑届書及び市区町村長作成の印鑑証明書を提出する方法により，その印鑑を登記所に提出しなければならない。
 オ 解散の登記に伴う職権抹消
   解散の登記をしたときは，登記官は，職権で，代表理事に関する登記を抹消する記号を記録しなければならない（法登規第５条にお

いて準用する商登規第72条第1項）。

(4) 休眠組合のみなし解散

　最後の登記後5年を経過した組合（以下「休眠組合」という。）については，行政庁が当該休眠組合に対し2か月以内に行政庁に事業を廃止していない旨の届出をすべき旨を官報に公告し，当該休眠組合がその公告の日から2か月以内に届出をしないとき（当該期間内に登記がされたときを除く。）は，その期間の満了の時に解散したものとみなすとされた（法第81条第1項）。また，行政庁は，この公告をした場合には，当該休眠組合に対し，その旨の通知を発しなければならないとされた（同条第2項）。

　この場合における解散の登記は，行政庁が嘱託しなければならない（組登令第14条第4項）。

(5) 組合の継続

　組合は，総会の決議又は定款で定める存続期間の満了若しくは解散事由の発生により解散した場合（休眠組合のみなし解散により解散したものとみなされた場合を含む。）には，その清算が結了するまで（解散したものとみなされた場合にあっては，解散したものとみなされた後3年以内に限る。），総会の特別決議によって，組合を継続することができるとされた（法第82条第1項，同条第2項）。

(6) 継続の登記の手続

　ア　登記期間

　　　組合が継続したときは，2週間以内に，主たる事務所の所在地において，継続の登記をしなければならない（組登令第7条の2）。

　イ　登記すべき事項

　　　登記すべき事項は，継続の旨及びその年月日である。また，定款で定めた存続期間又は解散の事由を変更し，又は廃止した場合には，その変更の登記もしなければならない。

　　　更に，組合を継続する場合には，代表理事を選定し，代表理事の就任による変更の登記もしなければならない（昭和25年1月30日付

け民事甲第72号民事局長通達参照)。
- ウ 添付書面

　登記の申請書には，代理人によって申請をする場合のその権限を証する書面（組登令第25条において準用する商登法第18条）のほか，組合継続の決議をした総会の議事録を添付しなければならない。

　そのほか，代表理事の就任による変更の登記の添付書面は，上記2の(6)のアの(ウ)のとおりである。

- エ 印鑑届書の提出

　継続の登記を書面申請で行う場合又は委任状が書面であるときは，印鑑提出者の資格が代表清算人から代表理事に変更になるため，登記の申請書に押印すべき者である代表理事は，登記申請と共に，印鑑届書及び市区町村長作成の印鑑証明書を提出する方法により，その印鑑を登記所に提出しなければならない。

4　合併
 (1) 総論

　組合は，他の組合と吸収合併（組合が他の組合とする合併であって，合併により消滅する組合の権利義務の全部を合併後存続する組合に承継させるものをいう。以下同じ。）又は新設合併（2以上の組合がする合併であって，合併により消滅する組合の権利義務の全部を合併により設立する組合に承継させるものをいう。以下同じ。）をすることができるとされた（法第84条，第85条）。

 (2) 吸収合併の主な手続
- ア 吸収合併契約の締結

　組合が吸収合併をする場合には，吸収合併契約において，次の事項を定めなければならないとされた（法第84条）。

- (ア) 当事組合の名称及び住所
- (イ) 吸収合併後存続する組合（以下「吸収合併存続組合」という。）の出資1口の金額

(ウ)　吸収合併により消滅する組合（以下「吸収合併消滅組合」という。）の組合員に対する出資の割当てに関する事項

　(エ)　吸収合併消滅組合の組合員に対して支払をする金額を定めたときは，その定め

　(オ)　効力発生日

イ　吸収合併契約の承認

　吸収合併消滅組合及び吸収合併存続組合は，効力発生日の前日までに，総会の特別決議によって，吸収合併契約の承認を受けなければならないとされた（法第65条第2号，第86条第3項，第87条第3項）。

　ただし，吸収合併消滅組合の総組合員の数が吸収合併存続組合の総組合員の数の5分の1を超えない場合であって，かつ，吸収合併消滅組合の最終の貸借対照表により現存する総資産額が吸収合併存続組合の最終の貸借対照表により現存する総資産額の5分の1を超えない場合の合併においては，吸収合併存続組合は，総会の決議を経ないで合併することもできるとされた（法第87条第3項ただし書。ただし，同条第4項，同条第5項も参照）。

ウ　債権者保護手続

　組合は，吸収合併をする旨，債権者が一定の期間内（1か月を下ることができない。）に異議を述べることができる旨を官報に公告し，かつ，知れている債権者には，各別にこれを催告しなければならないとされた（法第86条第5項及び法第87条第7項において準用する法第73条第2項）。ただし，当該組合がこの公告を官報のほか，定款の定めに従い時事に関する事項を掲載する日刊新聞紙又は電子公告によりするときは，各別の催告は不要とされた（法第86条第5項及び第87条第7項において準用する法第73条第3項）。

　また，債権者が上記期間内に異議を述べなかったときは，当該債権者は，合併について承認をしたものとみなすとされた（法第86条第5項及び第87条第7項において準用する法第73条第4項）。

エ　合併の効果

吸収合併の効力は，吸収合併契約において定められた効力発生日（法第84条第5号）に生ずるとされ，吸収合併存続組合は，効力発生日に，吸収合併消滅組合の権利義務（当該吸収合併消滅組合が行う事業に関し，行政庁の許可，認可その他の処分に基づいて有する権利義務を含む。）を承継するとされた（法第90条第1項）。

吸収合併消滅組合は，吸収合併存続組合との合意により効力発生日を変更することができ，この場合には，吸収合併消滅組合は，変更前の効力発生日（変更後の効力発生日が変更前の効力発生日前の日である場合にあっては，当該変更後の効力発生日）の前日までに，変更後の効力発生日を公告しなければならないとされた（法第86条第6項，同条第7項）。

(3)　吸収合併の登記の手続

ア　登記期間等

組合が吸収合併をするときは，合併に必要な手続が終了した日から2週間以内に，吸収合併存続組合の主たる事務所の所在地において，吸収合併存続組合の変更の登記申請と吸収合併消滅組合の解散の登記申請を，同時にしなければならない（組登令第8条第1項，組登令第25条において準用する商登法第82条）。

イ　吸収合併存続組合の変更の登記

(ｱ)　登記すべき事項

登記すべき事項は，次のとおりである。

a　変更後の出資の総口数，払い込んだ出資の総額及び変更年月日

b　合併の年月日，合併をした旨並びに吸収合併消滅組合の名称及び主たる事務所（組登令第25条において準用する商登法第79条）

(ｲ)　添付書面

登記の申請書には，代理人によって申請をする場合のその権限

を証する書面（組登令第25条において準用する商登法第18条）のほか，次の書面を添付しなければならない（組登令第17条第1項，第20条）。

 a 吸収合併契約書
 b 合併契約を承認した吸収合併存続組合の総会の議事録
 c 合併契約を承認した吸収合併消滅組合の総会の議事録
 d 吸収合併存続組合の出資の総口数及び払い込んだ出資の総額の変更を証する書面
 e 債権者に対する公告及び各別の催告をしたことを証する書面（公告を官報のほか定款の定めに従い時事に関する事項を掲載する日刊新聞紙又は電子公告によってしたときは，これらの方法による公告をしたことを証する書面）
 f 異議を述べた債権者があるときは，当該債権者に対し，弁済し若しくは担保を供し，若しくは財産を信託したこと又は吸収合併をしても当該債権者を害するおそれがないことを証する書面
 g 吸収合併消滅組合の登記事項証明書（申請書を提出する登記所の管轄区域内に吸収合併消滅組合の主たる事務所がある場合及び申請書に当該吸収合併消滅組合の会社法人等番号を記載した場合を除く。）

ウ　吸収合併消滅組合の解散の登記

　(ア)　登記すべき事項

　　　登記すべき事項は，解散の旨並びにその事由及び年月日である（組登令第25条において準用する商登法第71条第1項）。

　(イ)　添付書面

　　　代理人によって申請をする場合のその権限を証する書面（組登令第25条において準用する商登法第18条）を含め，一切の添付書面を要しない（組登令第25条において準用する商登法第82条第4項）。

(4) 新設合併の主な手続
　ア　新設合併契約の締結
　　　組合が新設合併をする場合には，新設合併契約において，次の事項を定めなければならないとされた（法第85条）。
　　(ア)　新設合併により消滅する組合（以下「新設合併消滅組合」という。）の名称及び住所
　　(イ)　新設合併により設立する組合（以下「新設合併設立組合」という。）の事業，名称，主たる事務所の所在地及び出資1口の金額
　　(ウ)　新設合併消滅組合の組合員に対する出資の割当てに関する事項
　　(エ)　新設合併消滅組合の組合員に対して支払をする金額を定めたときは，その定め
　イ　新設合併契約の承認
　　　新設合併消滅組合は，総会の特別決議によって，新設合併契約の承認を受けなければならないとされた（法第65条第2号，第88条第3項）。
　ウ　債権者保護手続
　　　新設合併消滅組合がしなければならない債権者保護手続は，吸収合併の場合と同様である（法第88条第5項において準用する法第73条）。
　エ　合併の効果
　　　新設合併設立組合は，その成立の日に，新設合併消滅組合の権利義務（当該新設合併消滅組合が行う事業に関し，行政庁の許可，認可その他の処分に基づいて有する権利義務を含む。）を承継するとされた（法第90条第2項）。
(5) 新設合併の登記の手続
　ア　登記期間等
　　　組合が新設合併をするときは，合併に必要な手続が終了した日から2週間以内に，新設合併設立組合の主たる事務所の所在地において，新設合併による設立の登記申請と新設合併による解散の登記申

請を，同時にしなければならない（組登令第8条第1項，組登令第25条において準用する商登法第82条）。

イ　新設合併設立組合の設立の登記
(ア)　登記すべき事項
登記すべき事項は，次のとおりである。
　a　上記1の(2)のイの(ア)から(ケ)までに掲げる事項
　b　合併をした旨並びに新設合併消滅組合の名称及び主たる事務所（組登令第25条において準用する商登法第79条）

(イ)　添付書面
登記の申請書には，代理人によって申請をする場合のその権限を証する書面（組登令第25条において準用する商登法第18条）のほか，次の書面を添付しなければならない（組登令第16条第2項，同条第3項，第21条）。
　a　新設合併契約書
　b　合併契約を承認した新設合併消滅組合の総会の議事録
　c　新設合併設立組合の定款
　d　新設合併設立組合を代表すべき者の資格を証する書面
　　理事会により設立当時の代表理事が選定される場合には，設立当時の理事を選任した創立総会の議事録，当該理事会の議事録並びに理事及び代表理事の就任を承諾したことを証する書面がこれに該当する。
　e　出資の総口数及び出資の払込みがあったことを証する書面
　f　新設合併消滅組合の債権者に対する公告及び各別の催告をしたことを証する書面（公告を官報のほか定款の定めに従い時事に関する事項を掲載する日刊新聞紙又は電子公告によってしたときは，これらの方法による公告をしたことを証する書面）
　g　異議を述べた債権者があるときは，当該債権者に対し，弁済し若しくは担保を供し，若しくは財産を信託したこと又は新設合併をしても当該債権者を害するおそれがないことを証する書

面

　　h　新設合併消滅組合の登記事項証明書（申請書を提出する登記所の管轄区域内に新設合併消滅組合の主たる事務所がある場合及び申請書に当該新設合併消滅組合の会社法人等番号を記載した場合を除く。）

ウ　新設合併消滅組合の解散の登記
　(ｱ)　登記すべき事項
　　　登記すべき事項は，解散の旨並びにその事由及び年月日である（組登令第25条において準用する商登法第71条第1項）。
　(ｲ)　添付書面
　　　代理人によって申請をする場合のその権限を証する書面（組登令第25条において準用する商登法第18条）を含め，一切の添付書面を要しない（組登令第25条において準用する商登法第82条第4項）。

エ　印鑑届書の提出
　　新設合併による設立の登記申請を書面申請で行う場合又は委任状が書面であるときは，登記の申請書に押印すべき者である代表理事は，登記申請と共に，印鑑届書及び市区町村長作成の印鑑証明書を提出する方法により，その印鑑を登記所に提出しなければならない。

5　その他
(1)　出資1口の金額の減少
　ア　手続
　　　出資1口の金額を減少する場合には，総会の特別決議で定款の変更を議決し，変更の登記をしなければならないとされた（法第72条第1項，組登令第17条第1項）。
　　　また，組合は，出資1口の金額を減少する旨，債権者が一定の期間内（1か月を下ることができない。）に異議を述べることができる旨を官報に公告し，かつ，知れている債権者には，各別にこれを

催告しなければならないとされた（法第73条第2項）。ただし，当該組合がこの公告を官報のほか，定款の定めに従い時事に関する事項を掲載する日刊新聞紙又は電子公告によりするときは，各別の催告は不要とされた（同条第3項）。

イ 出資1口の金額の減少の登記

(ア) 登記期間

出資1口の金額の減少が生じた日から2週間以内に，その主たる事務所の所在地において，変更の登記をしなければならない（組登令第3条第1項）。

なお，払い込んだ出資の総額の変更の登記は，毎事業年度末日現在により，当該末日から4週間以内にすれば足りるとされているが（組登令第3条第2項），出資1口の金額の減少の登記と同時に払い込んだ出資の総額に変更が生じた場合，出資1口の金額の減少と同時に払い込んだ出資の総額の変更の登記をしても差し支えない。

(イ) 登記すべき事項

変更後の出資1口の金額及び変更年月日（払い込んだ出資の総額の変更の登記をする場合には，変更後の払い込んだ出資の総額及び変更年月日を含む。）である。

(ウ) 添付書面

登記の申請書（同時に払い込んだ出資の総額の変更の登記をする場合を含む。）には，代理人によって申請をする場合のその権限を証する書面（組登令第25条において準用する商登法第18条）のほか，次の書面を添付しなければならない（組登令第17条）。

a 定款に記載された出資1口の金額を変更した総会の議事録

b 債権者に対する公告及び各別の催告をしたことを証する書面（公告を官報のほか定款の定めに従い時事に関する事項を掲載する日刊新聞紙又は電子公告によってしたときは，これらの方法による公告をしたことを証する書面）

　　　　c　異議を述べた債権者があるときは，当該債権者に対し，弁済し若しくは担保を供し，若しくは財産を信託したこと又は出資1口の金額の減少をしても当該債権者を害するおそれがないことを証する書面
　(2)　定款の変更
　　　定款は，総会の特別決議により変更することができるとされた（法第65条1号）。
　　　変更される事項が登記事項である場合には，変更があった日から2週間以内に，定款の変更に係る総会の議事録を添付し，登記しなければならない（組登令第3条第1項，同条第2項，第17条）。

第3　労働者協同組合連合会
1　設立
　(1)　設立の主な手続
　　ア　定款の作成等
　　　労働者協同組合連合会（以下「連合会」という。）を設立するには，その会員（連合会の会員たる資格を有する者は，定款で定める組合又は連合会）になろうとする2以上の組合又は連合会が発起人となり，定款を作成し，これを会議の日時及び場所とともに公告して，創立総会を開かなければならないとされた（法第108条，第109条第1項）。
　　イ　定款の記載又は記録事項
　　　定款には，次に掲げる事項を記載し，又は記録しなければならないとされた（法第111条第1項）。
　　　(ア)　事業
　　　(イ)　名称
　　　(ウ)　事務所の所在地
　　　(エ)　会員たる資格に関する規定
　　　(オ)　会員の加入及び脱退に関する規定

(カ) 出資1口の金額及びその払込みの方法（全員に出資をさせない連合会（以下「非出資連合会」という。）の場合は不要）

(キ) 経費の分担に関する規定

(ク) 剰余金の処分及び損失の処理に関する規定（非出資連合会では不要）

(ケ) 準備金の額及びその積立ての方法（非出資連合会では不要）

(コ) 役員の定数及びその選挙又は選任に関する規定

(サ) 事業年度

(シ) 公告方法（連合会が公告をする方法をいう。）

　また、上記(ア)から(シ)までに掲げる事項のほか、連合会は、連合会の存続期間又は解散の事由を定めたときはその期間又はその事由を、現物出資をする者を定めたときはその者の名称、出資の目的たる財産及びその価格並びにこれに対して与える出資口数を、連合会の成立後に譲り受けることを約した財産がある場合にはその財産、その価格及び譲渡人の名称を記載し、又は記録しなければならないとされた（法第111条第2項において準用する法第29条第2項）。

　さらに、上記(ア)から(シ)までに掲げる事項及び法第111条第2項において準用する法第29条第2項の事項のほか、連合会の定款には、この法律の規定により定款の定めがなければその効力を生じない事項及びその他の事項でこの法律に違反しないものを記載し、又は記録することができるとされた（法第111条第2項において準用する法第29条第7項）。

ウ　名称

　連合会は、その名称中に労働者協同組合連合会という文字を用いなければならず、また、連合会でない者は、その名称中に労働者協同組合連合会であると誤認されるおそれのある文字を用いてはならないとされた（法第97条）。

エ　同一の所在場所における同一の名称の登記の禁止

　連合会の登記は、その名称が他の連合会の既に登記した名称と同

一であり，かつ，その主たる事務所の所在場所が当該他の連合会に係る主たる事務所の所在場所と同一であるときは，することができない（組登令第25条において準用する商登法第27条）。

オ　公告方法

連合会は，上記イの(シ)の公告方法として，①当該連合会の事務所の店頭に掲示する方法のほか，②官報に掲載する方法，③時事に関する事項を掲載する日刊新聞紙に掲載する方法又は④電子公告による方法のいずれかの方法を定款に定めることができるとされた（法第111条第2項において準用する法第29条第3項）。

なお，④の方法により公告する場合の公告期間は法第111条第2項において準用する法第29条第5項に定めるところによる。

カ　創立総会の開催，理事への事務引継，出資の第1回の払込み，設立の登記

組合の場合と同様であるが，労働者協同組合連合会における行政庁は，法第123条において準用する法第90条第1項の場合を除き，厚生労働大臣とされた（法第132条）。

(2)　設立の登記の手続

連合会の設立の登記の手続の取扱いは，組合の設立の登記の手続と同様である（上記第2の1の(2)参照）。

2　連合会の機関

(1)　総論

連合会には，総会のほか，5人以上の理事及び2人以上の監事を置かなければならないとされた（法第114条第2項）。

また，連合会には，理事会を置かなければならないとされ（法第116条第1項），理事会は，理事の中から代表理事を選定しなければならないとされた（法第117条）。

なお，登記すべき事項は，組合と同じく，代表理事の氏名，住所及び資格であり（組登令第2条第2項第4号），それ以外の機関に関して登記すべき事項はない。

(2) 総会

　ア　総会の権限

　　次に掲げる事項は，総会の議決を経なければならないとされた（法第119条第3項）。

　　(ア)　定款の変更

　　(イ)　規約の設定，変更又は廃止（ただし，法第119条第5項において準用する法第63条第2項に規定する軽微な事項等の変更を除く。）

　　(ウ)　毎事業年度の収支予算及び事業計画の設定又は変更

　　(エ)　経費の賦課及び徴収の方法

　　(オ)　連合会への加入又は連合会からの脱退

　　(カ)　その他定款で定める事項

　イ　議決権

　　会員は，各1個の議決権を有するが，会員たる組合の組合員数に基づいて，定款で別段の定めをすることもできるとされた（法第103条第1項）。

　ウ　決議要件

　　(ア)　普通決議

　　　総会の決議は，法又は定款若しくは規約に別段の定めがある場合を除き，出席者の議決権の過半数をもって行うとされた（法第119条第5項において準用する法第64条第1項）。

　　(イ)　特別決議

　　　次に掲げる事項は，議決権の総数の半数以上に当たる議決権を有する会員が出席し，その議決権の3分の2以上の多数による議決が必要とされた（法第119条第4項）。

　　　a　定款の変更

　　　b　連合会の解散又は合併

　　　c　会員の除名

　　　d　法第118条第1項において準用する法第45条第5項の規定に

よる責任の免除
　エ　議事録
　　総会の議事については，以下の事項を内容とする議事録を作成しなければならないとされた（法第119条第5項において準用する法第69条第1項，施行規則第69条第3項）。
　　(ｱ)　総会が開催された日時及び場所（当該総会の場所を定めた場合に限り，当該場所に存しない役員又は会員が当該総会に出席をした場合における当該出席の方法を含む。）又は方法（当該総会の場所を定めなかった場合に限る。）
　　(ｲ)　総会の議事の経過の要領及びその結果
　　(ｳ)　監事の選任若しくは解任又は辞任などに関する意見又は発言の内容の概要
　　(ｴ)　総会に出席した役員の氏名
　　(ｵ)　総会の議長の氏名
　　(ｶ)　議事録の作成に係る職務を行った理事の氏名
(3)　役員
　ア　総論
　　(ｱ)　役員の種類
　　　役員は，理事及び監事とされた（法第114条第1項）。
　　(ｲ)　役員の欠格事由，役員の選任，役員の解任，役員に欠員が生じた場合等の措置
　　　組合の場合と同様とされた（法第118条第1項において準用する法第35条，第32条第3項，同条第12項，同条第6項，第37条第1項，同条第2項）。
　イ　理事に関する規律
　　(ｱ)　理事の業務等
　　　理事は，法令，定款及び規約並びに総会の決議を遵守し，連合会のため忠実にその職務を行わなければならないとされた（法第115条第1項）。また，理事は会員でなければならないとされ，い

わゆる外部理事は認められない（法第118条第1項において読み替えて準用する法第32条第4項）。
　　　(イ)　理事の任期
　　　　　理事の任期は，2年以内において定款で定める期間とされた（法第118条第1項において準用する法第36条第1項）。
　　ウ　監事に関する規律
　　　(ア)　監事の業務等
　　　　　監事は，理事の職務の執行を監査し，監査報告を作成しなければならないとされた（法第115条第2項）。
　　　(イ)　監事の任期
　　　　　監事の任期は，4年以内において定款で定める期間とされた（法第118条第1項において準用する法第36条第2項）。
(4)　理事会
　　ア　理事会の権限
　　　　連合会では，全ての理事で組織される理事会が必置機関であり（法第116条第1項，同条第2項），連合会の業務執行については，理事会で決定されるとされた（法第116条第3項）。また，理事会は，理事の中から代表理事を選定しなければならないとされた（法第117条）。
　　イ　決議要件，議事録，理事会の決議の省略
　　　　組合の場合と同様とされた（法第118条第1項において準用する法第40条第1項，第41条第1項，第40条第4項等。上記第2の2の(4)のイからエまで参照）。
(5)　代表理事
　　ア　代表理事の業務等
　　　　代表理事は，連合会の業務に関する一切の裁判上又は裁判外の行為をする権限を有するとされ，この権限に加えた制限は，善意の第三者に対抗することができないとされた（法第118条第1項において準用する法第42条第2項，同条第3項）。

イ　代表理事の選定

　　　　代表理事は，理事会により，理事の中から選定しなければならないとされた（法第117条）。

　　　ウ　代表理事に欠員が生じた場合の措置

　　　　組合の場合と同様とされた（法第118条第1項において準用する法第42条第5項，第37条，上記第2の2の(5)のイ参照）。

　(6)　代表理事に関する登記の手続

　　　連合会の代表理事に関する登記の手続の取扱いは，組合の代表理事に関する登記の手続と同様である（上記第2の2の(6)参照）。

3　解散及び清算

　(1)　解散の事由

　　　連合会は，次の事由によって解散するとされた（法第122条）。

　　　ア　総会の決議
　　　イ　連合会の合併（合併により当該連合会が消滅する場合に限る。）
　　　ウ　連合会についての破産手続開始の決定
　　　エ　定款で定める存続期間の満了又は解散事由の発生
　　　オ　行政庁による解散の命令
　　　カ　会員がいなくなったこと
　　　キ　会員が1となり，そのなった日から引き続き6月間その会員が2以上とならなかった場合

　(2)　清算の主な手続

　　　ア　清算連合会の機関

　　　　清算をする連合会（以下「清算連合会」という。）は，総会，5人以上の清算人，2人以上の監事のほか，清算人会を置かなければならないとされた（法第114条，法第123条において準用する法第93条，法第123条において準用する法第94条第2項において準用する法第39条）。

　　　イ　清算人及び代表清算人，監事，清算人会

　　　　清算組合の場合と同様とされた（法第123条において準用する法

第94条，上記第2の3の(2)のイからエまで参照)。
- (3) 申請による解散及び代表清算人の就任による変更の登記の手続

  清算連合会の解散及び代表清算人の就任による変更の登記の手続の取扱いは，総会の決議要件を除き，清算組合の解散及び代表清算人の就任による変更の登記の手続と同様である（上記第2の3の(3)参照)。
- (4) 休眠連合会のみなし解散

  休眠組合の場合と同様とされた（法第123条において準用する法第81条，上記第2の3の(4)参照)。
- (5) 連合会の継続

  総会の決議要件を除き，組合の場合と同様とされた（法第123条において準用する法第82条，上記第2の3の(5)，(6)参照)。

4 合併

総会の決議要件を除き，組合の場合と同様とされた（法第123条において準用する法第83条から第92条まで，上記第2の4参照)。

5 その他
- (1) 出資1口の金額の減少

  総会の決議要件を除き，組合の場合と同様とされた（法第120条において準用する法第72条から第74条まで，上記第2の5の(1)参照)。
- (2) 定款の変更

  総会の決議要件を除き，組合の場合と同様とされた（法第119条第4項第1号，組登令第3条第1項，同条第2項，第17条，上記第2の5の(2)参照)。

第4 特定労働者協同組合

1 認定の手続

組合は，行政庁に対し，次の(1)から(4)までの基準に適合する組合であることの認定（以下この認定を受けた組合を「特定労働者協同組合」という。）の申請をすることができ，行政庁は，法第94条の6に規定する意見聴取を経て，組合がこの基準に適合すると認めるときは，この認定

をするものとされた（法第94条の2，第94条の3，第94条の5）。
 (1) 組合の定款に剰余金の配当を行わない旨の定めがあること。
 (2) 組合の定款に，解散時に組合員に対しその出資額を限度として分配した後の残余財産が国若しくは地方公共団体又は他の特定労働者協同組合に帰属する旨の定めがあること。
 (3) 上記(1)及び(2)の定款の定めに反する行為を行うことを決定し，又は行ったことがないこと。
 (4) 各理事の親族等の関係者が理事の総数のうちに占める割合が3分の1以下であること。

2 名称

特定労働者協同組合でない者は，その名称中に，特定労働者協同組合であると誤認されるおそれのある文字を用いてはならないとされた（法第94条の7）。

3 変更の認定

特定労働者協同組合は，主たる事務所の所在場所の変更をしようとするときは，変更前及び変更後の事務所の所在場所が同一の都道府県の区域内でない限り，行政庁の認定を受けなければならないとされた（法第94条の9第1項，施行規則第81条の5）が，当該変更に係る変更の登記の申請書には，当該変更について行政庁の認定を受けたことを証する書面の添付は要しない。

第5 企業組合又は特定非営利活動法人から組合への組織変更

1 総論

法の施行の際現に存する企業組合（中小企業等協同組合法（昭和24年法律第181号）第3条第4号に掲げる企業組合をいう。以下同じ。）又は特定非営利活動法人（特定非営利活動促進法（平成10年法律第7号）第2条第2項に規定する特定非営利活動法人をいう。以下同じ。）は，施行日から起算して3年以内に，その組織を変更し，組合になることができるとされた（法附則第4条）。

2 企業組合から組合への組織変更
 (1) 組織変更の主な手続
　　ア　組織変更計画の作成
　　　　企業組合が組合への組織変更をする場合には，次に掲げる事項を定めた組織変更計画を作成しなければならないとされた（法附則第5条第1項，同条第4項）。
　　　(ｱ)　組織変更後の組合（以下「組織変更後組合」という。）の事業，名称及び事務所の所在地
　　　(ｲ)　上記(ｱ)に掲げるもののほか，組織変更後組合の定款で定める事項
　　　(ｳ)　組織変更後組合の理事の氏名
　　　(ｴ)　組織変更後組合の監事の氏名（組織変更後組合が監査会設置組合である場合にあっては，その旨）
　　　(ｵ)　組織変更をする企業組合の組合員が組織変更に際して取得する組織変更後組合の出資の口数又はその口数の算定方法
　　　(ｶ)　組織変更をする企業組合の組合員に対する上記(ｵ)の出資の割当てに関する事項
　　　(ｷ)　効力発生日
　　イ　組織変更計画の承認
　　　　組織変更計画については，企業組合の組合員の半数以上が出席し，その議決権の3分の2以上の多数による議決により，その承認を受けなければならないとされた（法附則第5条第2項）。
　　　　また，組織変更に係る企業組合の総会の招集は，会議の目的である事項，組織変更計画の要領及び組織変更後組合の定款を示して，総会の2週間前までに行わなければならないとされた（法附則第5条第3項において読み替えて適用する中小企業等協同組合法第49条第1項）。
　　ウ　債権者保護手続
　　　　組織変更をする企業組合は，組織変更をする旨，債権者が一定の

期間内（1か月を下ることができない。）に異議を述べることができる旨を官報に公告し，かつ，知れている債権者には，各別にこれを催告しなければならないとされた（法附則第6条第3項）。ただし，当該企業組合がこの公告を官報のほか，定款の定めに従い時事に関する事項を掲載する日刊新聞紙又は電子公告によりするときは，各別の催告は不要とされた（同条第4項）。

　エ　反対組合員の持分払戻請求

　　組織変更をする企業組合の組合員で，組織変更に係る総会に先立って当該企業組合に対し書面をもって組織変更に反対の意思を通知したものは，組織変更の議決の日から20日以内に書面をもって持分の払戻しを請求することにより，効力発生日に当該企業組合を脱退することができるとされた（法附則第7条第1項）。

　オ　組織変更の効力発生

　　組織変更をする企業組合は，効力発生日に組合になり（法附則第11条第1項），組織変更をする企業組合の組合員は，効力発生日に，法附則第5条第4項第6号に掲げる事項についての定めに従い，組織変更後組合の組合員となるものとされた（同条第2項）。

(2)　組織変更の登記の手続

　ア　登記期間等

　　企業組合が組織変更したときは，効力発生日から2週間以内に，その主たる事務所の所在地において，組織変更前の企業組合については解散の登記をし，組織変更後組合については設立の登記をしなければならないとされた（施行令附則第3条第1項）。

　　また，これらの登記の申請は同時にしなければならないとされた（施行令附則第3条第2項において準用する商登法第78条第1項）。

　イ　組織変更後組合の設立の登記

　　(ア)　登記すべき事項

　　　上記第2の1の(2)のイの(ア)から(ケ)までに掲げる事項のほか，組合成立の年月日，組織変更前の企業組合の名称並びに組織変更を

した旨及びその年月日（施行令附則第3条第2項において準用する商登法第76条）
　(ｲ)　添付書面
　　登記の申請書には，代理人によって申請をする場合のその権限を証する書面（組登令第25条において準用する商登法第18条）のほか，次の書面を添付しなければならないとされた（施行令附則第3条第3項）。
　　a　組織変更計画書
　　b　組織変更後組合の定款
　　c　代表権を有する者の資格を証する書面
　　　例えば，組織変更計画において，定款に定める事項として代表理事の氏名を記載した場合は，上記a及びbの書面のほか，総会の議事録並びに代表理事が理事及び代表理事の就任を承諾したことを証する書面の添付が必要となる。
　　　また，組織変更の効力発生日以降に開催する理事会で代表理事を選定する場合は，総会の議事録，当該理事会の議事録並びに代表理事が理事及び代表理事の就任を承諾したことを証する書面の添付が必要となる。
　　d　債権者に対する公告及び各別の催告をしたことを証する書面（公告を官報のほか定款の定めに従い時事に関する事項を掲載する日刊新聞紙又は電子公告によってしたときは，これらの方法による公告をしたことを証する書面）
　　e　異議を述べた債権者があるときは，当該債権者に対し，弁済し若しくは担保を供し，若しくは財産を信託したこと又は組織変更をしても当該債権者を害するおそれがないことを証する書面
　ウ　組織変更前の企業組合の解散の登記
　　(ｱ)　登記すべき事項
　　　解散の旨並びにその事由及び年月日（組登令第25条において準

用する商登法第71条第1項）

(イ) 添付書面

登記の申請書には，代理人によって申請をする場合のその権限を証する書面（組登令第25条において準用する商登法第18条）を含め，一切の添付書面を要しない（施行令附則第3条第2項において準用する商登法第78条第2項）。

エ 印鑑届書の提出

組織変更後組合の設立の登記及び組織変更前の企業組合の解散の登記申請を書面申請で行う場合又は委任状が書面であるときは，登記の申請書に押印すべき者である代表理事は，登記申請と共に，印鑑届書及び市区町村長作成の印鑑証明書を提出する方法により，その印鑑を登記所に提出しなければならない。

3 特定非営利活動法人から組合への組織変更

(1) 組織変更の主な手続

ア 組織変更計画の作成

特定非営利活動法人が組合への組織変更をする場合には，次に掲げる事項を定めた組織変更計画を作成しなければならないとされた（法附則第16条第1項，同条第4項において準用する法附則第5条第4項（第5号及び第6号を除く。））。

(ア) 組織変更後組合の事業，名称及び事務所の所在地

(イ) 上記(ア)に掲げるもののほか，組織変更後組合の定款で定める事項

(ウ) 組織変更後組合の理事の氏名

(エ) 組織変更後組合の監事の氏名（組織変更後組合が監査会設置組合である場合にあっては，その旨）

(オ) 効力発生日

イ 組織変更計画の承認等

組織変更計画については，特定非営利活動法人の総社員の4分の3以上の賛成による議決（定款に別段の定めがあるときは，これに

よる）により，その承認を受けなければならないとされた（法附則第16条第2項）。

また，組織変更に係る特定非営利活動法人の総会の招集の通知は，会議の目的である事項，組織変更計画の要領及び組織変更後組合の定款を示して，総会の2週間前までに行わなければならないとされた（法附則第16条第3項において読み替えて適用する特定非営利活動促進法第14条の4）。

さらに，組織変更後組合の定款には，組織変更時財産額及び特定残余財産の処分に関する事項も定めなければならないとされ，特定残余財産の帰属すべき者に関する規定を設ける場合には，当該帰属先は，特定非営利活動促進法第11条第3項に掲げられる者のうちから選定されるようにしなければならないとされた（法附則第18条）。

ウ　債権者保護手続

組織変更をする特定非営利活動法人は，組織変更をする旨，債権者が一定の期間内（1か月を下ることができない。）に異議を述べることができる旨を官報に公告し，かつ，知れている債権者には，各別にこれを催告しなければならないとされた（法附則第19条において準用する法附則第6条第3項）。ただし，当該特定非営利活動法人がこの公告を官報ほか，定款の定めに従い時事に関する事項を掲載する日刊新聞紙又は電子公告によりするときは，各別の催告は不要とされた（法附則第19条において読み替えて準用する法附則第6条第4項）。

エ　出資の第1回の払込み

組合の理事は，組織変更計画が承認されたときは，遅滞なく，出資の第1回の払込み（出資1口につき，その金額の4分の1を下ることはできない。）をさせなければならないとされた（法附則第17条第1項，法附則第17条第2項において準用する法第25条第2項）。なお，金銭出資だけでなく現物出資も可能であるが，現物出資者は，第1回の払込みの期日に，現物出資の目的である財産の全部を

給付しなければならないとされた（法附則第17条第2項において準用する法第25条第3項）。

　　オ　組織変更の効力発生

　　　組織変更をする特定非営利活動法人は，効力発生日に組合となり（法附則第19条において準用する法附則第11条第1項），組織変更をする特定非営利活動法人の社員は，効力発生日に，組織変更後組合の組合員となるものとされた（法附則第19条において読み替えて準用する法附則第11条第2項）。

(2)　組織変更の登記の手続

　　ア　登記期間等

　　　特定非営利活動法人が組織変更したときは，効力発生日から2週間以内に，その主たる事務所の所在地において，組織変更前の特定非営利活動法人については解散の登記をし，組織変更後組合については設立の登記をしなければならないとされた（施行令附則第4条において準用する施行令附則第3条第1項）。

　　　また，これらの登記の申請は同時にしなければならないとされた（施行令附則第4条において準用する施行令附則第3条第2項において準用する商登法第78条第1項）。

　　イ　組織変更後組合の設立の登記

　　　(ｱ)　登記すべき事項

　　　　　上記第2の1(2)イの(ｱ)から(ｹ)までに掲げる事項のほか，組合成立の年月日，組織変更前の特定非営利活動法人の名称並びに組織変更をした旨及びその年月日（施行令附則第4条において準用する施行令附則第3条第2項において準用する商登法第76条）

　　　(ｲ)　添付書面

　　　　　登記の申請書には，代理人によって申請をする場合のその権限を証する書面（組登令第25条において準用する商登法第18条）のほか，次の書面を添付しなければならないとされた（施行令附則第4条において読み替えて準用する施行令附則第3条第3項）。

a　組織変更計画書
　　　b　組織変更後組合の定款
　　　c　代表権を有する者の資格を証する書面
　　　　例えば，組織変更計画において，定款に定める事項として代表理事の氏名を記載した場合は，上記a及びbの書面のほか，総会の議事録並びに代表理事が理事及び代表理事の就任を承諾したことを証する書面の添付が必要となる。
　　　　また，組織変更の効力発生日以降に開催する理事会で代表理事を選定する場合は，総会の議事録，当該理事会の議事録並びに代表理事が理事及び代表理事の就任を承諾したことを証する書面の添付が必要となる。
　　　d　債権者に対する公告及び各別の催告をしたことを証する書面（公告を官報のほか定款の定めに従い時事に関する事項を掲載する日刊新聞紙又は電子公告によってしたときは，これらの方法による公告をしたことを証する書面）
　　　e　異議を述べた債権者があるときは，当該債権者に対し，弁済し若しくは担保を供し，若しくは財産を信託したこと又は組織変更をしても当該債権者を害するおそれがないことを証する書面
　ウ　組織変更前の特定非営利活動法人の解散の登記
　　㋐　登記すべき事項
　　　解散の旨並びにその事由及び年月日（組登令第25条において準用する商登法第71条第1項）
　　㋑　添付書面
　　　登記の申請書には，代理人によって申請をする場合のその権限を証する書面（組登令第25条において準用する商登法第18条）を含め，一切の添付書面を要しない（施行令附則第4条において準用する施行令附則第3条第2項において準用する商登法第78条第2項）。

エ 印鑑届書の提出

　組織変更後組合の設立の登記及び組織変更前の特定非営利活動法人の解散の登記申請を書面申請で行う場合又は委任状が書面であるときは，登記の申請書に押印すべき者である代表理事は，登記申請と共に，印鑑届書及び市区町村長作成の印鑑証明書を提出する方法により，その印鑑を登記所に提出しなければならない。

368　第3編　法人登記に関する最近の主要先例

第1節　設立に関する登記

会社法人等番号	0100-05-312191
名　　称	何労働者協同組合
主たる事務所	東京都千代田区霞が関一丁目1番1号
法人成立の年月日	令和何年何月何日
目的等	事業 　何何
役員に関する事項	何県何市何町何番地 代表理事　　　　何　　　某
	何県何市何町何番地 代表理事　　　　何　　　某
	何県何市何町何番地 代表理事　　　　何　　　某
従たる事務所	1 何県何市何町何番地
	2 何県何市何町何番地
公告の方法	電子公告の方法により行う。 http://www.aaa.jp/koukoku/index.html 当組合の公告は、電子公告による公告をすることができない事故その他のやむを得ない事由が生じた場合には、官報に掲載してする。
出資1口の金額	金何円
出資の総口数	何口
払込済出資総額	金何万円
出資払込の方法	出資は全額を一時に払い込むものとする。
存続期間	令和何年何月何日まで
解散の事由	組合員が何名以下になった場合には、解散する。

登記記録に関する事項	設立 令和〇〇年〇〇月〇〇日登記

第2節　名称、事業の変更の登記

第1款　名称の変更の登記

名　称	何労働者協同組合	
	労働者協同組合何何	令和〇〇年〇〇月〇〇日変更
		令和〇〇年〇〇月〇〇日登記

第2款　事業の変更の登記

目的等	事業 　1．高齢者等への訪問介護事業 　2．高齢者等への介護に関する相談事業 　3．高齢者福祉に関する施設の設置及び運営 　4．まちづくりに関する調査研究及び提言活動 　5．介護用品の販売 　6．手芸品の制作・販売 　7．子育てに関する相談事業 　8．子育てに関する施設の設置及び運営
	事業 　1．高齢者等への訪問介護事業 　2．高齢者等への介護に関する相談事業 　3．高齢者福祉に関する施設の設置及び運営 　4．まちづくりに関する調査研究及び提言活動 　5．介護用品の販売 　6．手芸品の制作・販売 　7．子育てに関する相談事業 　8．子育てに関する施設の設置及び運営 　9．前各号の事業に附帯する事業 　　　　　令和〇〇年〇〇月〇〇日変更　　令和〇〇年〇〇月〇〇日登記

第3節　出資1口の金額、出資払込みの方法、出資の総口数、払い込んだ出資の総額、公告の方法、存続期間又は解散の事由の変更等の登記

第1款　出資1口の金額の変更の登記
(1)　出資1口の金額を増加した場合

出資1口の金額	金何円
	金何円

	令和〇〇年〇〇月〇〇日変更　令和〇〇年〇〇月〇〇日登記

(2) 出資1口の金額を減少した場合
　① 出資1口の金額のみ減少した場合

出資1口の金額	<u>金何円</u>
	金何円 　　　　　令和〇〇年〇〇月〇〇日変更　令和〇〇年〇〇月〇〇日登記

　② 出資1口の金額の減少と同時に払い込んだ出資の総額も変更した場合

出資1口の金額	<u>金何円</u>
	金何円 　　　　　令和〇〇年〇〇月〇〇日変更　令和〇〇年〇〇月〇〇日登記
払込済出資総額	<u>金何万円</u>
	金何万円 　　　　　令和〇〇年〇〇月〇〇日変更　令和〇〇年〇〇月〇〇日登記

第2款　出資払込みの方法の変更の登記

出資払込の方法	<u>出資第1回の払込みは金何円とする。</u> <u>第2回以後の払込みは、払込済出資金額に対して配当すべき剰余金のうちから</u> <u>払込みに充てるほか、払込期日の少なくとも2週間前までに払込みの金額、期</u> <u>日及びその方法を記載した書面を各組合員に発してするものとする。</u>
	出資は全額を一時に払い込むものとする。 　　　　　令和〇〇年〇〇月〇〇日変更　令和〇〇年〇〇月〇〇日登記

第3款　出資の総口数及び払い込んだ出資の総額の変更の登記

出資の総口数	<u>何口</u>
	何口 　　　　　令和〇〇年〇〇月〇〇日変更　令和〇〇年〇〇月〇〇日登記
払込済出資総額	<u>金何万円</u>
	金何万円 　　　　　令和〇〇年〇〇月〇〇日変更　令和〇〇年〇〇月〇〇日登記

第4款　公告の方法の変更の登記

公告の方法	組合の主たる事務所の掲示場に掲示してする。
	組合の主たる事務所の掲示場に掲示し、かつ、何市において発行する何新聞に掲載してする。　　　　令和○○年○○月○○日変更　　令和○○年○○月○○日登記

第5款　存続期間に関する登記

(1)　存続期間を変更した場合

存続期間	組合成立の日から満何年
	組合成立の日から満何年 　　　　令和○○年○○月○○日変更　　令和○○年○○月○○日登記

(2)　存続期間を廃止した場合

存続期間	令和何年何月何日まで
	令和○○年○○月○○日廃止　　令和○○年○○月○○日登記

(3)　存続期間を新設した場合

存続期間	令和何年何月何日まで 　　　　令和○○年○○月○○日設定　　令和○○年○○月○○日登記

第6款　解散の事由に関する登記

(1)　解散の事由を変更した場合

解散の事由	何何
	組合員が何名以下となったときは解散する。 　　　　令和○○年○○月○○日変更　　令和○○年○○月○○日登記

(2)　解散の事由を廃止した場合

解散の事由	何何	
	令和〇〇年〇〇月〇〇日廃止　令和〇〇年〇〇月〇〇日登記	

(3) 解散の事由を新設した場合

解散の事由	組合員が何名以下となったときは解散する。 令和〇〇年〇〇月〇〇日設定　令和〇〇年〇〇月〇〇日登記

第4節　主たる事務所移転の登記

第1款　同一の登記所の管轄区域内で移転した場合

主たる事務所	何県何市何町何番地	
	何県何市何町何番地	令和〇〇年〇〇月〇〇日移転
		令和〇〇年〇〇月〇〇日登記

第2款　他の登記所の管轄区域内に移転した場合

(1) 旧所在地でする場合

主たる事務所	何県何市何町何番地

登記記録に関する事項	令和何年何月何日何県何市何町何番地に主たる事務所移転 令和〇〇年〇〇月〇〇日登記 令和〇〇年〇〇月〇〇日閉鎖

(2) 新所在地でする場合

会社法人等番号	0100-05-312191
名　　称	何労働者協同組合
主たる事務所	東京都千代田区霞が関一丁目1番1号
法人成立の年月日	令和何年何月何日
目的等	事業

	1．高齢者等への訪問介護事業 2．高齢者等への介護に関する相談事業 3．高齢者福祉に関する施設の設置及び運営 4．まちづくりに関する調査研究及び提言活動 5．介護用品の販売 6．手芸品の制作・販売 7．子育てに関する相談事業 8．子育てに関する施設の設置及び運営 9．前各号の事業に附帯する事業	
役員に関する事項	何県何市何町何番地 代表理事　　　何　　某	令和○○年○○月○○日就任
	何県何市何町何番地 代表理事　　　何　　某	令和○○年○○月○○日就任
公告の方法	この組合の掲示場に掲示し、かつ、何市において発行する何新聞に掲載してする。	
出資1口の金額	金何円	
出資の総口数	何口	
払込済出資総額	金何万円	
出資払込の方法	出資は全額を一時に払い込むものとする。	
存続期間	令和何年何月何日まで	
解散の事由	組合員が何名以下になった場合には、解散する。	
登記記録に関する事項	令和何年何月何日何県何市何町何番地から主たる事務所移転 　　　　　　　　　　　　　　　　令和○○年○○月○○日登記	

第5節　従たる事務所の設置、移転及び廃止の登記

第1款　従たる事務所設置の登記

従たる事務所	2 何県何市何町何番地	令和○○年○○月○○日設置
		令和○○年○○月○○日登記

第2款　従たる事務所移転の登記

従たる事務所	2 何県何市何町何番地	令和○○年○○月○○日設置
		令和○○年○○月○○日登記
	何県何市何町何番地	令和○○年○○月○○日移転
		令和○○年○○月○○日登記

第3款　従たる事務所廃止の登記

従たる事務所	2 何県何市何町何番地	令和○○年○○月○○日設置
		令和○○年○○月○○日登記
		令和○○年○○月○○日廃止
		令和○○年○○月○○日登記

第6節　土地の番号の変更による主たる事務所又は従たる事務所の変更の登記

第1款　主たる事務所変更の場合

主たる事務所	何県何市何町何番地	
	何県何市何町何番地	令和○○年○○月○○日変更
		令和○○年○○月○○日登記

第2款　従たる事務所変更の場合

従たる事務所	2 何県何市何町何番地	令和○○年○○月○○日設置
		令和○○年○○月○○日登記
	何県何市何町何番地	令和○○年○○月○○日変更
		令和○○年○○月○○日登記

第7節　代表権を有する者に関する変更の登記

第1款　代理事の変更の登記

(1) 代表理事の全員が重任した場合

役員に関する事項	何県何市何町何番地	令和○○年○○月○○日就任

	代表理事　　　　何　　　　某	
		令和○○年○○月○○日登記
	何県何市何町何番地 代表理事　　　　何　　　　某	令和○○年○○月○○日重任
		令和○○年○○月○○日登記
	何県何市何町何番地 代表理事　　　　何　　　　某	令和○○年○○月○○日就任
		令和○○年○○月○○日登記
	何県何市何町何番地 代表理事　　　　何　　　　某	令和○○年○○月○○日重任
		令和○○年○○月○○日登記

(2) 代表理事のうち一部が辞任し、後任者が就任した場合

役員に関する事項	何県何市何町何番地 代表理事　　　　何　　　　某	令和○○年○○月○○日就任
		令和○○年○○月○○日登記
	何県何市何町何番地 代表理事　　　　何　　　　某	令和○○年○○月○○日重任
		令和○○年○○月○○日登記
		令和○○年○○月○○日辞任
		令和○○年○○月○○日登記
	何県何市何町何番地 代表理事　　　　何　　　　某	令和○○年○○月○○日就任
		令和○○年○○月○○日登記

第2款　住居表示の実施又は住所移転による代表理事の住所変更の登記

(1) 住居表示の実施の場合

役員に関する事項	何県何市何町何番地 代表理事　　　　何　　　　某	令和○○年○○月○○日就任
		令和○○年○○月○○日登記
	何県何市何町何番何号 代表理事　　　　何　　　　某	令和○○年○○月○○日住居表示実施
		令和○○年○○月○○日登記

(2) 住所移転の場合

役員に関する事項	何県何市何町何番地 代表理事　　　　何　　　　某	令和○○年○○月○○日就任

376 第3編 法人登記に関する最近の主要先例

	何県何市何町何番地 代表理事　　　何　　　某	令和○○年○○月○○日登記
		令和○○年○○月○○日住所移転
		令和○○年○○月○○日登記

第3款　代表理事の氏名変更の登記

役員に関する事項	何県何市何町何番地 代表理事　　　何　　　某	令和○○年○○月○○日就任
		令和○○年○○月○○日登記
	何県何市何町何番地 代表理事　　　何　　　某	令和○○年○○月○○日何某の氏（又は名）変更
		令和○○年○○月○○日登記

第8節　合併の登記

第1款　吸収合併による変更の登記（存続組合）

出資の総口数	何口
	何口　　　　　令和○○年○○月○○日変更　　令和○○年○○月○○日登記
払込済出資総額	金何円
	金何円　　　　令和○○年○○月○○日変更　　令和○○年○○月○○日登記
吸収合併	令和何年何月何日何県何市何町何番地何労働者協同組合を合併 　　　　　　　　　　　　　　　　　　令和○○年○○月○○日登記

第2款　吸収合併又は新設合併による解散の登記（消滅組合）

(1)　吸収合併の場合

登記記録に関する事項	令和何年何月何日何県何市何町何番地何労働者協同組合に合併し解散 　　　　　　　　　　　　　　　令和○○年○○月○○日登記 　　　　　　　　　　　　　　　令和○○年○○月○○日閉鎖

(2)　新設合併の場合

登記記録に関する事項	令和何年何月何日何県何市何町何番地何労働者協同組合と合併して何県何市何町何番地何労働者協同組合を設立し解散

		令和〇〇年〇〇月〇〇日登記
		令和〇〇年〇〇月〇〇日閉鎖

第3款 新設合併による設立の登記

会社法人等番号	0100-05-312191
名　称	何労働者協同組合
主たる事務所	東京都千代田区霞が関一丁目1番1号
法人成立の年月日	令和何年何月何日
目的等	事業 　1．高齢者等への訪問介護事業 　2．高齢者等への介護に関する相談事業 　3．高齢者福祉に関する施設の設置及び運営 　4．まちづくりに関する調査研究及び提言活動 　5．介護用品の販売 　6．手芸品の制作・販売 　7．子育てに関する相談事業 　8．子育てに関する施設の設置及び運営 　9．前各号の事業に附帯する事業
役員に関する事項	何県何市何町何番地 代表理事　　　　何　　某
	何県何市何町何番地 代表理事　　　　何　　某
公告の方法	この組合の掲示場に掲示し、かつ、何市において発行する何新聞に掲載してする。
出資1口の金額	金何円
出資の総口数	何口
払込済出資総額	金何万円
出資払込の方法	出資は全額を一時に払い込むものとする。
登記記録に関する事項	何県何市何町何番地何労働者協同組合と何県何市何町何番地何労働者協同組合の合併により設立 　　　　　　　　　　　　　　　　　　令和〇〇年〇〇月〇〇日登記

第9節　組織変更の登記

第1款　企業組合（特定非営利活動法人）の組織変更による労働者協同組合の設立の登記

会社法人等番号	0100-05-312191
名　　称	何労働者協同組合
主たる事務所	東京都千代田区霞が関一丁目1番1号
法人成立の年月日	令和何年何月何日
目的等	事業 1．高齢者等への訪問介護事業 2．高齢者等への介護に関する相談事業 3．高齢者福祉に関する施設の設置及び運営 4．まちづくりに関する調査研究及び提言活動 5．介護用品の販売 6．手芸品の制作・販売 7．子育てに関する相談事業 8．子育てに関する施設の設置及び運営 9．前各号の事業に附帯する事業
役員に関する事項	何県何市何町何番地 　代表理事　　　何　　某
	何県何市何町何番地 　代表理事　　　何　　某
公告の方法	この組合の掲示場に掲示し、かつ、必要があるときは、何市において発行する何新聞に掲載してする。
出資1口の金額	金何円
出資の総口数	何口
払込済出資総額	金何万円
出資払込の方法	出資は全額を一時に払い込むものとする。
存続期間	令和何年何月何日まで
登記記録に関する事項	令和何年何月何日何企業組合（特定非営利活動法人）を組織変更し設立 　　　　　　　　　　　　　　　　令和〇〇年〇〇月〇〇日登記

第2款　企業組合(特定非営利活動法人)の組織変更による解散の登記

登記記録に関する事項	令和何年何月何日何県何市何町何番地何労働者協同組合に組織変更し解散 　　　　　　　　　　　　　　　　　　　　　　　令和○○年○○月○○日登記 　　　　　　　　　　　　　　　　　　　　　　　令和○○年○○月○○日閉鎖

第10節　解散及び清算人の登記

第1款　解散の登記

(1) 総会の決議により解散した場合

解　散	令和何年何月何日総会の決議により解散 　　　　　　　　　　　　　　　令和○○年○○月○○日登記

(2) 存続期間の満了により解散した場合

解　散	令和何年何月何日存続期間の満了により解散 　　　　　　　　　　　　　　　令和○○年○○月○○日登記

(3) 定款に定めた解散事由の発生により解散した場合

解　散	令和何年何月何日定款所定の解散事由の発生により解散 　　　　　　　　　　　　　　　令和○○年○○月○○日登記

(4) 所管行政庁の命令により解散した場合

解　散	令和何年何月何日何県知事(厚生労働大臣)の命令により解散 　　　　　　　　　　　　　　　令和○○年○○月○○日登記

(5) みなし解散の登記

解　散	令和何年何月何日労働者協同組合法第81条第1項の規定により解散 　　　　　　　　　　　　　　　令和○○年○○月○○日登記

第2款　代表清算人の登記

(1) 解散と同時に代表清算人が就任した場合

役員に関する事項	何県何市何町何番地 　代表清算人　　何　　　某	令和○○年○○月○○日就任
		令和○○年○○月○○日登記

380　第3編　法人登記に関する最近の主要先例

(2)　代表清算人が辞任した場合

役員に関する事項	何県何市何町何番地 代表清算人　　何　　　某	令和○○年○○月○○日就任
		令和○○年○○月○○日登記
		令和○○年○○月○○日辞任
		令和○○年○○月○○日登記

〔注〕　死亡した場合には、原因項目を「死亡」とする。

(3)　代表清算人を解任した場合

役員に関する事項	何県何市何町何番地 代表清算人　　何　　　某	令和○○年○○月○○日就任
		令和○○年○○月○○日登記
		令和○○年○○月○○日解任
		令和○○年○○月○○日登記

(4)　清算手続中に代表清算人が就任した場合

役員に関する事項	何県何市何町何番地 代表清算人　　何　　　某	令和○○年○○月○○日就任
		令和○○年○○月○○日登記

(5)　代表清算人の氏名変更の場合

役員に関する事項	何県何市何町何番地 代表清算人　　何　　　某	令和○○年○○月○○日就任
		令和○○年○○月○○日登記
	何県何市何町何番地 代表清算人　　何　　　某	令和○○年○○月○○日何某の氏（又は名）変更
		令和○○年○○月○○日登記

(6)　代表清算人の住所移転の場合

役員に関する事項	何県何市何町何番地 代表清算人　　何　　　某	令和○○年○○月○○日就任
		令和○○年○○月○○日登記
	何県何市何町何番地 代表清算人　　何　　　某	令和○○年○○月○○日住所移転

		令和〇〇年〇〇月〇〇日登記

第11節 継続の登記

法人継続	令和何年何月何日法人継続	令和〇〇年〇〇月〇〇日登記

第12節 清算結了の登記

登記記録に関する事項	令和何年何月何日清算結了	令和〇〇年〇〇月〇〇日登記 令和〇〇年〇〇月〇〇日閉鎖

11 外国弁護士による法律事務の取扱いに関する特別措置法の一部を改正する法律等の施行に伴う法人登記事務の取扱いについて

(令和4年10月13日法務省民商第460号通知)

(通知) 外国弁護士による法律事務の取扱いに関する特別措置法の一部を改正する法律(令和2年法律第33号。以下「改正法」という。)が令和2年5月29日に,外国弁護士による法律事務の取扱いに関する特別措置法の一部を改正する法律の施行に伴う関係政令の整備に関する政令(令和4年政令第42号。以下「整備政令」という。)が令和4年2月18日にそれぞれ公布され,いずれも本年11月1日から施行されることとなったので,これに伴う法人登記事務の取扱いについては,下記の点に留意し,事務処理に遺憾のないよう,貴管下登記官に周知方取り計らい願います。

なお,本通知中,「法」とあるのは改正法による改正後の外国弁護士による法律事務の取扱い等に関する法律(昭和61年法律第66号)を,「商登法」とあるのは商業登記法(昭和38年法律第125号)を,「組登令」とあるのは整備政令による改正後の組合等登記令(昭和39年政令第29号)を,「商登規」とあるのは商業登記規則(昭和39年省令第23号)を,「法登規」とあるのは各種法人等登記規則(昭和39年省令第46号)をいい,法及び組登令について引用する条文は,いずれも改正後のものです。

記

第1 共同法人制度の創設

弁護士法人の社員は弁護士でなければならず(弁護士法(昭和24年法律第205号)第30条の4第1項),外国法事務弁護士法人(以下「外弁法人」という。)の社員は外国法事務弁護士でなければならないとされている(法第58条第1項)。改正法により,弁護士及び外国法事務弁護士を社員とする弁護士・外国法事務弁護士共同法人(以下「共同法人」という。)の設立を可能とする制度が創設された(法第68条から第80条まで)。

共同法人制度の導入に伴い,共同法人の設立等に関する規定だけでなく,弁護士法人又は外弁法人(以下「弁護士法人等」という。)から共

同法人への種類変更等に関する規定も整備された（法第81条，第82条）。

第2　共同法人の設立
1　設立の手続
(1)　定款の作成等
　　共同法人を設立するには，その社員となろうとする弁護士及び外国法事務弁護士が，共同して定款を定め，当該定款について公証人の認証を受けなければならないとされた（法第72条第1項，同条第2項において準用する弁護士法第30条の8第2項において準用する会社法（平成17年法律第86号）第30条第1項）。
(2)　定款の記載事項
　　定款には，少なくとも次に掲げる事項を記載しなければならないとされた（法第72条第2項において読み替えて準用する弁護士法第30条の8第3項）。
　　ア　目的
　　イ　名称
　　ウ　法律事務所の所在地
　　エ　所属弁護士会
　　オ　社員の氏名，住所，所属弁護士会（外国法事務弁護士である社員にあっては，法第2条第8号に規定する原資格国法及び同条第12号に規定する指定法を含む。）
　　カ　社員の出資に関する事項
　　キ　業務の執行に関する事項
　　また，上記アからキまでに掲げる事項のほか，共同法人の定款には，法の規定により定款の定めがなければその効力を生じない事項及びその他の事項で強行規定又は公序良俗に反しないものを記載することができる。
(3)　名称
　　共同法人は，その名称中に弁護士・外国法事務弁護士共同法人とい

う文字を使用しなければならないとされた（法第69条）。

　また，共同法人でない者は，その名称中に弁護士・外国法事務弁護士共同法人又はこれに類似する名称を用いてはならないとされた（法第103条第3項）。

(4) 共同法人の成立

　共同法人は，その主たる法律事務所の所在地において設立の登記をすることによって成立するとされた（法第80条第1項において準用する弁護士法第30条の9）。

2　設立の登記の手続

　共同法人は，政令の定めるところにより，登記しなければならないとされ（法第80条第1項において準用する弁護士法第30条の7第1項），その登記については，組登令の定めるところによることとされた（組登令第1条，組登令別表。第3，第4及び第5の登記の手続についても同じ。）。

(1) 登記期間

　共同法人の設立の登記は，主たる事務所の所在地において，設立に必要な手続が終了した日から2週間以内にしなければならない（組登令第2条第1項）。

(2) 登記すべき事項

　共同法人の登記すべき事項は，次のとおりである（組登令第2条第2項，組登令別表共同法人の項登記事項の欄）。

　ア　目的及び業務

　　具体的には，共同法人の目的を記載することになる。

　イ　名称

　　上記1の(3)のとおり，共同法人は，その名称中に弁護士・外国法事務弁護士共同法人という文字を使用しなければならないとされた。

　ウ　事務所の所在場所

　エ　代表権を有する者の氏名，住所及び資格

代表権を有する者の資格は「社員」である。ただし，定款又は総社員の同意によって，業務執行社員中特に共同法人を代表すべき社員を定めたときは，「代表社員」である。
オ　存続期間又は解散の事由を定めたときは，その期間又は事由
カ　社員（共同法人を代表すべき社員を除く。）の氏名及び住所
　　定款又は総社員の同意によって，業務執行社員中特に共同法人を代表すべき「代表社員」を定めた場合には，当該代表社員以外の社員の氏名及び住所を登記する。この場合の資格は「社員」である。
キ　外国法事務弁護士である社員の原資格国法
ク　外国法事務弁護士である社員が法第35条第1項の規定による指定法の付記を受けているときは，その指定法
ケ　合併の公告の方法についての定めがあるときは，その定め
コ　電子公告を合併の公告の方法とする旨の定めがあるときは，電子公告関係事項

　上記エに関連し，共同法人の弁護士である社員は，定款で別段の定めがある場合を除き，全て業務執行権を有し，義務を負うとされており（法第74条第1項），また，共同法人の外国法事務弁護士である社員は，定款で業務を執行しないものとされた場合を除き，当該社員の原資格国法に関する法律事務（法第3条第1項各号に掲げる法律事務を除く。）又は国際仲裁事件の手続等及び国際調停事件の手続についての代理に関する業務等を執行するとされた（法第74条第2項において準用する法第62条）。

　また，共同法人の業務を執行する社員は，各自当該共同法人を代表するものとされたが（法第75条第1項），定款又は総社員の同意によって業務を執行する社員中特に共同法人を代表すべき社員を定めることもできるとされた（同条第2項）。ただし，定款又は総社員の同意によっても，代表すべき社員の全員を外国法事務弁護士である社員と定めることができないとされた（同項ただし書）。

　さらに，共同法人は，特定の事件について業務を担当する社員を指

定することができ，当該指定がされた事件については，指定を受けた社員のみが業務を執行し，かつ，共同法人を代表するとされた（法第80条第1項において準用する弁護士法第30条の14）。この場合においては，指定社員の指定による他の社員の代表権の制限をもって善意の第三者に対抗することはできないとされた（法第75条第4項において準用する弁護士法第30条の13第4項）。

(3) 添付書面

登記の申請書には，代理人によって申請をする場合のその権限を証する書面（組登令第25条において準用する商登法第18条）のほか，次の書面を添付しなければならない（組登令第16条第2項，同条第3項）。

ア　定款

イ　共同法人を代表すべき者の資格を証する書面

共同法人を代表すべき者の資格を証する書面として，共同法人を代表すべき社員につき弁護士又は外国法事務弁護士であることを証する書面を添付しなければならない。

なお，日本弁護士連合会会長が発行する弁護士・外国法事務弁護士共同法人の社員となる資格証明書（別紙1）はこの書面に該当する。

また，総社員の同意により共同法人を代表する社員を定めた場合は，当該資格を証する書面に加えて，総社員の同意があったことを証する書面も添付しなければならない。

ウ　外国法事務弁護士である社員の原資格国法及び当該社員が法第35条第1項の規定による指定法の付記を受けているときは当該指定法を証する書面

上記イの資格証明書（別紙1）は，この書面に該当する。

(4) 印鑑届書の提出

設立の登記申請を書面で行う場合又は委任状が書面であるときは，登記の申請書に押印すべき者である設立当時の共同法人を代表する社

員は，登記申請と共に，印鑑届書及び市区町村長作成の印鑑証明書を提出する方法により，その印鑑を登記所に提出しなければならない。

第3 他の種類の法人（共同法人又は弁護士法人等）への変更
1 社員の加入による弁護士法人等の種類変更
 (1) 種類変更の手続
   弁護士法人に外国法事務弁護士である社員が加入する場合又は外弁法人に弁護士である社員が加入する場合は，外国法事務弁護士又は弁護士を加入させる定款の変更をすることにより，法人の種類が変更され，いずれも共同法人となるとされた（法第81条第1項）。
   なお，定款の変更に当たっては，定款に別段の定めがある場合を除き，総社員の同意が必要になるとされた（法第80条第1項において準用する弁護士法第30条の11第1項）。
 (2) 種類変更の登記の手続
  ア 登記期間等
    弁護士法人等が法第81条第1項の規定により共同法人となったときは，同項に規定する定款の変更の効力が生じた日から2週間以内に，その主たる事務所の所在地において，法人の種類の変更前の弁護士法人等については解散の登記をし，法人の種類の変更後の共同法人については設立の登記をしなければならない（組登令第28条第1項）。
    また，これらの登記の申請は同時にしなければならない（組登令第28条第3項において読み替えて準用する商登法第106条第1項）。
  イ 法人の種類の変更後の共同法人の設立の登記
   (ｱ) 登記すべき事項
     上記第2の2(2)のアからコまでに掲げる事項のほか，法人成立の年月日，弁護士法人等の名称並びに弁護士法人等の種類を変更した旨及びその年月日（組登令第28条第3項において準用する商登法第104条）

(イ)　添付書面

　　　　登記の申請書には，代理人によって申請をする場合のその権限を証する書面（組登令第25条において準用する商登法第18条）のほか，次の書面を添付しなければならない（組登令第28条第4項）。

　　　　a　定款
　　　　b　定款の変更に係る総社員の同意（定款に別段の定めがある場合にあっては，その定めによる手続）があったことを証する書面
　　　　c　社員の加入を証する書面
　　ウ　法人の種類の変更前の弁護士法人等の解散の登記
　　　(ア)　登記すべき事項

　　　　解散の旨並びにその事由（共同法人に種類変更し解散する旨）及び年月日（組登令第25条において準用する商登法第71条第1項）

　　　(イ)　添付書面

　　　　登記の申請書には，代理人によって申請をする場合のその権限を証する書面（組登令第25条において準用する商登法第18条）を含め，一切の添付書面を要しない（組登令第28条第3項において準用する商登法第106条第2項）。

　　エ　印鑑届書の提出

　　　法人の種類の変更後の共同法人の設立の登記申請を書面で行う場合又は委任状が書面であるときは，登記の申請書に押印すべき者である共同法人を代表する社員は，登記申請と共に，印鑑届書及び市区町村長作成の印鑑証明書を提出する方法により，その印鑑を登記所に提出しなければならない。

2　社員の脱退による共同法人の種類変更

(1)　種類変更の手続

　　共同法人から外国法事務弁護士である社員又は弁護士である社員が

脱退したことにより，当該共同法人の社員が①弁護士である社員のみとなった場合又は②外国法事務弁護士である社員のみとなった場合は，法人の種類が変更され，①の場合は弁護士法人に，②の場合は外弁法人になるとされた（法第81条第2項）。

(2) 種類変更の登記の手続

　ア　登記期間等

　　共同法人が法第81条第2項の規定により弁護士法人等となったときは，その時から2週間以内に，その主たる事務所の所在地において，法人の種類の変更前の共同法人については解散の登記をし，法人の種類の変更後の弁護士法人等については設立の登記をしなければならない（組登令第28条第2項）。

　　また，これらの登記の申請は同時にしなければならない（組登令第28条第3項において読み替えて準用する商登法第106条第1項）。

　イ　法人の種類の変更後の弁護士法人等の設立の登記

　　(ｱ)　登記すべき事項

　　　弁護士法人等の設立の登記事項と同一の事項のほか，法人成立の年月日，共同法人の名称並びに共同法人の種類を変更した旨及びその年月日（組登令第28条第3項において準用する商登法第104条）

　　(ｲ)　添付書面

　　　登記の申請書には，代理人によって申請をする場合のその権限を証する書面（組登令第25条において準用する商登法第18条）のほか，定款を添付しなりればならない（組登令第28条第5項）。

　ウ　法人の種類の変更前の共同法人の解散の登記

　　(ｱ)　登記すべき事項

　　　解散の旨並びにその事由（弁護士法人等に種類変更し解散する旨）及び年月日（組登令第25条において準用する商登法第71条第1項）

　　(ｲ)　添付書面

登記の申請書には，代理人によって申請をする場合のその権限を証する書面（組登令第25条において準用する商登法第18条）を含め，一切の添付書面を要しない（組登令第28条第3項において準用する商登法第106条第2項）。

エ 印鑑届書の提出

法人の種類の変更後の弁護士法人等の設立の登記申請を書面で行う場合又は委任状が書面であるときは，登記の申請書に押印すべき者である弁護士法人等を代表する社員は，登記申請と共に，印鑑届書及び市区町村長作成の印鑑証明書を提出する方法により，その印鑑を登記所に提出しなければならない。

第4 他の種類の法人との合併

1 合併による弁護士法人等の種類変更

(1) 総論

弁護士法人と外弁法人が合併を行う場合又は弁護士法人等と共同法人が合併を行う場合（共同法人が合併後存続する法人となる場合を除く。），合併後存続する法人は共同法人になるとされた（法第82条第2項。以下1において「合併」という。）。

(2) 合併の主な手続

ア 合併に係る総社員の同意

合併は，総社員の同意により行うことができるとされた（法第82条第1項）。

イ 債権者保護手続

合併をする弁護士法人等又は共同法人は，合併をする旨，合併により消滅する弁護士法人等又は共同法人及び合併後存続する共同法人の名称及び主たる事務所の所在地，債権者が一定の期間内（1か月を下ることができない。）に異議を述べることができる旨を官報に公告し，かつ，知れている債権者には，各別にこれを催告しなければならないとされた（法第82条第3項において準用する弁護士法

第30条の28第2項)。ただし，合併をする弁護士法人等又は共同法人がこの公告を官報のほか，定款の定めに従い時事に関する事項を掲載する日刊新聞紙又は電子公告によりするときは，各別の催告は不要とされた（法第82条第3項において準用する弁護士法第30条の28第3項)。

また，債権者が上記期間内に異議を述べなかったときは，当該債権者は，合併について承認をしたものとみなすとされた（法第82条第3項において準用する弁護士法第30条の28第4項)。

ウ　合併の効果

合併は，合併後存続する共同法人がその主たる事務所の所在地において登記をすることによって，その効力を生ずるとされ（法第82条第3項において準用する弁護士法第30条の27第2項)，合併後存続する共同法人は，当該合併により消滅する弁護士法人等又は共同法人の権利義務を承継するとされた（法第82条第3項において準用する弁護士法第30条の27第4項)。

(3)　合併による種類変更等の登記の手続

ア　登記期間等

弁護士法人等が法第82条第2項の規定により共同法人となるときは，合併に必要な手続が終了した日から2週間以内に，合併により消滅する弁護士法人等又は共同法人については解散の登記をし，合併後存続する共同法人については，合併による種類の変更前の弁護士法人等についての解散の登記及び合併による種類の変更後の共同法人についての設立の登記をしなければならない（組登令第28条第6項)。

また，合併により消滅する弁護士法人等又は共同法人についての解散の登記は，合併による種類の変更後の共同法人の主たる事務所の所在地を管轄する登記所を経由してしなければならず（組登令第28条第7項において準用する商登法第82条第2項)，当該登記と，合併による種類の変更前の弁護士法人等についての解散の登記及び

合併による種類の変更後の共同法人についての設立の登記の申請とは，同時にしなければならない（組登令第28条第7項において読み替えて準用する商登法第82条第3項）。
イ　合併による種類の変更後の共同法人の設立の登記
　(ｱ)　登記すべき事項
　　　上記第2の2(2)のアからコまでに掲げる事項のほか，合併による法人の種類の変更をした旨並びに合併により消滅する弁護士法人等又は共同法人の名称及びその主たる事務所並びに合併による種類の変更前の弁護士法人等の名称及び法人成立の年月日（組登令第28条第7項において読み替えて準用する商登法第79条）
　　　なお，この場合の登記の記録例は，別紙記録例1による。
　(ｲ)　添付書面
　　　登記の申請書には，代理人によって申請をする場合のその権限を証する書面（組登令第25条において準用する商登法第18条）のほか，次の書面を添付しなければならない（組登令第28条第8項，同条第6項において読み替えて準用する第20条）。
　　a　定款
　　b　定款の変更に係る総社員の同意（定款に別段の定めがある場合にあっては，その定めによる手続）があったことを証する書面
　　c　合併に係る総社員の同意があったことを証する書面
　　d　合併により加入する社員の資格を証する書面
　　e　合併により消滅する法人の登記事項証明書（申請書を提出する登記所の管轄区域内に合併により消滅する弁護士法人等又は共同法人の主たる事務所がある場合及び申請書に当該法人の会社法人等番号を記載した場合を除く。）
　　f　債権者に対する公告及び各別の催告をしたことを証する書面（公告を官報のほか定款の定めに従い時事に関する事項を掲載する日刊新聞紙又は電子公告によってしたときは，これらの方

法による公告をしたことを証する書面）

　　　g　異議を述べた債権者があるときは，当該債権者に対し，弁済若しくは担保を供し，若しくは財産を信託したこと又は合併をしても当該債権者を害するおそれがないことを証する書面
　ウ　合併による種類の変更前の弁護士法人等の解散の登記
　　(ｱ)　登記すべき事項
　　　解散の旨並びにその事由（弁護士法人等又は共同法人を合併して，共同法人に種類変更し解散する旨）及び年月日（組登令第25条において準用する商登法第71条第１項）
　　　なお，この場合の登記の記録例は，別紙記録例２による。
　　(ｲ)　添付書面
　　　登記の申請書には，代理人によって申請をする場合のその権限を証する書面（組登令第25条において準用する商登法第18条）を含め，一切の添付書面を要しない（組登令第28条第７項において読み替えて準用する商登法第82条第４項）。
　エ　合併により消滅する弁護士法人等又は共同法人の解散の登記
　　(ｱ)　登記すべき事項
　　　解散の旨並びにその事由（弁護士法人等に合併し解散する旨）及び年月日（組登令第25条において準用する商登法第71条第１項）
　　　なお，この場合の登記の記録例は，別紙記録例３による。
　　(ｲ)　添付書面
　　　登記の申請書には，代理人によって申請をする場合のその権限を証する書面（組登令第25条において準用する商登法第18条）を含め，一切の添付書面を要しない（組登令第28条第７項において読み替えて準用する商登法第82条第４項）。
　オ　印鑑届書の提出
　　　合併による種類の変更後の共同法人の設立の登記申請を書面申請で行う場合又は委任状が書面であるときは，登記の申請書に押印す

べき者である共同法人を代表する社員は，登記申請と共に，印鑑届書及び市区町村長作成の印鑑証明書を提出する方法により，その印鑑を登記所に提出しなければならない。

2　その他

弁護士法人等又は共同法人が合併を行い共同法人が設立される場合及び弁護士法人等と共同法人が合併を行う場合であって，共同法人が合併後存続法人となるときは，法人の種類の変更を伴うことはない。

これらの登記の手続については，いずれも組登令の合併に関する通則的規定（組登令第8条第1項，第20条，第21条等）による。

第5　設立又は合併を無効とする判決

共同法人の設立又は合併の無効は，訴えをもってのみ主張することができることとされた（法第80条第1項において準用する弁護士法第30条の30第3項，法第82条第3項において準用する弁護士法第30条の29）。

共同法人の設立又は合併を無効とする判決が確定したときは，裁判所書記官は職権で，遅滞なく，共同法人の主たる事務所の所在地を管轄する登記所にその登記を嘱託しなければならない（組登令第14条第1項第1号，同条第2項）。また，この登記の嘱託書には，裁判書の謄本を添付しなければならない（会社非訟事件等手続規則（平成18年最高裁判所規則第1号）第43条第2項，第42条第1項）。

記録例1

吸収合併による種類の変更後の弁護士・外国法事務弁護士共同法人についての設立の登記

会社法人等番号	0100-05-171219 ※ 合併による種類変更前の番号から変更はない。
名　称	弁護士・外国法事務弁護士共同法人Ａ
主たる事務所	Ａ県Ａ市Ａ町１番地
法人成立の年月日	平成何年何月何日
目的等	目的 １．何何 ２．何何 ３．何何
役員に関する事項	何県何市何町何番地 社員　　　　何　　某
	何県何市何町何番地 社員　　　　何　　某
	何県何市何町何番地 社員　　　　トム・ブラウン 原資格国法 アメリカ合衆国ニューヨーク州において効力を有し、又は有した法 指定法 アメリカ合衆国ニュージャージー州において効力を有し、又は有した法
	何県何市何町何番地 代表社員　　何　　某
従たる事務所	1 何県何市何町何番地
	2 何県何市何町何番地
	3 何県何市何町何番地
解散の事由	何何
登記記録に関する事項	外国法事務弁護士法人ＡがＢ県Ｂ市Ｂ町１番地弁護士法人Ｂを合併して種類変更し設立 　　　　　　　　　　　　　　　　　　　令和○年○月○日登記

記録例2

吸収合併による種類の変更前の外国法事務弁護士法人についての解散の登記

会社法人等番号	0100-05-171219
名　称	外国法事務弁護士法人Ａ
主たる事務所	Ａ県Ａ市Ａ町１番地
法人成立の年月日	平成何年何月何日
目的等	目的 １．何何 ２．何何 ３．何何
役員に関する事項	何県何市何町何番地 　社員　　　　　トム・ブラウン 原資格国法 　アメリカ合衆国ニューヨーク州において効力を有し、又は有した法 指定法 　アメリカ合衆国ニュージャージー州において効力を有し、又は有した法
従たる事務所	1 何県何市何町何番地
	2 何県何市何町何番地
	3 何県何市何町何番地
解散の事由	何何
登記記録に関する事項	令和何年何月何日Ｂ県Ｂ市Ｂ町１番地弁護士法人Ｂを合併してＡ県Ａ市Ａ町１番地弁護士・外国法事務弁護士共同法人Ａに種類変更し解散 　　　　　　　　　　　　　　　　令和○年○月○日登記 　　　　　　　　　　　　　　　　令和○年○月○日閉鎖

記録例3

吸収合併により消滅する弁護士法人についての解散の登記

登記記録に関する事項	令和何年何月何日Ａ県Ａ市Ａ町１番地外国法事務弁護士法人Ａに合併し解散 　　　　　　　　　　　　　　　　令和○年○月○日登記 　　　　　　　　　　　　　　　　令和○年○月○日閉鎖

別紙1－①

弁護士・外国法事務弁護士共同法人の社員となる資格証明書
　　　　　　　　　　　　　　　　　　　　　　　年　　月　　日
登録番号
住　所
弁護士　　　　　　殿

　　　　　　　　　　　　　　　　　　　日本弁護士連合会
　　　　　　　　　　　　　　　　　　　　会長

　貴殿（ら）が、下記の条件を満たす者であることを証明します。
　　　　　　　　　　　　　　　記
1　日本弁護士連合会の弁護士名簿に登録された弁護士であること。
2　外国弁護士による法律事務の取扱い等に関する法律第70条第2項各号のいずれにも該当しないこと。

　　　　　　　　　　　　　　　　　　　　　　　　　　　　以上

別紙1－②

弁護士・外国法事務弁護士共同法人の社員となる資格証明書

　　　　　　　　　　　　　　　　　　　　　　　　　年　　月　　日

登録番号
住　所
外国法事務弁護士　　　　　　殿

　　　　　　　　　　　　　　　　　　　　日本弁護士連合会
　　　　　　　　　　　　　　　　　　　　　会長

　貴殿（ら）が、下記の条件を満たす者であることを証明します。

記

1　日本弁護士連合会の外国法事務弁護士名簿に登録された外国法事務弁護士であること。
　（原資格国法：　　　　　　　　　において効力を有し、又は有した法）
　（指定法：　　　　　　　　　において効力を有し、又は有した法）

2　外国弁護士による法律事務の取扱い等に関する法律第70条第2項各号のいずれにも該当しないこと。

　　　　　　　　　　　　　　　　　　　　　　　　　　　　　　　以上

12　土地改良法の一部を改正する法律等の施行に伴う法人登記事務の取扱いについて

（令和5年3月31日法務省民商第76号通知）

（通知） 土地改良法の一部を改正する法律（令和4年法律第9号。以下「改正法」という。）が令和4年3月31日に，土地改良法施行令及び厚生年金保険制度及び農林漁業団体職員共済組合制度の統合を図るための農林漁業団体職員共済組合法等を廃止する等の法律の施行に伴う存続組合が支給する特例一時金等に関する政令の一部を改正する政令（令和5年政令第129号。以下「改正政令」という。）及び土地改良法施行規則の一部を改正する省令（令和5年農林水産省令第24号。以下「改正省令」という。）が本年3月31日に公布され，いずれも同年4月1日から施行されますが，これに伴う法人登記事務の取扱いについては，下記の点に留意し，事務処理に遺憾のないよう，貴管下登記官に周知方取り計らい願います。

　なお，本通知中，「法」とあるのは改正法による改正後の土地改良法（昭和24年法律第195号）を，「施行令」とあるのは改正政令による改正後の土地改良法施行令（昭和24年政令第295号）を，「施行規則」とあるのは改正省令による改正後の土地改良法施行規則（昭和24年農林省令第75号）を，「商登法」とあるのは商業登記法（昭和38年法律第125号）を，「一社法」とあるのは一般社団法人及び一般財団法人に関する法律（平成18年法律第48号）をいいます。

記

1　施設管理土地改良区から一般社団法人への組織変更
　(1)　組織変更の主な手続
　　　土地改良施設（土地改良施設の機能，規模，利用の状況等を勘案して土地改良区がその管理を行うことが必要なものとして農林水産省令で定める基幹的な土地改良施設を除く。）の管理を行う土地改良区（土地改良施設の管理以外の土地改良事業を併せ行うものを除く。以下「施設管理土地改良区」という。）は，当該施設管理土地改良区が行政不服審査法（平成26年法律第68号）の規定によりされた審査請求につき裁決をし

ていないときを除き，その組織を変更し，一般社団法人になることができるとされた（法第76条）。施設管理土地改良区から一般社団法人への組織変更の手続は，以下のとおりとされた。

ア　組織変更計画の作成

　施設管理土地改良区が組織変更をするには，組織変更計画を作成しなければならないとされた。また，組織変更計画には，以下の事項を定めなければならないとされた（法第76条の2第4項各号）。

(ｱ)　組織変更後の一般社団法人の一社法第11条第1項第1号から第3号まで及び第5号から第7号までに掲げる事項

(ｲ)　(ｱ)に掲げるもののほか，組織変更後の一般社団法人の定款で定める事項

(ｳ)　組織変更後の一般社団法人の理事の氏名

(ｴ)　次のa又はbに掲げる場合の区分に応じ，当該a又はbに定める事項

　　a　組織変更後の一般社団法人が一社法第15条第2項第1号に規定する監事設置一般社団法人である場合　当該一般社団法人の監事の氏名

　　b　組織変更後の一般社団法人が一社法第15条第2項第2号に規定する会計監査人設置一般社団法人である場合　当該一般社団法人の会計監査人の氏名又は名称

(ｵ)　組織変更後の一般社団法人の社員の氏名又は名称及び住所

(ｶ)　組織変更がその効力を生ずべき日（以下「法第76条の2第4項第6号の日」という。）

(ｷ)　組織変更後の一般社団法人が行う土地改良施設の管理に関する事項

イ　組織変更計画の承認

　組織変更計画については，総組合員の3分の2以上が出席し，その議決権の3分の2以上で決する議決により，施設管理土地改良区の総会の承認を受けなければならないとされた（法第76条の2第1項，第

2項)。

　また，組織変更に係る総会の通知は，会議の日時，場所，目的及び組織変更計画の要領を添えて，総会の2週間前までに行わなければならないとされた（法第76条の2第3項において読み替えて適用する法第28条）。

ウ　債権者保護手続

　組織変更をする施設管理土地改良区は，組織変更をする旨，債権者が一定の期間内（1月を下ることができない。）に異議を述べることができる旨及び当該施設管理土地改良区の貸借対照表等に関する事項を官報に公告し，かつ，知れている債権者には，各別にこれを催告しなければならないとされた（法第76条の3第2項）。ただし，当該施設管理土地改良区がこの公告を官報のほか，その定款で定めた公告の方法によりするときは，各別の催告は不要とされた（同条第3項）。

　また，債権者が上記期間内に異議を述べなかったときは，当該債権者は，組織変更を承認したものとみなすとされたが（法第76条の4第1項），異議を述べた場合には，当該組織変更をしても当該債権者を害するおそれがないときを除き，当該債権者に対し，弁済し，若しくは相当の担保を提供し，又は当該債権者に弁済を受けさせることを目的として信託会社等に相当の財産を信託しなければならないとされた（同条第2項）。

エ　組織変更の認可

　組織変更は，農林水産省令で定めるところにより，都道府県知事の認可を受けなければ，その効力を生じないとされた（法第76条の5第1項）。

オ　組織変更の効力発生

　組織変更をする施設管理土地改良区は，法第76条の2第4項第6号の日又は法第76条の5第1項の認可を受けた日のいずれか遅い日（以下「効力発生日」という。）に，一般社団法人となり（法第76条の6第1項），当該効力発生日に，法第76条の2第4項第1号及び第2号

に掲げる事項についての定めに従い，当該事項に係る定款の変更をしたものとみなされ（法第76条の6第2項），組織変更をする施設管理土地改良区の組合員等は，当該効力発生日に，法第76条の2第4項第5号に掲げる事項についての定めに従い，組織変更後の一般社団法人の社員となるとされた（法第76条の6第3項）。

また，組織変更をする施設管理土地改良区は，法第76条の2第4項第6号の日を変更することができるとされ，この場合には，組織変更をする施設管理土地改良区は，変更前の法第76条の2第4項第6号の日（変更後の効力発生日が変更前の法第76条の2第4項第6号の日より前の日である場合にあっては，当該変更後の法第76条の2第4項第6号の日）の前日までに，変更後の法第76条の2第4項第6号の日を公告しなければならないなどとされた（法第76条の6第4項において読み替えて準用する会社法（平成17年法律第86号）第780条）。

カ　組織変更の登記

施設管理土地改良区が組織変更をしたときは，施行令で定めるところにより登記をしなければならず，登記を必要とする事項は，登記の後でなければ，これをもって第三者に対抗することができないとされた（法第76条の7）。

キ　組織変更の無効の訴え

会社法第828条第1項（第6号に係る部分に限る。）及び第2項（第6号に係る部分に限る。），第834条（第6号に係る部分に限る。），第835条第1項，第836条から第839条まで並びに第846条の規定は，施設管理土地改良区から一般社団法人への組織変更の無効の訴えについて準用するとされた（法第76条の9）。

(2)　組織変更の登記

ア　登記期間

施設管理土地改良区が一般社団法人へ組織変更をしたときは，効力発生日から2週間以内に，その主たる事務所の所在地において，組織変更後の一般社団法人について設立の登記をしなければならないとさ

れた（施行令第48条の11第1項）。
イ　登記すべき事項

　組織変更後の一般社団法人についてする設立の登記においては，一社法第301条第2項各号に掲げる事項のほか，組織変更前の施設管理土地改良区の成立の年月日（後記ウ(エ)参照），名称並びに組織変更をした旨及びその年月日をも登記しなければならないとされた（施行令第48条の11第2項において準用する商登法第76条）。

ウ　添付書面

　組織変更後の一般社団法人についてする設立の登記の申請書には，組織変更後の一般社団法人の理事会の議事録等（施行令第48条の11第3項において準用する一社法第317条）及び代理人によって申請をする場合のその権限を証する書面（施行令第48条の11第3項において準用する一社法第330条において準用する商登法第18条）のほか，次に掲げる書面を添付しなければならないとされた（施行令第48条の11第3項各号）。

(ア)　法第76条の5第1項の認可を受けたことを証する書面
(イ)　組織変更計画書
(ウ)　組織変更後の一般社団法人の定款

　「定款は組織変更計画書の記載を援用する」などと記載すれば，別途定款の添付を要しない。

(エ)　施設管理土地改良区の成立の年月日を証する書面
(オ)　組織変更後の一般社団法人の理事及び監事が就任を承諾したことを証する書面
(カ)　会計監査人を選任したときは，次に掲げる書面
　　a　就任を承諾したことを証する書面
　　b　会計監査人が法人であるときは，当該法人の登記事項証明書。ただし，当該登記所の管轄区域内に当該法人の主たる事務所がある場合を除く。

　　　申請書に会社法人等番号を記載した場合も，当該法人の登記事

項証明書の添付を要しない。
c 会計監査人が法人でないときは，その者が公認会計士であることを証する書面
(キ) 債権者に対する公告及び各別の催告をしたことを証する書面（公告を官報のほか定款の定めに従い時事に関する事項を掲載する日刊新聞紙又は電子公告によってしたときは，これらの方法による公告をしたことを証する書面）
(ク) 異議を述べた債権者があるときは，当該債権者に対し，弁済し若しくは担保を供し，若しくは財産を信託したこと又は組織変更をしても当該債権者を害するおそれがないことを証する書面

代表理事を選定した場合には，組織変更計画において定款に定める事項として代表理事の氏名を記載する場合を除き，代表理事の選定方法に応じ，以下の書面も添付することとなる。
(ア) 組織変更後の一般社団法人が理事会設置一般社団法人である場合にあっては，理事会議事録
(イ) 定款に理事の互選による旨の規定を置く場合にあっては，定款の定めに基づく理事の互選書
(ウ) 代表理事の就任承諾書（組織変更後の一般社団法人が理事会設置一般社団法人である場合又は組織変更後の一般社団法人が理事会設置一般社団法人以外の一般社団法人であって理事の互選によって代表理事を定めた場合に限る。）

エ 印鑑届書の提出

組織変更後の一般社団法人の設立の登記申請を書面で行う場合又は委任状が書面であるときは，登記の申請書又は委任状に押印すべき者である代表理事は，登記申請とともに，印鑑届書及び市区町村長作成の印鑑証明書を提出する方法により，その印鑑を登記所に提出しなければならない（一般社団法人等登記規則（平成20年法務省令第48号）第3条において準用する商業登記規則（昭和39年法務省令第23号）第35条の2）。

オ　登記の嘱託

　　施設管理土地改良区の組織変更の無効の訴えに係る請求を認容する判決が確定した場合には，裁判所書記官は，職権で，遅滞なく，組織変更後の一般社団法人の主たる事務所の所在地を管轄する登記所に，当該一般社団法人について解散の登記を嘱託しなければならないとされた（施行令第48条の12第2項）。

事項索引

【あ】
預り金 …… 62

【い】
生きがい …… 55
意見聴取 …… 60
一括申請 …… 40
一般財団法人の意義 …… 107
一般社団法人の社員の退社事由 …… 216
一般社団法人の清算手続の流れ …… 219
一般社団法人の特色 …… 51
一般社団法人は宝の山 …… 57
印鑑証明書 …… 44, 72, 90, 121, 141, 142
印鑑の提出 …… 44, 105, 155

【う】
受付帳 …… 34
受付番号 …… 34

【え】
援用 …… 42

【お】
オンライン申請 …… 36

【か】
解散命令権 …… 1
会長 …… 29
仮会計監査人 …… 86, 138
仮監事 …… 83, 135
仮代表理事 …… 80, 132
仮評議員 …… 123
過料 …… 31, 201
仮理事 …… 75, 127
監督官庁 …… 1, 51, 107

【き】
基金 …… 210

基金制度 …… 62
寄附行為 …… 112
共益事業 …… 51
共益目的（事業）型 …… 53, 69, 118
行政執行法人 …… 204
行政庁 …… 60
行政庁の監督 …… 58, 62
許認可権 …… 1

【け】
契印 …… 37
継続の登記 …… 104
欠格事由 …… 77, 125, 129, 137, 139
決算報告書 …… 218
　　──の記載事項 …… 219
　　──の承認 …… 220
原本還付 …… 41, 42
権利能力なき社団・財団 …… 60, 111

【こ】
公益事業 …… 51
公益認定 …… 52, 58, 108, 118, 123
公益法人関連三法 …… 58
公益目的事業 …… 69, 109, 110, 119
効力（発生）要件 …… 42, 201
国税 …… 55
国立研究開発法人 …… 204
国立大学法人 …… 2, 201, 204
国立大学法人等 …… 2, 3, 201, 204
固有な登記事項 …… 29

【さ】
サークル活動 …… 56
財産の拠出 …… 108
最小限必要な機関 …… 52
最低限必要な資金 …… 62
裁判所書記官の嘱託 …… 75, 83, 123, 127, 132
産地直送 …… 56

【し】

事業仕分け	201
資産の総額	199
実体上の手続	4
司法書士法施行規則31条業務	216
資本金	209
事務所	28
――の所在場所	205
社員総会議事録の様式例	220
社員総会に関する規定	165
社員総会の決議の省略の方法	75
社員たる資格の得喪に関する規定	165
社員の欠亡	163
社員の資格の得喪	67
社会医療法人	162
社会的評価	58
収益事業	51, 54, 69, 118
従たる事務所	28
重任	232
主たる事務所	28
――の所在地	206
出資金	51
主務官庁	1
純資産額	107, 113, 149, 154
準則主義	108
商業登記の管轄	32
商人	51
抄本	42
剰余金の分配	52, 68, 69, 118
職務執行の制限	33
職権更正登記	36
職権抹消登記	36
除名	216
書面主義	36
申請書類つづり込み帳	34
診療所	161

【せ】

清算一般社団法人の機関	218
清算事務	218
清算人の就任の年月日	28, 29
設立根拠法	2, 3
設立時社員	52

【そ】

総社員の同意	216
ソーシャルビジネス	109

【た】

大学共同利用機関法人	2, 3, 201, 204
代議員制度	66, 93
大規模一般財団法人	111, 122
大規模一般社団法人	72, 218
対抗要件	201
代表権を有する者	28, 181, 185, 188, 193, 194, 206
――の資格	28
――の退任の事由	188
――の変更の登記	28
代表者	28
――を理事とする場合	28
代表理事	79, 130

【ち】

地域振興	56
遅滞なく	228, 230
地方税	55
中期目標管理法人	204
町内会	56
帳簿	34
――の公開	34
――の保管	34

【て】

定款のあり方	63, 111, 112
定足数	74, 126
電磁的開示制度	94, 146
添付書類	41

【と】

登記官	33
――の職権による登記等	36

登記・供託オンライン申請システム……… 88
登記事項……… 28
登記事項証明書……… 34
登記事項要約書……… 34
登記事務委任規則……… 32, 33
登記所……… 32
登記上の手続……… 4
登記申請義務……… 31
登記すべき事項……… 39
登記手続の根拠法令……… 2
登記簿……… 34
東京法務局……… 33
当事者……… 36
当事者申請主義……… 36
同窓会……… 56, 93
特殊財団法人……… 112
特殊法人……… 204, 209
特定医療法人……… 162
特別医療法人……… 162
独立行政法人……… 2, 3, 201
特例民法法人……… 58
都道府県医療審議会……… 167
都道府県知事の認可書……… 197

【に】
日本弁護士連合会……… 4, 29
任意退社……… 216
任期伸長規定……… 235, 239
任期短縮……… 227, 230
任期の満了……… 188

【は】
初めてする清算人の登記……… 28

【ひ】
非営利型法人……… 52, 68, 108, 117
非営利性徹底型……… 52, 68, 117
非業務執行理事等の法人に対する責任の限度……… 95, 97, 98, 145
病院……… 161
評議員……… 115, 122

評議員会の決議……… 126, 138, 144, 151
評議員会の決議の省略の方法……… 127
評議員会の招集……… 126, 134, 137, 143
評議員会の特別決議……… 143, 154

【ふ】
副会長……… 29
普通決議……… 77
振り仮名……… 39

【へ】
平成19年改正医療法……… 189, 190
弁護士会……… 2, 4, 29
弁明の機会の付与……… 218

【ほ】
法人住民税……… 218
法人登記事務の停止……… 33
法人登記の管轄……… 32
法人登記の根拠法令……… 4
法人登記のむずかしさ……… 4
法人登記法……… 1, 4
法人の分類……… 2
法人の類型……… 2
法定受託事務……… 224, 226, 229
法定退社……… 216
ボランティア活動……… 55, 110
本人確認証明書……… 72, 91, 121, 141

【み】
未成年者……… 162
みなし解散……… 99, 149
未払い税額……… 220

【め】
名称……… 28, 205
命令による登記……… 36

【も】
目的を達成するために必要な額……… 108
モデル定款……… 163, 166, 168, 189

【や】

役員等の法人に対する責任の免除
　　………………………………… 94, 96, 144
役員報酬 ……………………………… 52, 108

【ゆ】

郵送等による申請 ……………………… 37

【よ】

横浜地方法務局 ………………………… 32

【り】

理事会の決議の省略の方法 ……… 89, 131

【ろ】

労働組合 …………………………… 2, 4, 29

【を】

○○○を証する書面 …………………… 161

〔著者紹介〕
神﨑　満治郎（こうざき　みつじろう）

1964年	法務省入省、名古屋法務局法人登記課課長補佐、法務省民事局第四課（現商事課）補佐官、宇都宮地方法務局長、浦和地方法務局長、横浜地方法務局長、札幌法務局長を歴任。
1993年	公証人（横浜地方法務局所属）となり2003年12月任期満了により公証人退任。
2004年～2018年3月	桐蔭横浜大学法学部客員教授（会社法担当）
現　在	一般社団法人商業登記倶楽部最高顧問 日本司法書士会連合会顧問 公益社団法人成年後見センター・リーガルサポート理事

（主な編著書）
判例六法Professional（編集協力者、有斐閣）、商業登記法入門（有斐閣）、商業・法人登記500問（共著、テイハン）、商業登記全書（編集代表・全8巻、中央経済社）、合同会社設立・運営のすべて（中央経済社）、一般社団・財団法人設立登記書式集（解説＋ＣＤ、株式会社リーガル）、詳解商業登記（金融財政事情研究会）、特例有限会社の登記Ｑ＆Ａ（テイハン）
ほか多数。

神﨑　法人登記入門

2025年3月21日　初版第1刷印刷　定価：4,620円（本体価：4,200円）
2025年3月27日　初版第1刷発行

不許複製

著　者　神﨑満治郎
発行者　坂巻　徹

発行所　東京都北区東十条6丁目6-18　株式会社テイハン
電話 03(6903)8615　FAX 03(6903)8613／〒114-0001
ホームページアドレス　https://www.teihan.co.jp

〈検印省略〉

印刷／日本ハイコム株式会社
ISBN978-4-86096-191-6

本書のコピー、スキャン、デジタル化等の無断複製は著作権法上での例外を除き禁じられています。本書を代行業者等の第三者に依頼してスキャンやデジタル化することはたとえ個人や家庭内での利用であっても著作権法上認められておりません。